汤一介讲中国哲学

汤一介 / 著

中国出版集团有限公司

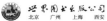世界图书出版公司
北京 广州 上海 西安

图书在版编目（CIP）数据

汤一介讲中国哲学 / 汤一介著. — 北京：世界图书出版有限公司北京分公司，
2024.5
ISBN 978-7-5232-1184-7

Ⅰ. ①汤… Ⅱ. ①汤… Ⅲ. ①哲学—研究—中国 Ⅳ. ①B2

中国国家版本馆CIP数据核字（2024）第066775号

书　　名	汤一介讲中国哲学 TANG YIJIE JIANG ZHONGGUO ZHEXUE
著　　者	汤一介
策划编辑	王思惠
责任编辑	王思惠
出版发行	世界图书出版有限公司北京分公司
地　　址	北京市东城区朝内大街137号
邮　　编	100010
电　　话	010-64038355（发行）　64033507（总编室）
网　　址	http://www.wpcbj.com.cn
邮　　箱	wpcbjst@vip.163.com
销　　售	新华书店
印　　刷	北京中科印刷有限公司
开　　本	880mm×1230mm　1/32
印　　张	12.75
字　　数	306千字
版　　次	2024年5月第1版
印　　次	2024年5月第1次印刷
国际书号	ISBN 978-7-5232-1184-7
定　　价	79.00元

这本文集选取的范围是自1982年写的《论中国传统哲学范畴体系的诸问题》，至1998年写的《能否创建中国的"解释学"？》，可以说这些论文代表了我在八九十年代所思考的主要哲学问题和文化问题。我把所收24篇论文分成8组。第一组是讨论中国哲学的概念和命题的问题的，哲学大概都是根据一系列概念而形成的若干命题，从命题推演成一套理论体系。我的这组论文试图从总体上考查中国哲学的概念和命题，在当时曾对摆脱"左"的教条主义影响起了一定的作用。第二组是讨论儒家思想的论文，我选入的三篇大体上代表了儒家思想的三个方面：《论儒家哲学中的超越性和内在性》可以说是讨论儒家哲学的宇宙人生论的；《"太和"观念对当今人类社会可有之贡献》可以说是讨论儒家哲学的价值理性论的；《论儒家的境界观》所讨论的是"内圣外王"问题，可以说是儒家哲学的道德教化论（或政治伦理观）。第三组是有关道家和道教问题的论文。第四组所收为魏晋玄学方面的论文，其中《论魏晋玄学到初唐重玄学》利用《老子》和《庄子》的注疏开拓了中国哲学研究的一个重要层面。第五组是我对中国佛教研究的一组论文，其中《文化的双向选择——印度佛教输入中国的考察》提出了本土文化与外来文化的双向选择问题，这对当前我国面临的西方文化的冲击或者可有某种借鉴作用。第六组论文是对我国八九十年代文化走向所作的评论。第七组也是有关文化问题方面的论文，其中《"和而不同"原则的价值资源》也许对当今由文化的冲突引起的问题提供一合理解决的途径。在第八组论文中提出了，能否建立中国的"解释学"的问题，三篇虽有些重复，但这是一个新问题，我是有意让它们重复的，以便引起学术界注意。如果真能建立起中国的"解释学"，那么对今后中国哲学的发展会有一定意义。附录《对中国哲学的哲学思考》是我的一本有关"我的学思历程"中的一章，这本书的书名是《在非有非无之间》，由台北正中书局出版。由于我有感于我们常常不习惯对哲学问题做哲学的思考，而是从其他方面判定中国哲学的价值，因而不能把握中国哲学的内在精神，因此可以说它是我从80年代初一直到1995年对中国哲学研究的一个总结。

这个集子可以说是我前一阶段所发表的论文中有代表性的研究成果的结集。一个学者的研究工作大概总有一些可以区分的段落。一个段落的终结，又是下一个段落的开始。下一个段落，我将从两个方面深化我的研究：一是利用历代《老子》《庄子》的注疏深入研究道家思想在中国哲学史上的地位，为中国哲学史的研究扩大新的层面；二是考察20世纪以来西方哲学对中国哲学的影响，继讨论佛教这种外来文化影响中国文化之后，探讨西方文化对中国文化的影响，也许更有意义。这两项大概又是一个十几个的学术研究的工程。

湯一介

1998年7月25日

　　一个时代有一个时代之学术，我们的时代是思想解放、打破禁锢、从封闭走向开放的时代，是中西文化激荡、社会大变革、思想范式发生转型的时代，汤一介先生的学术研究和哲学思考正是随着这个时代的脉搏一起跳动和起伏的。按照他本人的理解，哲学的特征就是思考，哲学家所做的工作就是思考他所处时代的那些根本问题。他说："我的思考哲学问题的习惯，总是让我常常在思考着某些哲学问题，因此我认为也许可以把自己定位于一位'哲学问题的思考者'或'哲学学科的爱好者'。""我虽不敢自称是哲学家，但我却有思考一些哲学问题的兴趣。从1980年初我思考'中国哲学的范畴问题'到20世纪末我提出'创建中国解释学问题'和'新轴心时代中国哲学的走向问题'，就说明我对'哲学问题'的思考并没有停止。"①在这一点上，汤一介

---

① 汤一介：《思考中国哲学》，《汤一介集》（第六卷），中国人民大学出版社2016年版，第5页。

先生的确是一个勤奋的哲学探路人，是我们这个时代杰出的思考者。

一、家风与学思

汤一介（1927—2014）的祖籍是湖北黄梅，但他出生在天津，一岁到了南京，四岁又到北平，抗战期间在西南大后方，这是因为他的父亲汤用彤先后在南开大学、中央大学和西南联大任教的缘故，所以早年随家迁移、漂游无定，直到抗战复员后才在北平（北京）定居下来。

他的祖父汤霖是前清进士，做过甘肃渭源等县的知县和乡试同考官，晚年居京以授徒为业，好汉易，留下"事不避难，义不逃责，素位而行，随适而安"的家训。他的父亲汤用彤（1893—1964）是我国现代著名学者、一代佛学大师，早年留学哈佛，与陈寅恪、吴宓并称"哈佛三杰"。回国之后，历任东南、南开、中央等校教授。从1930年起，执教于北京大学长达三十多年，成为整个20世纪北大人文学科当中最为重要的几位台柱式人物之一。汤用彤先生在学术上"昌明国故，融会新知"，通贯中西，撷精立极，创辟一代风气；而在立身处事方面，则能承接家风，无违父训，被钱穆称为"圣之和"者。[①]汤一介从小生长在这样的书香门第，耳濡目染，后来又子承父业，不光在学术上深受先辈的影响，而且在做人处事方面也延续了家风。他极为看重个人的品行修为，不仅在学术上继承先志、光大门楣，而且在

---

① 钱穆曾经以"柳下惠之和"来形容汤用彤，谓："孟子曰：'柳下惠圣之和'，锡予殆其人乎。……锡予和气一团，读其书不易知其人，交其人亦绝难知其学，斯诚柳下之流矣。"见《忆锡予》一文，载《燕园论学集》，北京大学出版社1984年版，第25页。

家风传承上也有优异的表现，将"事不避难，义不逃责"的精神发扬到了新的境地。

汤一介的学思经历大致可分为三个阶段：大学毕业以前的青少年求学时期（1927—1951）；参加工作之后将近三十年间艰难曲折而又颇感沉寂的路程（1952—1979）；焕发出学术活力、对当代中国哲学做出了重要贡献的新时期（1980—2014）。

汤一介早年在西南联大附中和重庆南开中学读书时，阅读了大量的中外小说和其他文学作品，喜李后主词，更爱陶渊明诗文，对俄国文豪尤其拜服。钱穆的《国史大纲》使他开始理解中华民族灿烂辉煌的历史，钱学熙的英文讲授让他领略到了西方文学的意境之美，由文学理论、美学而渐入哲学、宗教，开始读《工具论》《理想国》《上帝之城》等。抗战复员后，汤一介随全家回到北平，先上北京大学先修班，一年后，正式转入北大哲学系。本科期间，除了读冯友兰等人的《中国哲学史》著作之外，他的喜好仍偏重在西方哲学，对金岳霖、洪谦的文章颇感兴趣，就题写了习作，受到贺麟的称许。他还选修了大量的外系课程，特别是有关西方文学的，打下较为宽广的基础。哲学课，下功夫最大的是逻辑一类，胡世华的"数理逻辑"和"演绎科学方法论"，让他体会到思维工具的重要性。而汤用彤先生的两门近代西方哲学课程，则使他进一步理解了哲学范式和方法论的特别价值。1949年以后，汤一介以青年人特有的敏感和喜好新鲜事物的情趣，投入到马克思主义的学习当中。他阅读了大量的马列经典著作，因表现优异，还被北大的党总支派到北京市委党校去学习，后来又干脆留下来做教学工作，从而结束了他的大学生活。

50年代初期的汤一介是一名马克思主义的"宣传员"，他在党校给学员讲《联共（布）党史》和马克思主义哲学经典。1956年秋，汤一介回到北京大学哲学系工作，被中哲史教研室主任冯友兰委派给汤用彤先生做助手，他先后帮着父亲整理校对了《魏晋玄学论稿》等，并且参加了当时影响很大的"中国哲学史问题座谈会"的筹备工作。从这时起，到"文革"前的十年间，他总共写了三十来篇文章，一类是批判"资产阶级学术思想"的，另一类则是为参加当时的一些"学术"讨论而作，对此，他晚年做了深刻的反省和自我剖析。[①]除了断断续续的教学工作和扭曲的批判式讨论之外，汤一介也利用这段时间系统地攻读了儒家经典和诸子百家的著作，对各种相关的史料都下了一番功夫，这无疑为后来的研究打下了坚实的基础。到了"文革"十年，好几代知识人都被耽误掉大好时光，正值韶华盛年的汤一介不但在学术上完全寂然了，而且还身不由己地卷入到了政治旋涡当中。他后来痛切地说道："作为一个教书的知识分子，十年没有读什么书，不能不说是十分可惜的，而且这本来应是我生命中最能有创造力的十年，它正是我将进入'不惑'的十年，而这十年恰恰是我被迷惑的十年。"[②]

1980年，汤一介恢复了讲课"资格"，始开"魏晋时期的玄学和佛教、道教"专题课；1981年，在《中国社会科学》发表《论中国传统哲学范畴体系的诸问题》一文；1983年，湖北人民出版社出版了他

---

① 汤一介晚年对其"文革"前的学术研究基本上持否定态度，多处做过痛切的自我反省和毫不隐讳的自我批判。譬如在他年近八十时就说："这类大多是根据日丹诺夫关于'哲学史的定义'批判中国历史上的那些哲学家，给每位哲学家戴上'唯心主义'或'唯物主义'的帽子，定性为'进步'或'反动'。这样的研究根本算不上什么学术研究，这样的研究方法只能把自己养成学术上的懒汉，败坏'学术研究'的名声。上面说的这两类文章有一个共同点，就是把学术作为现实政治的工具。这简直是对'哲学'的亵渎。"见《我的哲学之路》之"自序"，新华出版社2006年版，第5—6页。

② 汤一介：《在非有非无之间》，台北正中书局1995年版，第44—45页。

的第一部著作《郭象与魏晋玄学》……从那时起，汤一介焕发了学术的"青春"，以坚苦卓绝的努力、百折不挠的精神和生机勃勃的创造力，为新时期中国哲学走出困境、开拓与发展，付出了极大的辛劳，做出很大贡献，成为这个阶段中国哲学界可数的几位代表性人物之一。这一时期的汤一介，充分发挥了自身的优长，以"只争朝夕"的精神，奋力前行，取得累累硕果，成就了他过去几十年间无可比拟的业绩。可以这么说，新时期是汤一介学术生命的真正开始，也是他学术事业的华彩乐章，我们下面所述及的内容基本是他这一阶段的学术思想。

二、以魏晋玄学研究开局

1956年，汤一介调回北大后，才开始较为深入地学习中国哲学史料，从而涉及儒家思想，在他60年代初先后发表的论文中，有几篇是研究孔子、孟子、董仲舒、朱熹思想的。而刊登在《北京大学学报》1964年第4期上的《论"治统"与"道统"》一文，颇能反映出当时的学界水平，是将马克思主义哲学原理运用到儒家思想分析方面的代表性作品。①可惜好景不长，"文革"爆发，整整十年工夫，就在荒唐的岁月蹉跎中流失了。带着时代的创伤和大梦初觉之后的彷徨，汤一介开始了新的探索，他后来总结道："我之所以走了一大段弯路，主要是因为我没有用自己的头脑来思考问题，所以'文化大革命'一

---

① 参见汤一介：《哲学家与哲学工作者》，《汤一介集》（第一卷），中国人民大学出版社2016年版，第454—483页。

结束，我就想：'我只能听我自己的。'冯友兰先生在总结他一生的哲学经历时，认为1949年前在学术的道路上是'有自我的'，而在1949年以后直至'文化大革命'时'失去了自我'，直至'文化大革命'后才逐渐'找回自我'。我认为，这不仅是冯先生个人的经历，而且也是广大中国学人普遍的经历。"[1]

汤一介后来真正的学术起步显然是和他父亲有着很大的关系。汤用彤先生在完成了《汉魏两晋南北朝佛教史》（1938年）之后，有感于魏晋一段思想和佛教密切之关系以及当时国内的中古哲学研究十分薄弱之情状，发愿写一部以问题为中心的断代哲学史。但这部著作因抗战时期的颠沛流离和其后的工作、身体等状况而未得如愿，只作了一些单篇的论文，后来经过整理，编成《魏晋玄学论稿》（1957年）一书。汤一介曾参加过《论稿》的整理校对工作，于这部分内容最为熟悉，所以当他在20世纪80年代初恢复讲课时，便以"魏晋玄学"作为专题内容。他一方面大量参考了汤用彤先生的既有成果，沿着文德尔班（Wilhelm Windelband）《哲学史教程》之观念史和问题演变史的路数，对魏晋玄学的发展历程、概念范畴及其方法等再作梳理；另一方面，又紧密地结合当时国内的实际状况，对哲学界普遍关心的一些问题做了深入的思考和大胆的探索。所以这个"开局"，既可以看作是他对父亲未竟之业的延续和完善，同时也是他自身的学术发展寻求突破的一种尝试。此隐含着的"双重意义"，我们可以从该课程的"绪论"中就能够看得出来。一开始他即强调了这门课程的四个要点和目标：一是通过对外来思想文化与本土文明之关系的揭示，加

---

[1]　汤一介：《哲学家与哲学工作者》之"自序"，《汤一介集》（第一卷），中国人民大学出版社2016年版，第6页。

深了解中国文化自身的特点，从而更好地理解当代世界文化的格局，处理好马克思主义和中国传统的关系，开展比较哲学和比较宗教学的研究。二是从概念范畴体系入手来研究中国哲学，避免用西方的东西生搬硬套，应该探讨中国思想自身的观念系统，把这些历史线索清理出来，而魏晋时代恰恰提供了这方面极为丰富的内容，故显得很重要。三是着重分析哲学家建立他们思想体系的特有方法，"一种新的哲学方法可以为一个时代开路，并且体现着这个时代的哲学水平和特点"，譬如玄学中的"言意之辩"就最能说明这个问题。四是揭示思想发展的内在规律，用研究哲学史的方式来锻炼逻辑思维的能力和增强哲学的头脑与识见。①这些问题的提出，在20世纪80年代初有着强烈的时代感和现实意义，而其新颖的眼界和超前的意识在当时又是与众不同的。

在讲过两轮课之后，汤一介整理出版了《郭象与魏晋玄学》。对于这本书，傅伟勋有一评价，认为其"诠释学创见"足以与钱穆的《庄老通辨》和牟宗三的《才性与玄理》相媲美。②这只是当时纯粹学术性的观察，而就个人而言，其三十年漫漫长路的转折意味和方法上、观念上的一系列"突围"，则显得更为重要。经历了"文革"严冬之后，政治气候乍暖还寒，普遍的心灵滞塞、头脑僵固尚未消除，禁区犹在，壁关重重，正是在这种困难的情况下，汤一介首先想到的是要冲破学术上的种种教条，寻找新方法，提出新见解，走出中国哲

---

① 1981年春季学期，本人选修了汤一介老师的"魏晋时期的玄学和佛教、道教专题"一课，至今仍保留着当时的课堂笔记。第一次上课的时间是2月25日上午，讲课内容即为"绪论"，上面所述的四点就是根据这些笔记整理归纳出来的。

② 傅伟勋：《老庄、郭象与禅宗——禅道哲理联贯性的诠释学试探》，载《从西方哲学到禅佛教》，三联书店1989年版，第383页。

学研究的困境。他反对那种机械照搬马克思主义的做法，力图抛开几十年所形成的条条框框，重新用哲学的眼界和学术的方式来叙述中国思想，把世界文明的格局、中西文化的差异、中国文化的民族性特点等，这些过去被忽略或有意遮蔽了的问题，重新引入到对中国哲学的理解和表达当中。而在叙述上，则尽量不用或少用当时流行的方式和套话，改用纯粹学术的、具有民族特色的语言，给人耳目一新的感觉。

在《郭象与魏晋玄学》中，汤一介突出了哲学史的认识史意义，从思想观念的内在理路来分析玄学思潮发展的线索。他认为，王弼用"体用如一""本末不二"的观点来讲"有"与"无"、"自然"与"名教"的关系，这是超越前人之处；但他又摆脱不了《老子》"无"的缠绕，主张"崇本息末"，这就在他的思想体系当中留下了矛盾。如果进一步漠视"有""用""末"的一面，把"本体"绝对化，那么就可能走向纯任"自然"一途而否定"人能"。嵇康、阮籍"非汤武而薄周孔"的态度和"越名教而任自然"的主张，恰恰就是"贵无""崇本"的极端发展。因为他们认为后世的"名教"破坏了本有的"自然"，所以要回到那个"本体"去，从而诽毁和否定人为的"名教"。向秀、郭象则坚持"体用如一""本末不二"的路向，调和"名教"与"自然"的关系。向秀讲"任自然之理"，又主张"节之以礼"，所以谢灵运《辨宗论》说："向子期以儒道为一。"而郭象更是融会了"贵无"与"崇有"两派的思想，用"自生"论解决了"有""无"为二的问题，将"名教"和"自然"打成一片，毫无间隙，完成了玄学的"有""无"之辩。东晋张湛讲"至虚"，仅是玄音余响，而另辟新境的则是佛教。僧肇大谈"非有非无"，将局限于别"有""无"的本体观，提升到了一个新的层级，这标志着魏晋玄学的终结和佛学主潮的临岸。

　　《郭象与魏晋玄学》一书，除了比较多地论述到玄学和佛、道二教的关系之外，对郭象的分析更是超迈前贤。汤一介认为郭象的思想代表了玄学发展的高峰，是魏晋玄理的集大成者。他用哲学的眼界和辨析命题的方式提捻出郭象哲学中的八个问题：一是"有物自造"的"崇有"观，是"贵无""崇有"的综合和向"非有非无"中道观的过渡。二是"变化日新，与时俱往"的动静观，既不同于王弼所说"本体之无"的"寂然大静"，也不同于僧肇《物不迁论》的思想。三是"知"与"无知"的问题，即对"无知之知"的体味与追求。四是圣人"可学致"与"不可学致"的问题，也就是怎样理解和把握"迹"与"所以迹"。五是从"一般"和"个别"的关系来分析郭象所说的"（命）理"与"自性"。六是用目的性和能动性的思想来诠解郭象讲的"独化"和"相因"。七是"无待"与"有待"、"无为"与"有为"，揭示出事物"相对"和"绝对"关系的复杂性。八是"顺性"与"安命"、"性命"与"逍遥"，表达了人生"自由"和"必然"处境的两难抉择。①对郭象和其他玄学人物的关系、郭象注和《庄子》旧注以及与庄子本人思想的异同，汤一介都做了仔细的分析。特别是用现代眼光勾勒出郭象的哲学体系，后来又补写了一节，专门谈郭象的哲学方法。②这些研究，无论是学术视野还是理论

---

① 见汤一介：《郭象与魏晋玄学》（增订本），第十三、十四章，北京大学出版社2000年版，第257—271，273—285页。他在学术自述中，对这八个问题的归纳和叙述与原著有所不同，见《在非有非无之间》，台北正中书局1995年版，第60—66页。这里所述，是以原作为依据。

② 见汤一介：《辩名析理：郭象注〈庄子〉的方法》（原载《中国社会科学》1998年第1期）和《论郭象注〈庄子〉的方法》（原载《中国文化研究》1998年春之卷），后收入《郭象与魏晋玄学》（增订本），北京大学出版社2000年版，为第十章。

深度，都将魏晋思想的透视推进到了一个新的境地。

三、早期道教史研究

汤用彤先生晚年亦治道教，有《读〈道藏〉札记》等发表。受父亲的影响，汤一介也较早地步入到这一领域。1980年，写了《略论早期道教关于生死、形神问题的理论》，这是他有关道教史研究的第一篇文章，次年初发表于《哲学研究》。1983年，始开"早期道教史研究"专题课程，这是国内学界在新时期最早的系统讲习之一。经过了两轮授课之后，他又到加拿大和美国的有关学术机构查阅资料和进行写作，最终在1987年完成了《魏晋南北朝时期的道教》一书，于次年出版。

在《魏晋南北朝时期的道教》中，汤一介讨论了《太平经》和早期道教思想的萌芽与流变，认为该书内容庞杂，成编扑朔迷离，虽有儒学成分而性质仍属道教著作，与黄巾军有关但实为"应帝王"之书，其中心是"长生久视"及"兴国广嗣"之术。他分析了道教的建立过程和《老子想尔注》《老子河上公注》这两本早期道教经典的思想源流。于南北朝道教，则重点论述了为早期道教创立理论体系的葛洪、编制教仪教规的寇谦之、辑纂经典目录的陆修静和描叙神仙谱系的陶弘景。另外，对道、佛关系着墨较多，用四章分别讨论了"老子化胡"问题、"生死""形神"问题、"承负""轮回"问题和"出世""入世"问题，全面描绘了南北朝时期的佛道之争。汤一介自己认为《魏晋南北朝时期的道教》这本书有五个亮点：一是在"绪论"部分对宗教的本质做了探讨，提出限定和判别宗教形态的若干标准，这成为他往后论述儒、道、释诸家时所遵循的基本认识。二是大胆肯定宗教的价值，力辩宗教不同于所谓的"迷信"，廓清了长久以来人们认识上的误区。三是在史料鉴别上比较用心，"本书所用材料都经过认真考证"，这对早期道教的研究来说，殊为不易。四是第一次比较系统地论述了南北朝时期的佛道之争，于问题有所深化。五是提出了一些对《太平经》的新看法，而与时论不同。①

《魏晋南北朝时期的道教》问世之后，汤一介在道教史方面虽无大的著述，但道家、道教研究常挂心上，不时有单篇论文发表。比较重要的有探讨老庄哲学和玄学之内在性与超越性问题的，还有《〈道德经〉导读》，以及《论〈道德经〉建立哲学体系的方法》《论魏晋玄学到初唐重玄学》等文。特别是最后一篇，提出了道家（教）发展三阶段论和道教的理论转向问题，饶有创意。他说："如果我们把先秦道家看成是道家思想的第一期发展，把魏晋玄学看作道家思想的第二期发展，那么我们能否说初唐重玄学为道家思想发展的一个新阶段呢？如果说中国本民族的宗教道教在初唐以前还没有较为系统和完善的道教哲学理论，那么能否说重玄学是道教的一种较为系统和完善的哲学理论，并为后来的内丹心性学奠定了基础呢？"在南北朝时期，道教著作已多释"重玄"，《玄门大论》用精、气、神三者合一说"重玄之道"，将道教"三一为宗"的思想与"重玄"说结合起来，这对成玄英、李荣的"重玄学"产生了直接的影响。唐代"重玄学"不仅突显了心性论，而且通过引入"气"的概念，为道教的"长生不死"学说做了理论上的论证。汤一介由此认为，成玄英等道教徒所建立的"重玄学"，"是在魏晋玄学的基础上吸收当时在中国有影响的

---

① 汤一介：《在非有非无之间》，台北正中书局1995年版，第67—68页。

佛教般若学和涅槃佛性学以及南北朝道教理论所建立的新的道家（道
教）学说"，使道教的理论体系变得更为精细化和系统化。道教内丹
心性之学的产生，恰是道教思想从唐末到宋明发展的特有形式，也是
"道家思想宗教化"的进一步发展，这样，道教与道家思想的关系在
理论衔接上便得到了更为清晰的说明。

在20世纪90年代，汤一介还与陈鼓应联手，创办了国际道学联合
会，发起召开了两届规模很大的国际道家（教）学术研讨会，并且合
编了"道家文化研究"丛书。通过这些活动，大批研究道家与道教的
学者集于麾下，这对于推动国内的道家（教）研究起到了很大的作
用。另外，他还在北大指导了一批博士，包括韩国等国家的青年学
者，这些学者已经成为目前道教研究的中坚力量，从而保持了北大道
教研究之重镇的地位。

四、中国哲学范畴体系

汤一介将《郭象与魏晋玄学》和《魏晋南北朝时期的道教》二书
看作是他哲学生涯的过渡，因为那仅是史家的工作，而他的目标是要
做一名哲学家。1949年后，在相当长的一段时间内，"哲学"从业何
其艰难！已有成就的老辈学者不能再在自己的系统上添砖加瓦，而只
能洗心革面、改弦易辙；青年一代既无条件也无可能向哲学家的目标
"冲刺"。在20世纪90年代中期，汤一介曾写信给冯契，向他祝贺
八十寿辰，同时表达了愿景：希望冯契先生能沿着他40年代写《论智
慧》一文时的思路再谱新篇。这条路，便是一个真正哲学家的路。这
不仅仅是汤一介对冯契的期待，更是他本人内心深处强烈愿望的祖

露。[1]实际上，改革开放之后的三十多年来，汤一介一直是在向着这个方向不懈地努力。尽管他一再表示，因为历史条件等因素，成为一名哲学家已无可能，但他不断地思考与开拓，实际上已经留下了一串闪光的哲人脚印——标记出了一个在途程中的哲学家的艰难跋涉。

　　早在20世纪80年代初，为了打破教科书体系的僵化模式，汤一介尝试着用范畴研究的方式来重新描述中国哲学的面貌。在《论中国传统哲学范畴体系的诸问题》这篇当时引起了热烈讨论的文章中，他把中国传统哲学的基本概念分成了三组20对，从存在的本源、存在的形式和人们对存在的认识等三个方面来勾画中国哲学的观念系统。他指出："天"和"人"是中国思想中最基本的概念，是表达宇宙人生的根本范畴。从天人关系可以分别推出"知"和"行"、"情"和"景"，这三对范畴便成为"真""善""美"三大领域的主轴与核心。关于"真"的价值范属，从"天人"可以联系到"自然"与"名教"、"天理"与"人欲"、"理"与"事"等，这些范畴构成了一个"真"的世界的表达。而"有无""体用""一多""本末""动静"等都与此相关，或表现"真"价值领域的关系，或描摹其中的状态等。而"善"的问题，以"知行"为中心，涉及"良知"和"良能"、"性"和"情"、"能"和"所"、"已发"和"未发"等，这些范畴围绕着人的道德行为和伦理状况进行叙事和展开，是有关"善"的价值的观念簇。在"美"的方面，以"情景"为本，可以连带出"虚"与"实"、"言"与"意"、"隐"与"秀"，以及"神

---

[1]　冯契先生的弟子陈卫平教授对此做过精辟分析，认为冯契所说的"心灵自由是一切创作的源泉"和汤一介的名言"自由即创造力"有异曲同工之妙，他们在看待哲学的本质即为自由创造这一点上，是"心领神会"的。参见其《散忆汤一介先生》一文，载《追维录——汤一介先生纪念文集》，北京大学出版社2017年版，第117—118页。

韵"和"风景"、"言志"和"缘情"等，这些范畴表达了审美活动中人的心理状态和物我交融的情状。有关这个体系的内容，后来汤一介在《郭象与魏晋玄学》一书中做了很多的补充；在写《在非有非无之间》中的"对中国哲学的哲学思考"一节时，又做了若干的修正。

用范畴研究的方式来叙述"中国哲学"，提捻出中国思想中的"问题"，归纳其思考的类别和观念之间的联系，从而描摹出思想接续的路径，这比之前数十年流行的"两个对子"、几大板块之类的模式，的确要高明得多，它既克服了那些简单、机械的毛病，也更接近于哲学叙事本身的要求。从现代的"中国哲学"建构来看，由胡适、冯友兰开创的主流模式，比较接近于英美经验主义的传统，科学实证主义的气息较为浓厚，而重视抽象理念的德国观念论一系，其影响则相对地要弱一些。20世纪三四十年代，汤用彤、贺麟等较为欣赏观念论的哲学方式，他们的著作与胡、冯等人的面貌确有不同，但响应者寥寥。50年代后，在科学主义的强有力支撑下，英美实在论的传统在形式上得到了延续，只不过更加粗糙和简约化，又有了意识形态的夹杂。而港台新儒家的研究，像唐君毅在《中国哲学原论》中所做的工作，当时还不为大陆学界所知。所以，80年代初的范畴研究，在哲学方法上就明显有一个突破的意义，而汤一介对掀动这场持续有年的研究起到了非常重要的作用。

就概念史而言，中国传统中，儒家有东汉时期的《白虎通义》、理学家陈淳的《北溪字义》和戴震的《孟子字义疏证》，佛教有释法云的《翻译名义集》，道教则有孟安排的《道教义枢》等。这种集合名相、阐释大意，甚至有所发挥的方式，在中国典籍中并不鲜见。但真正现代意义上的哲学范畴研究，则是在西方哲学传入之后才出现的。早期王国维的《论性》《释理》《原命》诸篇，就受到了康德、叔本华的启发。而张岱年完成于20世纪30年代，在许多年之后才得以面世的《中国哲学大纲》一书，可以说是这种研究方式中最有成就的著作，亦深受了近代西方哲学的影响。包括汤一介在内的80年代的范畴研究，当然也离不开对西方哲学的参照和挪用。像古希腊哲学，特别是亚里士多德的《形而上学》和《范畴篇》，康德的《纯粹理性批判》之"十二范畴"，黑格尔的《逻辑学》之范畴系统等，均是这批研究者所熟悉和借鉴的对象。再加上马克思主义与德国古典哲学之间的亲缘关系，就使得这个方式在当时的背景下获得了必要的合法性庇护。正像汤一介后来所说的，"这样一种建构的思考方式，大体上仍反映了1949年以来哲学教科书的某些影响"。① 所以，范畴研究对冲破教科书体系的结构形式所起的作用可能更大些，而实质内容的改观则要等到90年代之后。

　　相对说来，更为自本性的哲学叙事当是来自汤一介其时影响很大的另外两篇文章：《论中国传统哲学中的真、善、美问题》（1984年）以及《再论中国传统哲学的真善美问题》（1990年）。论文直奔中国思想的主旨，不假旁求，从宏观角度和内在理路深刻阐释了中国哲学的基本特征。他指出"天人合一""知行合一""情景合一"是中国哲学的三大基本命题，体现了中国文化的根本精神，它们不仅是儒家思想的核心价值，也是佛、道二教的关键命意所在。"天人合一"是解决人的存在的问题，处理人与外部环境、心灵与客体、意识与实存的关系，寻求整个世界的统一性和完满性。《史记》所谓"究天人之际"，扬雄说的"和同天人之际，使之无间"，何晏谓王弼"始可与言天人之际"，邵雍云"学不际天人，不足以谓之学"，

---

① 汤一介：《我的哲学之路》，新华出版社2006年版，第6页。

王夫之赞濂溪"首为《太极图说》以究天人合一之源"，皆为此意。

"知行合一"是解决人的社会性的问题，处理个人与群体、人与人之间的关系，关乎人类社会的价值标准和发展前程。《孟子》讲"良知""良能"，《大学》所谓"三纲领""八条目"，宋明儒的"德性之知"和"见闻之知"之别、"尊德性"与"道问学"之辩，以及《老子》说的"为学日益，为道日损"，禅宗中的"明心见性""即身成佛"等，都是围绕着何以立人、何以处世所展开的思考。"情景合一"是解决人的心理调适与心境和顺的问题，处理人自身的精神自洽和感觉协调，以达到身心的平衡和生活的愉悦。孔子闻《韶》"三月不知肉味"、叹为"尽美尽善"，明人袁中道说景与情"互竭其心力之所至，以呈工角巧意，其余无蕴"，王国维《人间词话》之生花妙笔所描绘的那般"境界"，皆呈现出身心的坦适和情志的舒平，表达了审美人生的最高理想。这三个命题，"天人合一"是根本，"知行合一"和"情景合一"可以从中伸展出来；但三者又难以割裂，构成一个可以互诠、圆融无碍的系统。从三大命题，汤一介又总结出中国哲学的四个特点：呈空想状的理想主义，重实践的人本主义，体用一源的思维模式和偏重直观的理性主义。[1]

对中国哲学基本特征的探讨和精神内蕴的发掘，使汤一介进一步摆脱了教科书体系的羁绊，走出过去几十年间既成模式的束缚，而回到哲学问题本身。他意识到哲学并没有一个统一的标准，所谓"基本问题"也是因地而设、因时而变的，中国不同于西方，今日不同于古时。就拿中国古代哲学的最高理想来说，它是以追求人的精神生活的和谐与完满为目标的，偏重于人生价值的探讨，以实现尽人能、体天

---

[1]　汤一介：《中国传统文化中的儒道释》，中国和平出版社1988年版，第14—19页。

道为终极目的。中国人往往把"做人"看得很重、看得很高，甚至视为理解"存在"的根本，这和他们的宇宙观大有关系，宇宙不是寂死的、纯外在的实然存在，而是与人息息相关的、互动式的应然存在。在这个系统内，人是主动的一方，是可以表达和体现"天道"的，所以如何"做人"，完善自我品格、充实内在价值、提高精神境界，就显得极为重要。孔子提示的"为己之学"，张载所说的"为天地立心"，老庄讲的"无为""自然"，"游于物之所不得遁而皆存"，禅宗追求的"无住""无相"以至"见性成佛"，皆是在描绘这样一种"立己"以达"天道"的境地。追求"真""善""美"统一的境界，在中国哲学各家，他们的目标是一致的，但途径有所不同。譬如，儒家重视道德实践，以"致善"为本，在实现"善"的过程中，体现"美"与"真"的价值，而道家亲近"自然"，以"求真"为要，用"真"作为枢轴来统一"美"与"善"。但这些不同的方式，殊途而同归，最后都归结到了人生境界这个根本问题上。就此而言，中国思想和西方哲学显然是有差别的。一般说来，近代西方大哲在谈论"真""善""美"时，都要建立一个系统，都把这些价值的描述与呈现视为是一种智力的活动，尽可能地追求所谓"客观"，往往是推出去说，就难免陷溺于外在化。这样一种知识体系的构建，于现代的中国哲学而言，是由陌生而变为熟悉的过程，是一个不断地模仿和学习的过程，而这个过程已经持续了百年之久。汤一介指出：现在我们应该增强这样的意识——中西哲学各有特点、各有所长，我们需要用西方哲学作为参照来认识自我、丰富自我，但西方哲学同样也在交流中扩大了它自身的意义，所以中西哲学是相互补充、互为镜鉴的，而不要把目前的单边学习视为是"当然"之理。

五、儒学的当代反思

20世纪80年代的"文化热"和90年代的"国学热",分别把对中国传统文化的反思推拥到了前台,只不过前者的主调是否定的,而后者则变成了一种"弘扬"。在这一时代的大转换中,儒学的命运和学界对儒家的评判始终是处在旋涡的中心。作为中国传统文化的研究者,汤一介也经历了一个"置身其外"与"投入其中"的过程。从学术领域来讲,他过去的特长不在儒学,而在佛教和道教;从研究态度来看,他之前较为秉承"客观"的理念,于儒、释、道三家不偏不倚,但越往后则对儒学的体味就越深,有了明显的偏重,而且"笔端常带感情"。他说:"以前我对儒学没有兴趣,可以讲不研究儒学。我是搞魏晋玄学的,还搞一点佛教、道教。从1983年考虑新儒家问题、新儒家的基本观念。"①这一年,他在哈佛大学做访问研究,接触到了海外新儒学,并且与杜维明成为好友。杜氏的思想或思考的问题显然对汤一介构成了很大的刺激,他不得不反思中国文化的现实命运问题,回应新儒家的挑战,重新思考中国文化与西方文化、儒家传统与马克思主义的关系。在当年举行的第17届世界哲学大会上,他发表了题为《儒家哲学第三期发展可能性的探讨》的讲演,引起了极大轰动。②在这之后,杜维明到北大讲学,在国内几大城市发表演讲,

---

① 汤一介:《我的哲学之路》,新华出版社2006年版,第26页。

② 刘述先在《蒙特利尔世界哲学会议纪行》一文中,对当时的情景做了生动的描述:"会议的最高潮由北大的汤一介教授用中文发言,探讨当前第三期儒学发展的可能性。……这一番发言虽然因为通过翻译的缘故而占的时间特长,但出乎意料的清新立论通过实感的方式表达出来紧紧地扣住了观众的心弦,讲完之后全场掌声雷动,历久不息。"详见刘述先所著《文化与哲学的探索》一书,台北学生书局1986年版,第89页。

掀起了复兴儒学的小小高潮，汤一介可以说是最为有力的接引者之一。随后，他又和萧萐父、庞朴等，发起和主持了熊十力、梁漱溟等新儒家人物的著作之搜集、整理与编纂的工作，对推动80年代后期的新儒学研究，贡献良多。他本人也积极地思考儒学的当代发展问题，对儒家的历史定位、特殊价值、近代命运及未来前景等，都做了深入的探讨，提出了自己的独特看法。数十年来，汤一介对当代儒学的反思，用力最切，也最有收获的，当推以下三个问题：

（一）内在超越

这是西学东渐之后，西方以基督教伦理为核心价值的宗教文化和中国传统的儒家伦理之激烈冲突所引带出来的问题。明末的耶稣会士，谓儒家"五伦"未为尽善，于头上再安一"大伦"，以确立"天主"之尊位；又将对上帝的爱置于"祖""圣"之上，列不敬神为"大不孝"之首。这一超越性之"神"和世俗性之"圣"的差异与斗法，由此生起，形成了连绵不绝的所谓"礼仪之争"，而有无"超越性"也就成为西方人士訾议甚至贬低中国文化的一大口实。近代西方文化的强势地位无形中确立了具有超越性的那份优越感，所以说中国文化不具超越性，就像说中国思想不算是哲学一样让人难堪。这种中西比较视野下的差异性评价，成为西方学术界长期以来的主调，正像芬格莱特（Herbert Fingarette）在论说西人的《论语》研究时所说的那样："这些现代阐释者一般都竭力淡化《论语》中实际上不可化约的神奇魅力的思想成分。"① 当代甚有影响的哲学—汉学"双打

---

① 芬格莱特：《孔子：即凡而圣》，彭国翔等译，江苏人民出版社2002年版，第4页。

组合"郝大维(David Hall)和安乐哲(Roger Ames),在他们的一系列著作中,坚决否认中国哲学有所谓的"超越性"——"在孔子思想中,影响最深远的、一以贯之的预设是:不存在任何超越的存在或原则。……不管怎样,企图求助于超越的存在或原则来说明孔子的学说,是完全不恰当的"。[①]正因为如此,港台新儒家唐君毅、牟宗三等,早就力辩过儒学的宗教性问题,在海外学界掀动了波澜,形成与基督教徒、域外汉学家们长时间的争拗。80年代中期,余英时发表了《从价值系统看中国文化的现代意义》一长文,提出"中国文化的内向超越性"说,于"超越性"的理解又有推进,对中西文化的差别和中国文化的特征也做了颇有新意的阐发。[②]正是在这篇文章的启迪下,汤一介开始探讨"内在超越"的问题,参加了在香港举行的第一届儒—耶对话会议(1987年),提交《论儒家哲学中的超越性与内在性》一文,后来又连续写了有关老庄、玄学和禅宗的内在性与超越性的文章,构成了一个系列。

汤一介指出,《论语》所谓"夫子之言性与天道,不可得而闻","天道"是超越性的问题,"性命"是内在性的问题,这些都是"超言绝象"的存在,故"不可得而闻"。孔子讲"为学"的过

---

① 郝大维、安乐哲:《孔子哲学思微》,蒋弋为等译,江苏人民出版社1996年版,第5页。在《汉哲学思维的文化探源》一书中,他们用了三分之一的篇幅专门谈"超越性与内在性"问题,认为在《孔子哲学思微》和《期望中国》二书中,他们二人"已经辩明,超越的观念与对中国古典典籍的解释无关。我们力图表明,依靠严格的超越的概念,是怎样严重地歪曲了儒家和道家的认识的某些方面"。见两人合著《汉哲学思维的文化探源》,施忠连译,江苏人民出版社1999年版,第226—227页。

② 参见余英时:《从价值系统看中国文化的现代意义》,载《文史传统与文化重建》,三联书店2004年版,第442—492页;《儒家伦理与商人精神》,《余英时文集》(第三卷),广西师范大学出版社2004年版,第1—39页。

程，所谓"知天命""耳顺""从心所欲不逾矩"等，皆是在表达一种"内在"和"超越"的境界。宋明儒着重发展了"性与天道"一路，成就了更为系统化和理论化的"内在"而"超越"的思想架构。不论是程朱的"性即理"，还是陆九渊的"心即理"，或王阳明的"致良知"，都是以"内在超越"作为其根本特征的。除了儒家思想之外，实际上中国哲学各家大都讲内在性，以"内在超越"为主旨。和中国的情景不同的是，西方哲学是剖分二界的——超越性的本体界和现实性的表象界，基督宗教更是把上帝看作是外在于人的世界的超然存在。这样，西方式的"超越"便含有了外在性，以"外在超越"为其特点。汤一介认为，中国文化有很强的同化能力，除了"内在超越"的特性之外，本身也有"外在超越"的资源，再加上向西方学习，一定可以弥补自身的缺陷，建立一个既包含"内在超越"又有比较多的"外在超越"可言的新哲学系统。

（二）普遍和谐

从"天人合一"的理想和推崇"和为贵"的人生宗旨出发，汤一介在1992年左右提出了"普遍和谐观念"。他认为，儒家讲"天人合一"，这是其根本的宇宙观和世界观，按照"体用一源，显微无间"的原则，其人生观必然地崇尚普遍的和谐。"普遍和谐"应该包括四个层面：一是自然的和谐。自然是一个生生不息的有机整体，"列星随旋，日月递炤，四时代御，阴阳大化，风雨博施"（《荀子·天论》），或鸢飞鱼跃，或草绿花艳，"云在青天水在瓶"，一切皆自自然然，和谐有序。《易》云"元亨利贞"，"元"是万物之始，"亨"是万物之长，"利"为万物之成熟，"贞"为万物之强固。这一完美有序的状态，在《易》即为"太和"，荀子所谓"万物各得其和以生"。二是人与自然的和谐。人生天地间，"有气、有生、有知亦且有义，故最为天下贵"（《荀子·王制》）。《周易》讲"天道"，也讲"人道"，有所谓"天、地、人"三材，特别强调"天行健，君子以自强不息"，重视人能的发挥。但人和自然，各有其位，各守己分，"天有其时，地有其财，人有其治"（《荀子·天论》），人与自然应该是和谐相安的。三是人与人的和谐。孟子讲"性善"，重视人的先天"善端"之培养；荀子道"性恶"，强调后天之礼乐教化的重要性。总之，儒家把道德修养、礼义廉耻作为维系人类社会的根本，目的就是要通过人际关系的调节，来促进社会的和谐与稳定。四是人自身内外身心的和谐。儒家重视修身，把个体的道德实践放在一切社会活动及其共生意义的端点上，自我修为又是以身心的和谐与情志的安适作为重要的目标和评价的标准。所以，孔子赞颜回"不改其乐"，孟子讲"立命"。

由此，汤一介认为"普遍和谐"是中国文化的独特价值所在，也是儒家思想最为宝贵的资源，在当今科技强势、征服欲望势不可挡、自然与社会危机四伏、人的身心严重失衡的情况下，这一观念的宣揭尤为显得重要。《中庸》里说："唯天下之至诚，为能尽其性。能尽其性，则能尽人之性。能尽人之性，则能尽物之性。能尽物之性，则可以赞天地之化育，则可与天地参矣。"这个"和谐"路向的规划，是以"天人合一"的交感性和个体生命的道德实践工夫作为基础的。先要"修己以安人"，以自我身心的和谐作为起点，"推己及人"，达到人与人、人与社会的和谐，然后再以"民胞物与"之情怀和"与天地参"之精神，实现人与自然的协调和整个宇宙的和谐。这一"和谐"观，顺应了当代社会发展的要求，既是对儒家传统的深入思考与回归，也是对肆虐多年的"斗争哲学"的弃绝与清算，更是中国文化走向世界、贡献于人类最有价值之成果。

（三）内圣外王

作为儒家思想最为核心的价值理念之一，"内圣外王"向来存在争议，近代以来的评价又大多是负面的。梁启超谓："内圣外王之道一语，包举中国学术之全体。"熊十力曾力辩"内圣"与"外王"的统一。牟宗三讲从"内圣"开出"新外王"，"转理性的作用表现而为理性的架构表现"。[①]这些对"内圣外王"的同情式理解和现代性诠释往往遭到非议，特别是后者，差不多成了当代新儒家饱受批评的一个焦点。汤一介较早时对"内圣外王"的看法，受到"反封建"意识的影响，认为这是中国"人治"社会的特征，是封建统治者自我标榜的粉饰之辞。"在中国历史上从来没有出现过儒家所塑造的'圣王'，所出现的大都是有了帝王之位而自居为圣王的'王圣'，或者为儒者称颂的'王圣'"。所以，"内圣"与"外王"应该分开来看，"圣"最不宜为"王"，为"王"则必然失去"圣"的品格。而"内圣"只是个人的修养品德问题，是一种超越的理想人格，它与"面对现实"、重视"事功"的"外王"之道是截然不同的，所以儒家讲的"内圣外王"，"往往成为美化现实的工具"。[②]他还认为，"内圣外王之道"并非儒家的专利，道家不只是享有该词语的发明权，而且思想中也内含了此意，魏晋玄学和中国化的佛教实际上都是

---

① 参见牟宗三：《政道与治道》，台北学生书局1983年版，第24，56—57，156页。

② 汤一介：《中国传统文化中的儒道释》，中国和平出版社1988年版，第52—53页。

讲"内圣外王之道"的。

晚年，汤一介在《我的哲学之路》一文中，对上述的看法小有修正，他说："我对'内圣外王之道'采取否定的态度，应该说是没有深入了解它的真精神有关。"①另外，就是和现实之间的微妙关联，他的批评，实际上是对"文革"时代的"造神"运动的一种否思。如果跳出现实的缠绕，"内圣外王之道"的价值和合理性就可以有别样的理解：一是作为政治文化的最高理想，"王"和"圣"应该是统一的，而且中国社会已经塑造了尧、舜、禹这样的"圣王"，世代景仰，深入人心，成为理想的楷模。二是"圣人"的社会理想只有在具体的社会实践活动中才能够实现，"内圣外王之道"体现了一种"实践理性"的精神。而实践高于理论，这正是中国哲学思维的特点。三是"内圣外王"重在"圣"的要求，即把道德修养放在社会性存在及其活动的首位，所谓"自天子以至于庶人，壹是皆以修身为本"，所以中国被称作"礼义之邦"，中国文化为"君子文化"。这些正面的意义和价值，应该是中国哲学的宝贵资源，对矫正世道人心和构建和谐社会均大有裨益。

六、探索"中国解释学"

进入到90年代的后期，汤一介开始关注解释学的问题，他倡导把西方的解释学理论运用到中国经典的现代诠释方面，并且归纳总结出中国经典解释史上的特征和规律，以创立中国自己的"解释学"。在

---

① 汤一介：《我的哲学之路》，新华出版社2006年版，第17页。

世纪之交，他先后发表了六七篇论文，探讨"中国解释学"的创建问题，这在学术界引起了很大的反响，余波未了。汤一介指出：中国有很长的解释经典的历史传统，有着非常丰富的解释经典的文献资源，如何发掘这一传统和有效地利用这些资源，是中国哲学在新时期谋求发展的重要课题。而西方解释学的生成背景和发展历程可以作为一种切近的参照，为我们提供转化传统资源的思路与方法。要很好地研究西方解释经典的历史，特别是"圣典"的诠释史，以及自施莱尔马赫（F. Schleiermacher）、狄尔泰（W. Dilthey）等人以来现代解释学理论的发展情况；对中国注释经典的历史过程做出系统的梳理，搞清楚各种注释体例的细微末节和来龙去脉；既有扎实的文字、音韵、训诂等"小学"功夫，又有宏观的比较视野和恰当的理论路径。那么，中国经典的解释问题就可以得出一些系统的认识和说明，创建"中国解释学"就是有可能的。

　　汤一介分析了中国注经传统中的一些方法，如：汉儒的"章句之学"，以纬证经、"辗转牵合"的荒诞比附之法；魏晋玄学家"得意忘言"（王弼）、"辩名析理"（郭象）的本体思辨之法；佛教译经的"格义"之法，以及"音义""音训"等等。他特别以先秦时代的典籍注解之不同方式为例，归纳出了中国古代早期经典诠释的三种路向：一是"历史事件的解释"，以《左传》对《春秋》的注解为代表。其对经文的说明是叙事式的，有完整的情节和过程描述，有对事件的看法和评论，在对"事件的历史"进行诠释的过程中，形成"叙述的历史"。二是"整体性的哲学解释"，以《系辞》对《易经》的发挥为代表。这一解释包含了哲学本体的观念，以及对宇宙生成变化的整体性看法，解释者的头脑中已经有了先入为主的架构模式，然后用这个总体性的模式再来调度材料，展开诠解。三是"社会政治运作型的解释",以《韩非子》对《老子》的论说为代表。《解老》篇大多以法家的社会政治观点来解释《老子》,很少涉及形而上的层面;《喻老》篇则更甚,干脆直接用历史故事来说明君主成败、国家兴衰之故,完全是政治功利性的。[①]除了这三种解释模式(历史的、哲学的、政治的)之外,先秦典籍中还可以找出一些其他的有关解释的方法,如《墨经》中的《经》与《经说》之关系,就大可做些分析。但就诠解的系统性和对后世的重大影响而言,显然上面所说的三种解释模式是最为重要的。

从中国的具体情况出发,我们不但可以借用西方解释学的成果,而且还能够激活相当多的传统资源。就拿训诂学来说,中国古代文化遗产的保存和传递(尤其是它的典籍形式),多半是依靠了这门解释意味甚浓的学问。从汉初的《毛诗诂训传》开始,便有了"诂训"之说,略后的《尔雅》更是被称作"训诂学的鼻祖",可见在两千多年前,中国的学问便已经与"解释"结下了不解之缘。孔颖达所谓"诂训者,通古今之异辞,辨物之形貌,则解释之义尽归于此",可见"训诂"即是解释。广义的"训诂",包括了文字、音韵、词汇、语法、修辞等项内容,同校勘、目录等文献整理的工作形成交叉。它以解释词义作为基础,然后析意句读、阐述语法,对虚词和句子的结构进行分析,最后串讲大意和梳理篇章结构,就文本的内容做出系统的诠解。训诂学源远流长、内容复杂、积累丰厚,是我国传统学术的重要组成部分。如果从解释学的角度来重新梳理这门古老的学问,一定能够得到更多新的理解和认识,这对阐扬中国传统学术的价值将起很

---

① 汤一介:《再论创建中国解释学问题》,载《和而不同》,辽宁人民出版社2001年版,第9—20页。

大的作用。训诂学如此，还有一些较具有"解释"色彩的传统学问，也可以作如是观。汤一介在他的系列文章中，对中国传统的"解释"资源做了很多的提示，可以作为"解释学中国化"开展的入路。

从西方解释学来看，中国的经学和由此繁衍的文字音韵、训诂考据、校雠辑佚、典章目录等，并未能产生出独立的有关一般"理解"的"技艺学"来。为什么中西走了两条不同的路？这其中的原因固然有很多，但根本上还是因为中国古代学术没有发生像欧洲近代那样的革命性变革，而始终笼罩在经学的氛围中。从施莱尔马赫之后，解释学就不再局限于神学的范围内，甚至不再局限于语文学或文献学的范围内，而是引入了理解者的心理状态和精神世界，变成了文本与读者之间的心灵交通，"理解"本身成为一般的原则和方法。狄尔泰则把解释学又进一步推延成为整个人文科学研究的方法论，这就和原来的圣典释义没有什么直接关系了。反观中国的"解释"学，却自始至终是围绕着经典来展开的，从孔子开始是整理编纂"六经"，直到清末，有关"解释"的工作仍然是依附于经学的。这样，在中国历史上便只有注经方法的不断延伸与积累，而绝无能够脱离经学独立成军的所谓方法学，"小学"始终是经学的附庸。就像阿佩尔（Karl-Otto Apel）所说的，这种"解释"工作始终局限在"历史的和语法的理解"之范围内，"显然，这种解释学哲学总是预先假定宗教、哲学和文学传统中的伟大文本都具有不可替代的活生生的意义，关键在于利用语文学批评的所有手段和方法，使这种意义重新在当代世界中展现出来"。[①]儒家的这个传统，无疑给创建中国的解释学带来了很大的困难。

---

① 阿佩尔：《哲学的改造》，孙周兴等译，上海译文出版社1994年版，第3页。

因此，汤一介强调，"中国解释学"在目前还仅仅是一个设想，因为中国传统哲学中并无系统化、形态化的解释理论，只是在西方的解释学传入以后，这个研究课题才开始浮现出来。[①]所以，真正的中国解释学理论应该充分地了解西方解释学，并运用西方解释学的理论和方法对中国的注经传统做系统的研究，对中国注释经典的历史和方法进行系统的整理，比较中西注释经典的同与异，然后归纳出中国自身的特点。在此基础上，才有可能创建具有中国特色的解释学理论，"中国解释学"的成立才是可能的。

七、瞩望新轴心时代

汤一介向来关心文化问题和文明对话，在改革开放以来的历次文化大讨论中，都可以看到他积极投入的身影。[②]20世纪90年代的后期，一件文化大事就是围绕着"文明冲突"与"文明融合"所展开的讨论，从亨廷顿（S. Huntington）的《文明的冲突与世界秩序的重建》到哈特（M. Hardt）和奈格里（A. Negri）的《帝国》，这些引

---

①　最近学界发表的几篇论文对汤一介创建"中国解释学"的构想做出了较有深度的分析，特别是成中英的《哲学与历史的融合——本体诠释学的本体诠释与中国解释学的历史诠释》（载景海峰主编：《儒学的当代理论与实践》，人民出版社2017年版，第171—180页）、洪汉鼎的《聚焦中国诠释学问题》（同前书，第181—204页）和潘德荣的《汤一介与"中国诠释学"——关于建构"中国诠释学"之我见》（载汤一介研究会编：《钻仰集——汤一介先生研究文集》，北京大学出版社2017年版，第168—184页），值得参考。

②　在新编的十卷本《汤一介集》里，就有一本专门谈论文化问题的汇集——《面对中西文化》，这些论文从20世纪80年代的"文化大讨论"开始，一直到晚近的"国学热""后现代""文明对话""跨文化研究"等话题，汤一介都是积极的思考者与参与者，写下了大量的文字。

起了巨大争议的文本，昭示着全球化时代文化问题的复杂性和文明走向的离散化状态。汤一介积极思考后现代文化中的各种问题，以高度的敏感和极大的热情参与这些讨论，尝试将中国文化的丰厚资源带入到当代文化的语境当中，从而为中国文化的现代转化和未来发展寻求路径。他先后写了《评亨廷顿的〈文明的冲突？〉》（1994年）、《"文明的冲突"与"文明的共存"》（2004年）等文章，回应亨廷顿的"文明冲突"论。亨廷顿提出所谓"儒—伊（斯兰）联合"的问题，认为"未来的危险冲突可能会在西方的傲慢、伊斯兰国家的不宽容和中国的武断的相互作用下发生"，^①视中国为西方的"假想敌"。汤一介指出：从历史上看，中国文化向来是以宽容与和谐为主旨的，爱好和平，反对侵略，文化交流与民族融合构成了其历史发展的主线。春秋战国之前的地域文化各有特点、各擅胜场，经过了不断的融合之后，形成统一的华夏文化。印度佛教传入，完全是和平的方式，作为外来文化的佛教并没有因为文明的差异而与儒家、道家发生过战斗；只有几次是因为经济等原因而受到了当权者的打压，但为时很短就烟消云散了。在佛教传播和发展的两千年中，儒、道、释各家相安无事、和平共存，这实在是中国文化具有很大的包容性的有力见证，说明中国文化在传统上就有容含多元性的质素。

由此，汤一介提出未来的世界主潮是文明的"融合"，而非"冲突"，特别是中国文化所扮演的角色，应该是正面的、积极的。他说："中国文化中的儒道两家可以为化解文明的冲突，并能为'文明的共存'提供有意义的资源。……反对'文明冲突'论，倡导

---

① 亨廷顿：《文明的冲突与世界秩序的重建》，周琪等译，新华出版社1998年版，第199页。

'文明共存'论，这无疑是人类社会的福祉。"①按照雅斯贝尔斯
（K.Jaspers）"轴心时代"的说法，公元前5世纪前后是一个原典文明
破土而出的时代，在这个时期之思想的影响下，人类文明的发展经历
了多次的飞跃，而当今世界多元文化发展的局面，又有点像开始了一
次新的飞跃。汤一介认为，这可能是一个"新轴心时代"的出现。在
经济全球化的推动下，全球的多元文化格局将会逐渐地形成，"21世
纪世界文化发展很可能形成若干个重要的文化区：欧美文化区、东亚
文化区、南亚文化区和中东与北非文化区（伊斯兰文化区），以及以
色列和散在各地的犹太文化等等。这几种有着长久历史的大的文化潮
流将会成为主要影响世界文化发展的动力"。新的"轴心时代"的文
化和过去的有所不同：一是全球化把世界连成了一个整体，文化的发
展已经不可能是各自独立的了，而是在相互的影响下形成一种多元共
存的局面。二是跨文化和跨学科的研究将会越来越普遍，文化系统之
间的相互参照、知识领域之间的交叉重叠、各种学术的交往与对话，
将会越来越频密，最后形成一种"你中有我，我中有你"的新局面。
三是这种文化局面不可能由少数几个伟大的思想家来主导，而是"百
家争鸣"。一统天下的思想体系不可能再产生，像柏拉图、亚里士多
德、孔子、释迦牟尼这样影响世世代代的人物也不可能再出现。②所
以，"新轴心时代"既是原典文明发展的新的飞跃，又和以往的文化
局面有根本的不同。

展望新的时代，汤一介强调，当代的中国文化建设一定要"走出
'中西古今'之争，会通'中西古今'之学"。既要继续奉行"拿来

---

① 汤一介：《我的哲学之路》，新华出版社2006年版，第209—210页。
② 同上书，第118—120页。

主义"的方针，吸纳世界各种文明的优秀成果；又要着力发展"送去主义"的策略，把中华文化的优良结晶推展到世界各地去。安乐哲（Roger Ames）将这一主张称为"互系性诠释"，"具体地说，汤一介对中国哲学的最重要贡献之一是，他坚信中国文化可以成为产生社会智慧所需的一个重要因素，以应对日益复杂的当代世界的困境。他劝诫读者继续对中国文化进行批判性重估，并以此作为解决当今紧迫的社会、政治、环境和伦理问题的重要资源"。[①]的确，汤一介的文化主张既是开放多元的，也是双向回环的，以"文化自觉"的意识和海纳百川的胸襟，积极投入到全球文化的交流和互动当中，在世界各种文明的激荡、攻错和磨砺下，锻淬自身，取精去粗，谋求新的发展。他向来主张只有开放的中国才是大有希望的，同样，也只有开放的中国文化和开放的中国学术在未来的发展中才是大有前途的。

八、知行合一的践履工夫

与其父辈相比，汤一介这代人经历了更多的精神历练和思想磨难，对社会百态和人世艰辛有更多的体味，因而他们对社会的了解与关注也就远远地超过了上一辈。汤一介曾经多次说过"学不如父"的话，就纯粹的学术而言，汤用彤先生的《汉魏两晋南北朝佛教史》的确精细臻极，后人难以望其项背，但所谓"一代人有一代之学术"，境遇不同，条件迥异，目标和方式等也就不好做简单的比观，所以

---

① 安乐哲：《汤一介先生的哲学馈赠——让东西方哲学的不对称成为过去》，载汤一介研究会编：《钻仰集——汤一介先生研究文集》，北京大学出版社2017年版，第47页。

与其谈论高下之判，不如分析他们各自的特点。汤一介指出：汤用彤先生的"为学术而学术"，"使得他远离了现实社会和当时一般文化所关注的问题"。和父亲相比，他可能"更加关注当前的现实社会"。①这不是一个简单的个人喜好的问题，甚至不是个人选择的问题，而是整个的时代环境和大氛围使然，是时代的差别造就了个人道路的不同。20世纪的三四十年代，可以做到"为学术而学术"，可以出现汤用彤先生那样的学术成果，但在1949年以后，"洗心革面"的知识分子不可能再走那样的路了。要不是邓小平的"扭转乾坤"，使中国走上了改革开放的道路，也许就不可能有我们这里对汤一介三十多年来的学术成就的叙述了。所以，汤一介不是不想"为学术而学术"，做出像他父亲那样的成绩，也不是一定要像后来那样去关注社会，对现实的文化问题投入巨大的精力，而是特定的时代造就了某种真实的环境，提出了对知识人的具体要求，需完成自己特殊的使命。处在拨乱反正、改革开放、民族复兴之时，汤一介顺应了这一时代的潮流，尽其所能，为当代的中国文化建设殚精竭思、贡献力量，已经做到了他个人的极致。

　　改革开放以来，汤一介所付出的努力和所做的工作，秉承了中国文化的优良传统，恪守"士"之本分，坚持学人的良知和立场，以现代知识分子的学术理念和敬业精神，鞠躬尽瘁，勇往开拓，取得了灿著于世的成绩。其中，他投入精力最多、花费时间最长，也最有影响的两件工作：一是创办中国文化书院，领导了这个在20世纪的中国学术史上留下重要印记的民办学术机构；二是发起《儒藏》的编纂，主

---

① 汤一介、乐黛云：《同行在未名湖畔的两只小鸟：汤一介乐黛云随笔》，太白文艺出版社2005年版，第61页。

持了这样一项新世纪巨大的学术工程。

20世纪80年代初，拨乱反正，百废待兴，与各种新思潮之萌发涌动相配合的是体制改革的呼声。就教育机构而言，1949年以后，民办的书院逐渐消失，公办大学成为唯一的高等教育机构。1984年，以北大哲学系中哲史教研室成员为核心，酝酿筹组了民间性的中国文化书院，推举汤一介为院长。在他的领导下，书院先后聘请了梁漱溟、冯友兰、张岱年、季羡林、周一良等七十多位海内外的硕学鸿儒为导师；举办了四届在全国学界引起过巨大反响的"文化系列讲习班"；主办了有数万名学员参加的全国性的"中外文化比较研究"函授班；开展了与海内外学术界的广泛的文化交流活动，并且在海峡两岸的学术往来方面扮演了重要的角色；多次召开国际性的学术研讨会，出版了一大批系列的专著、文集、教材、资料集等。中国文化书院的这一系列活动，在当时都反响强烈、影响巨大，对八九十年代的中国文化研究起到了很大的促进作用，书院被时论公认为80年代"文化热"的主要推动力量和新时期思想界代表性的一派。

作为中国文化书院的掌门人，汤一介为书院的事业付出了巨大的心血和艰苦的努力，在他的带领下，书院才取得了辉煌的业绩，这份成功是与他的人格感召和宽广胸怀分不开的。书院的成员来自四面八方，没有了学科之间的分际，也没有了身份和等级之间的差别，大家都怀抱着一颗为中国文化的复兴事业添砖加瓦的滚烫之心，不计名利，不计得失，捐弃前嫌，万众一志，才共同做成了这件大事。书院以"继承并阐扬中国文化的优秀传统，通过中外文化的比较研究，加强世界各国的交流和学者的往来，促进中国传统文化的现代化"为宗旨，目标是一致的，但思想却分外地开放与活跃。每个导师的学术观点可以不尽相同，个人的兴趣和偏好也可能完全不一样，但大家都能合作共事，相处融洽，心情愉快，这在一般的机构中是少有的。季羡林说："对中国文化书院的回忆，我却只有甜蜜，只有兴奋，只令人欢欣鼓舞，只令人感到'柳暗花明又一村'。"[①]这种和谐的人际关系和令人向往的气氛，固然与诸多学者的涵养与修为有关，但作为主事者，汤一介的处事风格和开放心态不能不说起了关键的作用，这也和他本人兼收并蓄的为学宗旨，以及思想上的包容性和待人的宽厚有极大的关系。中国文化书院的"曾经辉煌"，已经写入了历史，汤一介为此而付出的努力，也已成为他"事功"簿记中最为浓墨重彩的一笔。

进入新世纪之后，汤一介又筹划发起了《儒藏》的编纂工程，这是迄今为止我国人文学界在新的历史条件下所启动的最大项目。作为中国文化的主干，儒家的典籍向无汇纂，而自宋以来，历代王朝都编有《佛藏》和《道藏》，却始终没有编成《儒藏》，这与儒家在中国历史上的地位是极不相称的。虽说《四库全书》的内容庶几近乎儒家之总集，外延甚或过之，但修纂未善，错漏百端，体例又未必全符，晚近的百多年著作更是付诸阙如。所以，编纂一部名副其实、体例精良的《儒藏》，就不但必要，而且非常适时。从2004年正式启动，《儒藏》工程已经历了十余年，在汤一介的挂帅下，汇聚了国内外40多家机构的数百位学者参加。这是一个多么庞大的阵营，事务繁杂，头绪万千，对习惯于单独作业、不好集群的人文学者而言，其间的组织与配合又是何其地艰难！如果没有汤先生坐镇军中的巨大感召力，这个工程的运作是很难想象的事情。迄今为止，《儒藏》精华编已经

---

① 季羡林：《柳暗花明又一村——纪念中国文化书院创建十周年》，载《文化的回顾与展望》，李中华等编，北京大学出版社1994年版，第3页。

出版了近200册，九卷本的《中国儒学史》也已经完成了。[①]但规模巨大的《儒藏》大全本，以及计划中的"儒家思想与儒家典籍研究丛书"百种、《儒藏》总目和提要、配套的电子版读物与检索工具等等，尚在襁褓之中，这也成了汤一介先生的未尽之愿。

　　《儒藏》这项工作可以说是汤一介最后十年所耗费的精力和心血最多的一个事情，虽然这十年间他也写了一些其他的文章和参加了一些其他的活动，但都不能和他全力以赴投入的《儒藏》相比。他几乎是事无巨细地操心，每个细节都是亲力亲为，我们可以想象一个已经八十多岁的老人，在那么一个身体状况下，要在心理上和身体上承受那么大的压力来做这样一件事情，是多么地不容易。[②]包括《儒藏》的编纂队伍和机构组建，都是从零开始的，一直做到现在的状况，其中的艰辛我们可想而知。现在《儒藏》的大全本最后能不能编成，或者最后是一个什么样的情况，还不能准确地预料，但是这个工作从汤先生的本意和发愿来讲，应该说是令人赞佩和感动的。因为这和过去修《四库》不一样，那是一个国家的浩大工程，由上而下组织，是官方的行为，而《儒藏》完全是学界在做，由学者自己来组织完成。当

---

① 在2016年12月于深圳大学召开的"儒学的当代理论与实践——汤一介思想国际学术会议"的开幕式上，李中华教授代表北京大学《儒藏》编纂中心致辞，报告了《儒藏》工程的近况。他说：《儒藏》编纂自2004年启动至2016年，已完成了将近一半的出版工作，精华编339册已基本交稿，预计2019年全部出齐。参见《中国教育报》2016年12月12日。

② 可参阅吴志攀的《回忆汤先生与〈儒藏〉》一文，吴氏是北京大学常务副校长，具体负责这个项目的领导与实施工作，所谈最为真切。见《北京大学校报》2016年12月22日。又见北京大学《儒藏》编纂与研究中心编：《汤一介与〈儒藏〉》，北京大学出版社2017年版，第95—100页。收入该书中的四十余篇回忆文章，主要是由参加《儒藏》工程的国内外学者所撰写，大多为十余年间全力从事编校工作、与汤一介过从甚密的各部类主编和参与管理的人员，所述多亲耳聆听、亲眼看见、亲身经历，皆由内心所发，故读来无不感慨系之，也无不为之动容矣。

然，完全靠学者自身又不可能把事情做成，还得靠政府财政的支持，国家要投入，所以形式上好像是过去的"盛世修书"，但这又不同于历史上的情景。另外，就是对《儒藏》一直也存有各种非议，包括编纂的必要性，以及对质量表示担忧等。这些问题无不时时刻刻都对汤一介有一种压力，他要不断地去想这些问题，想着怎样才能做得更好，而无愧于这个伟大的时代。他说："在中华民族走向伟大复兴的过程中，必须有中华文化的复兴来配合。由于我国综合实力在不断增强，因此有可能进行一系列重大的学术文化建设，'《儒藏》编纂与研究'就是其中之一。我们知道，明清两代学者都曾提出过编纂《儒藏》的设想，但是都未能实行。今天，我们编纂《儒藏》可以说正在实现着四百多年来中国学者、也可以说是中国人民的梦想。"[1]这可以说是汤一介的心迹，参与《儒藏》工程的各位学者，也都高度地认同汤先生的主张，都时刻意识到只有以对国家、民族负责的责任感，兢兢业业，精益求精，才能将《儒藏》编纂为无愧于历史与时代的传世典籍。

景海峰

---

[1] 汤一介：《2011年5月23日在教育部儒藏工程工作会议上的报告》，载《汤一介与〈儒藏〉》，北京大学出版社2017年版，第82页。

目录

论中国传统哲学范畴体系的诸问题

亚里士多德的《范畴篇》对古希腊哲学的范畴做了总结，提出十个范畴并进行了深入分析。黑格尔的《逻辑学》对西方近代哲学的范畴做了总结，提出了一个较完整的范畴体系。中国传统哲学（即中国古代哲学）有没有一个范畴体系？为什么要研究和如何研究中国传统哲学的概念、范畴问题？本文打算对这些问题做一些初步的讨论。

一、研究中国传统哲学范畴体系的意义

研究中国传统哲学的范畴体系有它的一般意义和特殊意义两个方面。就其一般意义说至少有以下三点：

（一）研究哲学史当然要研究某一哲学家或哲学派别在历史上的作用，但哲学史的研究最终要解决的问题应该是揭示历史上哲学思想如此发展的逻辑必然性。比如说先秦哲学由孔子而孟子再荀子的哲学思想这样发展有什么逻辑必然性。一部以马克思主义为指导的科学的哲学史应当是既能揭示哲学思想发展的动因，又能揭示出哲学思想这样一种理论思维发展的内在逻辑。哲学是关于自然、社会、人类思维

最一般规律的科学，它是以抽象思维形式表现出来的，因此可以说哲学思想的发展就其内容说是概念、范畴的提出，是概念、范畴含义的明确、丰富和不断发展的历史。我们研究哲学史上的概念、范畴是如何提出的，它的含义如何由不明确、不很丰富到比较明确、比较丰富，概念、范畴的体系如何由简单到复杂，由不完整、不系统到比较完整、比较系统，对概念、范畴的发展过程进行具体的分析，就可以掌握哲学思想发展的规律，揭示出其发展的内在逻辑。

（二）我们说，哲学史是唯物主义与唯心主义斗争的历史，并不是说唯物主义与唯心主义的斗争和人类认识发展的规律是两个过程，它们是同一个过程。人类认识世界的历史是在唯物主义和唯心主义的斗争中发展的，也就是说唯物主义和唯心主义的斗争就表现了人类认识发展的规律。认识必然要使用概念和范畴，所以哲学史上的每一发展阶段都是围绕着对某些基本的概念或范畴的解释而展开，从而形成唯物主义和唯心主义的斗争的。例如，从中国哲学史上看，在先秦唯物主义和唯心主义的斗争，大体上是围绕着天（道）人（道）、名实、知行、变常等的不同解释而展开的；魏晋时期则是围绕着有无、体用、言意、名教和自然等几对概念而展开的；宋明是围绕着理气、心物、心性等的不同看法而展开的。研究概念、范畴发展的历史，正是揭示唯物主义和唯心主义斗争规律的关键。不仅如此，而且可以认识某些概念、范畴在认识史上出现的必然性，有助于克服在以往哲学史的研究中所出现的对唯心主义持简单否定态度的缺陷。王弼是个唯心主义哲学家，但他首先提出了若干"帮助我们认识和掌握自然现象之网的网上纽结"的范畴，如体用、一多、言意等，尽管他的解释是不正确的，但他能提出这些范畴毕竟表现了人类认识的深化，这在哲学史上就应该肯定，给以应有的地位。有王弼"以无为本""得意妄言"这样的思想的提出，才会有欧阳建的《言尽意论》和裴𬒗的《崇有论》的出现。所以研究哲学史上的概念、范畴和它的发展历史，也是正确评价哲学史上唯心主义和唯物主义不可缺少的一环。

（三）恩格斯说："迄今为止，学习哲学史是锻炼人们理论思维的唯一方法。"恩格斯这里说的哲学史并没有限定必须是科学的哲学史，但是学习科学的哲学史当然更能起这样的作用。科学的哲学史必然是能揭示人类认识在唯物主义和唯心主义斗争中发展的规律的，而人类认识发展的历史最基本的内容则是概念、范畴发展的历史。由于概念、范畴在哲学史中的发展反映着人们认识的深入，我们研究它的发展历史就是把人类认识世界的过程在自己的思想中再想一次，当然是排除了种种偶然的、次要的因素，而抓住本质的、带规律性的内容。这个重新思想的过程，必然使我们自己的思想也深化了。在我们研究概念、范畴发展的历史时，不仅要使人类使用概念、范畴认识世界的过程再现，而且必然要用某种方法使之再现，它只能是对概念、范畴的含义，诸概念、范畴之间的关系，以及前后发展的逻辑联系进行理论上分析的方法，这种对概念、范畴的理论分析本身就是一种理论思维活动。就这一方面说，它也会有助于提高我们的理论思维能力。

以上三点都是说的研究概念、范畴的一般意义，因为研究任何哲学发展的历史（如西方的、印度的）都有这样的意义。而研究中国传统哲学的概念、范畴和它发展的历史还有其特殊的意义，这就是可以使我们了解中国传统哲学的特点和发展的水平。西方哲学有它自己的一套范畴体系，从亚里士多德的《范畴篇》到黑格尔的《逻辑学》表现了西方哲学的特点和不同历史时期哲学思想发展的水平。印度哲学也有它自己的一套范畴体系，就印度佛教说，从原始佛教到大乘空有二宗所使用的范畴大体上是前后相继，有其鲜明的特点，并表现了印度佛教在运用逻辑思维、分析概念含义方面的较高水平。中国传统哲学确有它自己的一套概念、范畴，并且逐渐形成了一个较系统的体系。正因为中国传统哲学有自己一套概念、范畴，对这些概念、范畴就不能简单地用西方哲学的概念、范畴去套，甚至也不能简单地和马克思主义哲学的概念、范畴等同。在我国哲学史上，长期形成的一套概念、范畴，除少量吸收了印度佛教的概念之外，基本上是独立发展的，所以它的特点也是很鲜明的。例如，在中国哲学史上，"天（道）"和"人（道）"这对范畴就非常重要，因此在中国传统哲学中不仅对天人关系的问题比较重视，而且对人和人（社会）之间关系问题的研究特别重视。又如"体"和"用"这对范畴，它不仅包含有"本体"和"现象"的意思，而且有"根据"和"功用"、"全体"和"部分"、"抽象"和"具体"等的意思。这样一些成对的概念、范畴及其体系自然充分地表现了中国传统哲学的特点，并反映了一定历史发展阶段上的理论思维水平。用一个不十分恰当的比方说，中国医学有其独特的传统，有着特殊的理论体系，使用着特殊的医学名词概念，尽管有些理论和成就我们还不能做出明确的科学解释，但既然在医疗实践上能取得良好的效果，它肯定反映了事物本质的某些侧面，包含着相当深刻的道理。就概念、范畴是知识成立的必要条件，是主观对客观联系的枢纽来说，一定概念、范畴的提出总是人们在思维实践上对客观事物的某些侧面的认识获得的一定成果的反映，有什么样的概念、范畴就标志着人们的认识深化到什么程度。因此，我们研究中国传统哲学的各个历史发展时期的概念、范畴，就可以看到我国历史上各个时期的理论思维水平。

在中国哲学史上，有三个时期的哲学对中国传统哲学范畴体系的形成有着较大的意义：一是先秦的诸子学；二是魏晋的玄学；三是宋明的理学。如果把这三个时期我国传统哲学的范畴体系和西方同期相比较，应当可以看到它们有明显的特点和较高的水平。这样把我国传统哲学和其他国家、民族、地域哲学的范畴体系相比较，是比较哲学应当研究的重要课题。

二、怎样研究中国传统哲学的概念、范畴

研究中国传统哲学的概念、范畴，从根本上说必须用马克思主义的科学分析方法。我们如果仅仅提出在中国哲学史上曾经使用过哪些概念、范畴，这远不是我们研究中国传统哲学的概念、范畴所要达到的目的。因为那样并不能揭示出哲学思想发展的规律、了解唯物主义与唯心主义斗争的规律和使我们的理论思维得到提高，特别是不能认识中国传统哲学的特点和水平。要达到上述目的就必须用马克思主义的科学方法：（一）分析概念、范畴的含义；（二）分析概念、范畴含义的发展；（三）分析哲学家或哲学派别的概念、范畴体系；（四）分析中外哲学概念、范畴的异同。只有在做了这样一些具体的分析研究的基础上，才有可能使中国哲学史的研究在科学化的道路上前进。

（一）分析概念、范畴的含义

一个或一对哲学概念（范畴）的提出，反映着人们对世界认识的水平，但是这个或这对概念的含义是什么则要我们去分析。古代哲学家提出一新的概念，其含义往往不如我们今天科学、明确，特别是在说明世界的本原时所用的概念更是不确定的，而且有时含糊不清。例如，老子是第一个把"道"作为他的哲学体系的最高概念提

出来的。他提出"道"这个概念,在春秋战国时期具有和"尊天"思想相对立的意义。他把"道"作为世界的本原,这当然是提高了中国古代哲学的思想水平,但"道"的含义如何? 老子自己也感到难以说清,他说"吾不知其名,字之曰道,强为之名曰大",所以他用了许多形容词来说明"道":"寂兮寥兮""恍兮惚兮""窈兮冥兮"等。看来,古代哲学家限于当时的客观条件和认识水平,要给表明世界本原的概念做出明确说明是多么不容易呀! 因此,这就要求我们根据《老子》一书对"道"这一概念的含义进行分析。① "自然"这一概念在中国哲学史上被广泛地使用,但各个哲学家对它的解释却不相同。最早把"自然"作为一哲学概念使用的也是老子,他的"自然"大体上是"无为"的意思,汉朝王充继承了这个意思,说"天道自然无为"。到魏晋,王弼、夏侯玄等"贵无派",把"自然"看成就是"道"——宇宙本体。夏侯玄说:"天地以自然运,圣人以自然用。自然者道也,道本无名,故老氏强为之名。"而且同一哲学家对"自然"的解释也并不一致,往往从几个方面去解释。这里我们以郭象的"自然"概念为例做些分析。

郭象的"自然"至少有五点相互联系的含义:

第一,天人之所为皆"自然"。《庄子·大宗师》:"知天之所为,知人之所为者,至矣。"郭象注曰:"知天人之所为皆自然。"这就是说,郭象不仅把"天然"看成是"自然",而且"人为"从某种意义上说也是"自然"。那么在什么意义上说"人为"也是"自然"呢?

第二,"自为"是"自然"。郭象说:"言物自然者,无为者

---

① 参见拙作《略论早期道教关于生死、形神问题的理论》,载《哲学研究》1981年第1期。

也。"又说："贵其无为而物之自为也。"可见他的"自然"有"任物之自为"的意思。那么为什么"自为"是一种"无为"呢？

第三，"任性"即"自然"。郭象认为"自为"是"自然"，但"自为"并非任意而为，而是"率性而动"，即"任性而为"，"自然耳，故曰性"。"任自然"就是"任性"，既不使人从己，亦不舍己从人。

第四，"必然"即"自然"。郭象说："达命之情者，不务命之所无奈何也，全其自然而已。""知命"的不做"无奈何"的事就叫"自然"，这里所谓"命"即"必然性"的意思。

第五，"偶然"即"自然"。郭象说："物各自然，不知其所以然而然。"就"不知其然"说，"自然"又有偶然性的意思。所以，在说明事物的"自生"时往往用"突然""掘然"等，都是说事物的存在是没有道理、说不出原因的。

按：郭象"自然"概念的含义有以上相互联系的五点，而其中最重要的是后面两点，即"自然"既有"必然"又有"偶然"的意思。必然和偶然本是一对相对立的概念，但从辩证的观点看必然和偶然是相互联系的，是能互相转化的，必然性又通过偶然性表现出来。郭象用"自然"一词既说明"必然"又说明"偶然"，正是因为他认识到"必然"和"偶然"的相互联系：此一事物作为此一事物如此的存在，从一方面说是"必然"的，"物各有性"；从另一方面说又是"偶然"的，"忽而自生"。在郭象的体系中，事物的存在必须兼有这两方面，缺一方面就无郭象哲学。从对郭象的"自然"概念含义的分析，我们大体可以看到郭象哲学的特点和水平。

（二）分析概念、范畴含义的发展

不仅每个哲学家的概念、范畴的含义不同，而且各个时代的概念、范畴的含义往往也不相同。尽管如此，如果这种哲学思想是前后相承的，那么总可以发现概念、范畴含义之间的继承关系。研究概念、范畴发展的历史，对于了解人们认识发展的规律是非常重要的。下面就中国传统哲学中"气"概念的含义的发展做些分析，以便说明分析概念、范畴含义发展的重要性。

早在春秋时期，就有思想家提出"气"对人的影响的问题，如《左传·昭公元年》所记载的医和论"六气"。到战国，"气"成一普遍概念，不仅多以为人的形体由"气"构成，而且有以为人的精神也是由"气"构成的。在《管子》一书中有《白心》《内业》《心术》等篇，其中载"精也者，气之精者也""凡物之精，化则为生""下生五谷，上为列星，流于天地之间谓之鬼神，藏于胸中谓之圣人""故有气则生，无气则死"等。这就是说，"气"之中有一种叫"精气"，凡是能得到它的似乎就有生命，这种"精气"如果到人的身体中，就会有聪明智慧，可以使人成为圣人。战国时期，这种对"精神"做不科学解释的"精气说"，如果说仍是一种唯物主义，那么这种唯物主义观点已包含了很大的缺陷，致使在一定条件下可以被唯心主义所利用而成为其体系的组成部分；也可以为神仙家所吸收而改造，使之成为其鼓吹"长生不死"的根据。我们知道，孟轲也讲"气"，提出有一种"气"叫"浩然之气"。在《白心》等篇中说，"精气"能给人以聪明智慧，且"此气也，不可止以力，而可安以德"，"气"本身就有聪明智慧，要由道德力量巩固它。到孟轲那里，他所说的"浩然之气"，就是"集义所生"的了。显然，孟轲所讲的这种"气"就成为精神性的。到汉朝，董仲舒进一步把"气"道德化、神秘化，致使"气"成为上帝的意志和力量的表现。他认为，"气"有刑、赏的能力，有善、恶的分别，有喜、怒、哀、乐的感情，这就使它保存了物质的外观，而失去了物质的特性。后来两汉谶纬迷信中关于"气"的种种说法，大体都是沿着董仲舒的观点发展的。

从先秦到两汉的一些史料中我们还可以看到，"气"和神形问题相联系多与"养生"有关，而"养生"则往往又是"成神"的一种手段。在《庄子》一书中，所描写的"真人""神人"等多是"神将守形，守形乃长生"者，他们"吸风饮露，不食五谷"，"一其性，养其气"，神与形合，即可达到"形全精复，与天为一"的境界。《吕氏春秋》亦多载"养生"之谈，认为要做到"长生久视"则"气"必能在身体中不断流通，而"精气日新，邪气尽去，及其天年，此之谓真人"。《淮南子》则往往把"养气""养形""养性"看成是一回事，而且都和"气"的作用联系在一起。无论《吕氏春秋》还是《淮南子》都受到《管子·白心》等篇"精气说"的影响，认为"精神"也是一种"气"（精气），它可以自由出入于身体，神形不离则可长生久视。

与此同时，从先秦到两汉也有继承前此把"气"看成是物质性的、构成天地万物的东西这一观念的哲学家。荀子认为天地万物包括人都是由"气"构成，"水火有气而无生，草木有生而无知，禽兽有知而无义，人有气有生有知亦且有义"。《淮南子·精神训》说宇宙最初是没有具体形象的混沌未分的元气，后由阴阳二气的互相作用而产生天地万物，"浊气为虫，精气为人"。王充更明确地说："天地合气，万物生焉"，而且万物的产生正是"气"运动的结果，"天之动行也，施气也；体动气乃出，物乃生矣"。为了反对董仲舒对"气"的唯心主义观点，王充特别提出"气"是无意志、无目的的，"气也，恬澹无欲，无为无事者也"，"气若云烟，安能听人辞"。

但是，王充和《淮南子》书中的观点一样，仍然把人的精神（或生命现象）看成是"精气"，他说："人之所以生者，精气也，死则精气灭。"可见在我国古代哲学史上关于"气"的学说，从对这个概念含义的分析上，就可以明显地发现其间的前后继承关系了。

上述三个方面关于"气"的学说，或者说关于"气"的几种含义，到东汉末都汇合在道教的思想之中，兹不详述。

（三）分析哲学家或哲学派别的概念、范畴体系

在哲学史上，比较重要的哲学家在建立其哲学体系时，必然要使用一系列的概念、范畴，因此研究其概念、范畴相互之间的关系，是我们深入解剖其思想体系的基本要求。一个哲学家思想体系水平的高低往往和他使用的概念、范畴是否丰富、是否成体系，以及其概念、范畴的含义是否反映事物之间的本质联系有关系。从对哲学史上的哲学家（或哲学派别）的研究方面说，有时看法不同或许也是由于没有对其概念、范畴体系做全面而系统的分析引起的。例如，郭象的哲学如仅从他分析"有"和"无"这对范畴的关系看，或许可以说他的思想是唯物主义的，但是郭象的哲学之所以成为魏晋玄学发展的高峰，并不是由于他对"有"和"无"的关系提出了和王弼不同的看法，而在于他有一比较完整的思想体系。郭象的哲学思想体系分析起来，大体上可以说是由下述四组基本概念构成的（当然在郭象哲学中还有其他一些重要概念，这里就不说了）。

"有"和"无"：魏晋玄学所讨论的中心是"本末有无"问题，郭象的哲学也可以说是从讨论这个问题开始的。郭象认为，"有"（或"万有"）是唯一的存在，是"常存"的，"夫有之为物，虽千变万化，而不得一为无"，"言天地常存，乃无未有之时"。至于"无"，他则认为在"有"之上的造物主或作为本体的"无"是

不存在（non-existence），就是"无物"（nothing），所以他说：
"无则无矣，则不能生有。""请问造物者有邪无邪？无也则胡能生
物？""无"既然是"无"，怎么能生物？所以，郭象哲学一开始就
否定在"万有"之上有一个"造物主"，或者说有一个与"有"相
对立的本体之"无"作为它存在的根据。但是，郭象哲学并未就此止
步，而是继续讨论下去。

　　"性"和"命"：事物的存在既然不是以本体的"无"为根据，
那么事物的存在有没有什么根据呢？照郭象看，不能说"万有"的
存在没有任何根据，万物既然存在了，其存在本身就是其存在的根
据，具体地说，其存在的根据就在于其"自性"，"物各有性，性
各有极"。郭象的所谓"性"就是指"此物之所以为此物者"，有
"规定性"的意思，所以他说："天性所受，各有本分，不可逃，亦
不可加。""物各有分（性分），故知者守知以待终，而愚者抱愚以
至死，岂有能中易其性？"所谓"命"，郭象则把它解释为"必然
性"，如他说："命也者，言物皆自然而无为之者"，"知无可奈何
者命也"。很明显，他的"性"和"命"两个概念的含义都是为了论
证"有"是唯一的存在，而作为造物主或本体的"无"是根本不存
在的。

　　"自生"和"无待"：事物的"自性"是其存在的根据，而此
"自性"又是如何产生的？它的产生是不是有目的、有条件的？郭象
说："物各自生，无所出焉，此天道也。""物之生也，莫不块然而
自生。"如果事物的"自性"不是"自生"的，那么就是其他事物所
给予的，是造物主有目的创造的。然而此事物之所以成为此事物，彼
事物之所以成为彼事物，是没有什么使它这样或那样地产生和存在，
甚至也不能认为是它自己使它这样或那样地产生和存在，所以"自

生"只能是"欻然自生""突然自生""自然而生"。事物的产生和存在如有什么原因和目的，则必然导致承认有主使者。那么"自生"的事物和其他"自生"的事物是个什么关系呢？郭象认为，任何事物都是"自生"的，其存在都是"自足其性"的，所以是"无待"的。一方面"无待"之所以可能是因为"物各自造"，"物各自造，而无所待焉"；另一方面只要"适性""安性"，则"无待"对于任何事物来说都是可以达到的，"苟足于其性，则虽大鹏无以自贵于小鸟，小鸟无羡于天池，而荣愿有余矣。故小大虽殊，逍遥一也"。所以，要坚持事物存在的根据除其自身的"自性"外，再没有其他任何根据和条件，就必须承认它是"自生""无待"的。

"独化"和"相因"：要把"自生"和"无待"的观点坚持下去，还有一个重要问题要解决。如果说，每个事物都是一个个的存在，此事物就是此事物，彼事物就是彼事物，互相分别，那么所有的事物岂不都是相对的？如果都是相对的，那么岂不还要受到限制？如果要受到限制，岂不仍是"有待"的？为了解决这个问题，郭象提出了"独化"的概念。所谓"独化"是说任何事物的生生化化都是独立自足的，因此"无待"是绝对的。如果要追求事物生生化化的原因和根据，表面上看来可以无穷无尽地追求下去，但追求到最后只能得出"无待"的结论来，所以他说："若责其所待，而寻其所由，则寻责无极，卒至乎无待，而独化之理明矣。"郭象在《齐物论注》中举了一个极端的例子，他说形、影和"罔两"（影外之阴）都是独立自足的、绝对的存在，"是以涉有物之域，虽复罔两，未有不独化于玄冥者也"。如果有一物不是独立自足的存在，那么其他任何事物也都不能独立自主地存在，这样就必然引出在"万有"之上仍有一作为其存在根据的本体（或造物主），而势必承认有"生化之本"了。事物尽管是独立自足的存在，只要每个事物都完满地实现其"自性"，充分地发挥其"自性"，"知者守知以待终，而愚者抱愚以至死"，那么就可以达到"天地未足为寿，而与我并生；万物未足为异，而与我同得"的境界。这样对其他任何事物就有最大的功用，"相因之功，莫若独化之至"。从另一个角度看，任何存在着的事物，只要是存在着的它就是不可少的，就不能不存在，郭象说："人之生也，形虽七尺，而五常必具，故虽区区之身，乃举天地以奉之。故天地万物，凡所有者，不可一日而相无也。一物不具，则生者无由得生；一理不至，则天年无缘得终。"因此，凡是存在的都是合理的、必然的，而且是不互相排斥的。这个观点似乎与"独化"说有矛盾，其实不然。因为照郭象看，存在着的事物都是合理的、必然的，而不是互相排斥的，正是以每一事物都能充分地、绝对地发挥其"自性"、独立自足地生生化化为条件。

从对郭象哲学范畴体系的分析看，他的哲学最后要建立的是"独化"说，而"崇有"不过是达到"独化"说的阶梯。而且在郭象的体系中唯有建立其"独化"学说，才可以坚持"崇有"，而较为彻底地否定在"万有"之上还有一作为其存在根据的"无"。

我们要了解一个哲学家是唯物主义还是唯心主义，他的哲学的特点以及他的哲学思想的前后继承关系和历史地位，都必须通过对其范畴体系的分析才可以得到。

（四）分析中外哲学概念、范畴的异同

在对中外哲学概念、范畴的分析比较中，可以更好地认识中国传统哲学的特点和水平，这点是毫无疑义的。由于这个问题比较大，作者又没有做过仔细、深入的研究，这里只就魏晋玄学和当时传入的印度佛教般若学这个问题做一点粗浅的比较分析。

　　魏晋玄学所讨论的主要问题是"本末有无"问题，所以"无"和"有"两个概念是玄学的最重要的基本概念，佛教般若学所讨论的问题也是"有"和"无"（或"空"）的问题，所以道安说："于十二部，毗曰罗部最多，以斯邦人老庄教行，与方等经兼忘相似，故因风易行耳"，但佛教般若空宗讲的"空"（或"无"）虽与玄学家王弼等讲的"无"有相似处，实并不相同。汉末灵帝光和二年（179）支娄迦谶译出《道行般若波罗蜜经》中有"本无品"，"本无"是梵文tathatā的意译，后来译为"真如"，而在《道行经·本无品》中所说的"本无"是"诸法本无自性"的意思，所有的事物都没有实在的自体。玄学家王弼等也讲"本无"，意思是说万物"以无为本"，所有的事物都以"无"为本体。这两种"本无"思想虽不能说全然不同，但其含义却有很大差别。从魏晋玄学说，王弼的"本无"思想是继承了老子的学说，在他的哲学体系中"无"这一概念和"道"或"理"是同一的，"夫大之极也，其唯道乎！……虽贵以无为用，不能舍无以为体"；"物无妄然，必由其理"，所以王弼的"无"不是说"虚空"或"不存在"（non-existence），而是指事物的"本体"（substance）。佛教般若空宗的"本无"只是讲的"诸法本无自性"，他们认为任何事物都是因缘和合而成，并无实在的自性。《大般若经》卷五百五十六中说："如说我等，毕竟不生，但有假名，都无自性。"龙树的"三谛偈"说得更明白："众因缘生法，我说即是空，亦为是假名，亦是中道义。"从这里看，般若空宗说的"空"不是指的"本体"（substance），而是说的"虚空"（non-existence）。至于"有"的含义，魏晋玄学所讲的"有"一般都是说"万有"，即形形色色的具体存在物，但在我们所翻译的佛经中，把佛教中不同含义的"有"（存在）往往都译为同一个"有"。[1]

佛教传入中国，在东汉先是依附于中国的道术，到魏晋玄学流行以后又依附于玄学，东晋时所出现的我国僧人的般若学各派大体上也还是用玄学思想了解般若学，一直到鸠摩罗什来华，译出《般若经》的释论《大智度论》和《中论》《百论》《十二门论》等，中国学者才对印度佛学的般若学的原意有了了解。僧肇的《不真空论》是比较近于印度佛教般若学讲"非有非无"的原意的。

我们在对中外哲学概念、范畴的比较分析中，可以看到它们各自的特点和水平，也可以看到一种外来文化思想的传入对原有的传统文化思想发生影响的过程，以及外来文化思想如何被吸收而成为所传入国家（民族、地域）文化思想的一个组成部分。

三、关于中国传统哲学范畴体系的构想

"范畴"是从category翻译过来的，取"洪范九畴"的意思。从西方哲学史上看有种种解释，亚里士多德的《范畴篇》把它看作是存在的基本样式（mode），他提出十个范畴：本质（substance）、量（quantity）、质（quality）、关系（relation）、位置（place）、时（time）、占有（state）、作用（action）、遭受（passion）等。康德的十二个范畴说是与认识有关的原则或说是构成经验的条件。列宁说："范畴是区分过程中的一些小阶段，即认识世界过程中的一些小阶段，是帮助我们认识和掌握自然现象之网的网上纽结。"苏联《哲

---

[1]　参见金克木：《试论梵语中的"有—存在"》，载《哲学研究》1980年7期。

学辞典》说："反映现实界各种现象和认识的最一般的和最本质的特性、方面和关系的基本概念。"看来，对"范畴"大体上是从现实界的存在和认识两个方面来说明的：说它是"存在的基本样式"或"现实界各种现象的最一般的和最本质的特性、方面和关系"，是就存在方面说的；说它是"构成经验的条件"或"认识和掌握自然现象之网的网上纽结"，是就认识方面说的。认识的必要条件必然是反映和表现"存在的基本样式"；"存在的基本样式"又只是在人们的认识过程中才有意义。从上述一些说法中，我们还可以看出"范畴"和"概念"的关系，范畴是基本概念，概念并不都是范畴。因此，在这里我们要讨论的是，中国传统哲学的基本概念即范畴应有哪些？如果我们能根据中国古代哲学家所使用的基本概念构成一个能表现中国传统哲学是如何用以认识和说明"存在的基本样式"的体系，并能从中揭示中国传统哲学思想发展的线索，那就证明中国传统哲学确有其范畴体系。下面先用一个图表来表明，然后再做一些必要的说明。

这个图表中共用了二十对中国传统哲学的基本概念构成中国传统哲学的范畴体系，这当然是一个很初步的构想，问题一定很多，目的是想引起大家进一步的研究和讨论。对这个中国传统哲学范畴体系的构想图表，我想说明以下几点：

（一）这个构想图表分为三大栏。第一栏是想说明中国传统哲学中用了哪些基本概念表述世界的存在；第二栏是想说明用了哪些基本概念表述存在的形式；第三栏是想说明用了哪些基本概念表述人的存在和认识。"天（道）"和"人（道）"的关系问题一直是中国传统哲学讨论的中心，中国哲学史上的唯物主义和唯心主义的斗争大都也是围绕这个问题进行的。子产第一个明确地提出了这两者之间关系的命题："天道远，人道迩。"孔子一方面很重视"天命"，而另一方

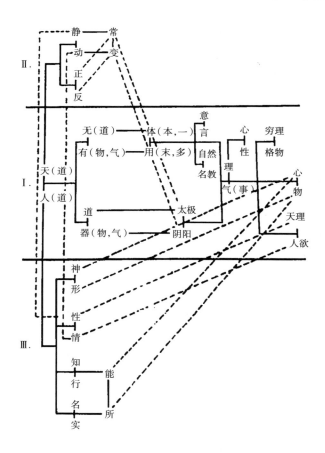

面更重视"人事"。他"五十而知天命"，却比较少讲这个问题，"夫子之言性与天道不可得而闻"，可是《论语》大量记载他讲"人道"的问题。孟子讲"尽心，知性，知天"，《中庸》说"诚者天之道，诚之者人之道"，荀子讲"制天命而用之"，都是讲的"天人关系"问题。道家的老子讲"天道自然无为"，而压低"仁义"（人道）；庄子"蔽于天而不知人"。汉朝的儒家大师董仲舒说他自己讲的是"天人相与之际"的学问；受道家影响比较深的司马迁也说《史记》是"究天人之际，通古今之变"的著作。魏晋玄学讨论的"本末

有无"问题，就其内容说仍是"自然"（天道）与"名教"（人道）
的关系问题，所以何晏说："若王弼者，始可与言天人之际。"宋儒
无论理学还是心学，都把"人心惟危，道心惟微，惟精惟一，允执
厥中"称为"十六字心传"。朱熹认为"太极（天理）只是个极好至
善的表德"，"是天地人物万善之好的表德"，"天理"和"人欲"
问题仍是天人关系问题。直到王夫之仍然把这个问题作为他讨论的重
点，他认为"礼虽纯为天理之节文，而必寓于人欲以见"，"人欲之
大公即天理之至正"。所以，中国传统哲学是从讨论"天（道）"和
"人（道）"这对范畴的关系开始而展开的，它反映了中国传统哲学
所注重的问题和特殊内容。

　　（二）这个构想图中表述了中国传统哲学范畴的发展及诸范畴
之间的关系。中国传统哲学从研究"天（道）"和"人（道）"的
关系开始，而分为两支。一支为道家，老子提出"道"和"万物"
的关系，他说："道生一，一生二，二生三，三生万物。"又说：
"天下万物生于有，有生于无。"因此"道"和"物"的关系又
以"无"和"有"这对概念表现。另一支是儒家，在《易传》中
提出"道"和"器"这对范畴，说："形而上者谓之道，形而下
者谓之器。"又说："易有太极，是生两仪"，"一阴一阳谓之
道"，所以"道"和"器"的关系又以"太极"和"阴阳"这对概
念表现。两汉时哲学思想虽有发展，但似乎没有提出新的有影响
的范畴。魏晋玄学主三玄（《老子》《庄子》《周易》），而使
道家系统的思想和儒家《周易》系统的思想渐渐结合，实是以老
庄思想为骨架而建立了关于宇宙本原问题的本体论。魏晋玄学用
"体""用""本""末""一""多"等概念说明"无"（本体）
和"有"（万物，本体的种种表现），用"自然"（体）和"名教"

（用）这对概念表述"宇宙本然"（即本体）和"人类社会关系"
（即名分教化之类）的关系，用"意"和"言"这对概念说明对宇宙
本体的认识问题。自魏晋南北朝以后，中国传统哲学经过印度佛教
的冲击，到宋代形成理学。理学实是吸收了佛教的思想而形成的新儒
学体系。如果说魏晋玄学讲的本体论是以老庄思想为骨架，那么宋明
理学确为儒家学说建立了客观唯心主义体系（朱熹）、主观唯心主义
体系（王守仁）和较高水平的唯物主义体系（王夫之）。这个时期的
哲学概念继承了魏晋玄学，又吸收了隋唐佛学，而使儒、道、佛三家
在儒家思想基础上汇合了。"理"和"气"、"心"和"物"成为当
时哲学的最基本的概念；"心"与"性"展开为"心即理"和"性即
理"的问题；"能"和"所"、"格物"和"穷理"等是认识论的问
题；"天理"和"人欲"是社会问题。列宁在《谈谈辩证法问题》
中说：

　　哲学史上的"圆圈"……
　　古代：从德谟克利特到柏拉图以及赫拉克利特的辩证法。
　　……
　　近代：霍尔巴赫——黑格尔（经过贝克莱、休谟、康德）。
　　黑格尔——费尔巴哈——马克思。

在《黑格尔〈哲学史讲演录〉一书摘要》中说：

　　把哲学史比作圆圈……
　　每一种哲学思想＝整个人类思想发展的大圆圈（螺旋）上的
一个圆圈。

列宁所指出的黑格尔关于"把哲学史比作圆圈"的思想，深刻地反映了哲学思想发展的规律，这对我们研究中国传统哲学思想发展有非常重要的意义。从这个范畴体系的构想图中，我们可以看到中国传统哲学基本上是由三个螺旋上升的圆圈构成的。第一个是先秦，从儒家说是孔子——孟子——荀子（或《易传》）；从道家说是老子——稷下学派（即《白心》等篇）——庄子，两汉是个过渡阶段。第二个是魏晋，王弼——向秀——郭象（或王弼——郭象——僧肇）。南北朝到隋唐佛教盛行，经过一段时间的发展形成了中国的宗派如华严宗、禅宗等。第三个是宋明，张载——朱熹——王夫之。

（三）在构想图中的第二栏只列了三对范畴，而最根本的一对范畴是"静"和"动"，"常"和"变"是"静"和"动"的表现，其实"正"和"反"也是"静"和"动"的一种特殊表现形式。中国传统哲学中虽然讨论"静"和"动"的哲学家很多，但"时""空"问题除先秦名家和后期墨家有较多的讨论外，以后讨论的则不太多，也不普遍。从中国传统哲学看，它的哲学命题似乎不受时、空的限制，运动是否在时空中也不注意。所以，在这里我们没有把"时""空"这类概念列在这个范畴体系构想图中。

（四）在中国传统哲学中，关于"人（道）"方面的问题研究得比较多，特别是"道德"（伦理）问题的讨论更是中国传统哲学的特点，因此到底在范畴体系中应列入哪些，要很好地研究。在这个构想图中的第三栏只列了五对（有些也不全是"人［道］"问题），作为哲学的基本概念是不是大体也够了。"神"和"形"是说"精神"和"身体"的关系问题，是讨论人的生命现象，这个问题从先秦一直讨论下来，有唯物主义的和唯心主义的不同看法。"性""情"问题可以说是伦理道德的核心问题，对"性"自先秦以来就有种种不同看法，有"性善说""性恶说""善恶混说""无善无不善说""善恶以人异说"等，而"性"和"情"的关系又有"性善情恶""性静情动"等不同说法。到魏晋玄学对这个问题仍很注意，它成为讨论"圣人"与"一般人"的异同的一个重要问题。宋明理学分"性"为"天命之性"和"气质之性"，而所谓"天命之性"是从"天理"来的；"气质之性"是生来固有的感情、欲望等，是从构成身体的"气"得来的，这还是一个"性""情"问题，而道德教化的重要就在"存天理，灭人欲"。"知""行"问题在中国传统哲学中占有很重要的地位，就中国传统哲学看，多数哲学家都主张既要"知"又要"行"，而且以为"行"更重要。"名""实"问题是中国传统哲学原来就有的，而"能""所"这对概念则是从佛教中吸取的，都是关于人的认识问题。因此，构想图的第三栏所列是表明人的存在和认识的概念的。

四、问题讨论

关于中国传统哲学的范畴体系是个很复杂、又涉及很多方面的问题，因而需要大家来切实地研究讨论，这里提出几个问题做一点初步的讨论：

（一）范畴体系中的范畴是否应成对？关于这个问题要分成两个问题来讨论。一个问题是从哲学史上说一个哲学家使用的概念、范畴并不一定都成对，例如老子提出"自然"这个概念，在《老子》书中或者还没有另一与之相对的概念；在《管子》书《白心》等篇中"气"作为最一般的概念似乎也没有一相对的概念。但是，从整个中国传统哲学的发展看，范畴都是成对的。如"自然"和"名教"就构成一对范畴；"气"和"理"就构成一对范畴。另一个问题是，就任何事物说都是矛盾的，都有矛盾的双方，绝不会只有一方而无另一方，因此反映事物本质联系的范畴也应是成对的。在中国传统哲学中有一些概念、范畴似乎并不成对，例如"中庸"，我们当然不好说"反中庸"和它构成了一对相对的概念。但是，我们从"中庸"的含义方面来分析，这个问题或许可以解决。孔子提出"中庸之道"是为了反对"过"的，他说："过犹不及。"所以就"中庸"的含义说是"中"或"正"的意思，因此中国传统哲学的范畴体系中有"正"和"反"这对范畴就可以了，"正"可以包含"中庸"。从西方哲学史上看，一些哲学家的范畴体系似乎也并不都是根据对立统一而表现的，在亚里士多德的十个范畴中有的是成对的，例如"质"和"量"，但"本质"（substance）则没有一个具体相对的范畴，当然也可以说其他九个范畴都和"本质"构成了一对范畴。康德的十二个范畴和黑格尔的《逻辑学》的范畴体系分析起来，所列范畴大都是成对的。马克思主义哲学家关于范畴体系的看法虽不一致，但都认为范畴应是成对的，例如"本质和现象""内容和形式""必然性和偶然性""可能性和现实性"等。马克思主义哲学认为范畴必然是成对的，这无疑是正确的，它反映了事物的本来面貌。因此，我们今天研究中国传统哲学的范畴体系，使中国传统哲学的范畴系统化，比较科学地反映中国传统哲学的特点和水平，也应该在它的范畴体系中体现对立统一的规律。

（二）中国传统哲学范畴体系中应包含多少对范畴才足够表明"存在的基本样式"或"反映现实世界各种现象和认识的最一般的和最本质的特性、方面和关系的基本概念"？这里提出二十对基本概念

构成中国传统哲学的范畴体系，只是一个尝试，可能不能成立。这
二十对范畴大都说"世界"和"人"是什么，如说"世界"的存在有
"理"有"气"，"人"的存在有"形"有"神"等。西方哲学家所
说的范畴往往是说的"存在的样式"或"认识的原则"。就目前马克
思主义哲学的范畴说，一般也是说的存在的特性方面和关系，而并不
把"心"和"物"这样的最基本的概念放在范畴体系中。如果用这个
标准看，上面所列中国传统哲学范畴体系中有些范畴就不能列入，而
应补充另外一些概念。但是，我们这样来表述中国传统哲学的范畴体
系是否也是一种方式，因为图表中所列诸范畴从它们的含义说是表明
"存在的基本样式"的，也是人们认识事物之网的网上纽结。这样表
述是否更适合反映中国传统哲学的特点和水平？当然，如果用更少一
些基本概念来表述中国传统哲学的范畴体系应该说是更理想的，比如
说也可以如下图只列十二对：

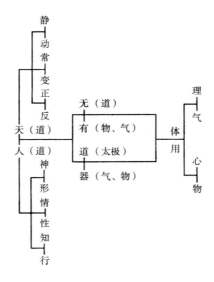

（三）"中国传统哲学的范畴体系"是否能反映出中国传统哲学的特点和水平？这个问题比较大，因为中国传统哲学的特点有哪些，怎样看一种哲学水平的高低，都是要进行认真研究和充分讨论的。但我们这个构想图，是不是也可以说多少反映了中国传统哲学的特点和水平呢？看来，中国传统哲学比较重视研究存在的基本样式和人的存在问题，而且注重事物之间的联系，即其同一性的方面，所以在中国传统哲学中讲"天人合一""知行合一""体用如一""神形合一""理气一元""心物不二"等较多。在这个构想图中虽然没有列"时""空""因""果"等概念，但作为一个范畴体系相对于西方古代或印度古代哲学说它并不逊色，它包含的范畴很广，基本概念都是成对的，而且从它的发展上看概念的含义越来越深刻地反映世界，都表明了中国传统哲学已有较高的水平。

关于中国传统哲学范畴体系问题过去研究讨论得不多，还是一个较新的课题，这里只是提出一些不成熟的看法，希望能引起讨论，使中国哲学史的研究在马克思主义指导下进一步科学化。

（1981年）

论中国传统哲学中的真、善、美问题

真、善、美历来是哲学讨论的重要范畴。中国传统哲学在这三个方面提供了独特而有价值的思想资料，从而表现了中华民族在理论思维方面的独创性。

中国传统哲学关于真、善、美的观念集中体现在中国古代思想家长期讨论的三个基本命题之中，即"天人合一""知行合一""情景合一"。

关于"天"和"人"这两个概念可以因不同的哲学家而有十分不同的含义，这里不可能详细讨论，但无论如何，"天（道）"总是就宇宙的根本或宇宙的总体方面说的，"人（道）"往往是就人们的社会生活或人本身方面说的。天人关系问题从来就是中国古代思想家所研究的最重要的问题，司马迁说他的《史记》是一部"究天人之际"的书；董仲舒答汉武帝策问时说，他讲的是"天人相与之际"的学问；魏晋玄学创始者之一何晏说另一创始者王弼是"始可与言天人之际"的哲学家；中国道教茅山宗的真正创始者陶弘景说，只有顾欢（另一道教领袖）了解他"心理所得"是"天人之际"的问题。在中国传统哲学中对"天人关系"虽有各种说法，如荀子提出的"明天人之分"，庄子的"蔽于天而不知人"，郭象的"天者，万物之总名"

等等，而且"天人关系"问题在魏晋时期又常通过"自然"与"名教"的关系表现出来。但中国传统哲学的主流却大都把论证"天人合一"或以说明"天人合一"为第一要务。

孔子多言"人事"，而少言"天命"，然而孔子并非不讲"天命"。我们知道，他不仅说过"唯天为大"，而且认为"天命"与"圣人之言"是一致的，他说："君子有三畏：畏天命，畏大人，畏圣人之言。"最早提出完整意义的"天人合一"思想的哲学家是孟子，如他说"尽其心者，知其性也；知其性，则知天矣"，又说"夫君子所过者化，所存者神，上下与天地同流"，这表明他把"天"和"人"看成一个统一的整体。荀子虽然讲"明天人之分"，而其根本要求则在"制天命而用之"。即从"人"的方面来统一"天"，因而他把"人"抬高到与"天""地"并列的地位："天有其时，地有其财，人有其治，夫是谓之能参"。"故善言古者，必有节于今；善言天者，必有征于人。凡论者，贵其有辨合，有符验。故坐而言之，起而可设，张而可施行。"道家的老子主张："人法地，地法天，天法道，道法自然"，这"天""地""人"等是一统一的系列，都统一于"道"。就是"蔽于天而不知人"的庄周也说："天地与我并生，万物与我为一"，而"至人"更可"与天地精神相往来"。董仲舒宣扬"天人感应"，他说："天亦有喜怒之气，哀乐之心，与人相副。以类合之，天人一也"。董仲舒这类言"天人合一"的理论自然是唯心主义的，且带有神秘主义色彩。

魏晋玄学讨论的中心课题是"自然"与"名教"的关系问题，而实际上也是天人关系问题。虽有嵇康、阮籍提倡"越名教而任自然"，但他们实际上是反对假名教而相信真名教的，正如鲁迅所说："魏晋时代，崇奉礼教的看来似乎很不错，而实际上是毁坏礼教，不信礼教的。表面上毁坏礼教者，实则倒是承认礼教，太相信礼教。"
而魏晋玄学的主流则更是以调和"自然"与"名教"为主题。王弼主
张"体用如一"，故有"举本统末"之言，谓了解"天道"即可了
解"人事"，圣人可以"体冲和以通无"，体现"天道"以至于同
于"天"。郭象也讲"体用如一"，以为"用外无体"，他认为圣人
"常游外以弘内"，在现实社会中就可以实现符合"天道"的理想社
会，所以"名教"不仅不和"自然"相矛盾，恰恰应在"人间世"中
来实现其"逍遥游"。魏晋名士多言"放达"，但有的人是"行为之
放"，仅得"放达"之皮相，如王衍、胡毋辅之流，以矜富虚浮为放
达；有的人是"心胸之放"，则得"放达"之骨骸，如嵇康、阮籍等
人，以轻世傲时为放达；有的人是"与自然为一体之放达"，则得
"放达"之精髓，如不为五斗米折腰的陶潜即是。陶潜是个大文学
家，其实也是一个大思想家，他体现了魏晋时文士最高尚的一种人生
境界。他在《形影神赠答诗》最后抒发他的思想境界说"纵浪大化
中，不喜亦不惧，应尽便须尽，无复独多虑"；在《与子俨等疏》中
说"常言五六月中，北窗下卧，遇凉风暂至，自谓是羲皇上人"。这
种与自然为一体的放达，虽不同于孔子的"天人合一"的思想境界，
却正是魏晋人所追求的一种"天人合一"的精神世界。

宋儒所讲的身心性命之学，更是以"天人合一"为其所要论证的
基本命题。周敦颐明确地说："圣人与天地合其德"，"圣希天"。
故王夫之说："自汉以后，皆涉猎故迹，而不知圣学为人道之本。然
濂溪周子首为《太极图说》，以究天人合一之源"。张载的《西铭》
更谓"天地之塞，吾其体；天地之帅，吾其性"；《东铭》则谓"儒
者则因诚致明，故天人合一，致学而可以成圣，得天而未始遗人"。
二程讲"体用一源"，其目的亦在明"天人合一"之理，故说："在

天为命，在义为理，在人为性，主于身为心，其实一也"；又说："天人无二，不必以合言（按：意谓天人本一体）；性无内外，不可以分语"，"圣人之心，与天为一"。朱熹也说："天即人，人即天。人之始生，得之于天也。既生此人，则天又在人矣。""人"及人类社会虽由"天"而有，但既有"人"及人类社会，"天道"将由人来体现，即"天道"通过人的行为实现于社会，而能完全实现"天道"者唯圣人。所以朱熹说："圣人……与天为一。"程朱理学如此，陆王心学也以阐明"天人合一"之理为己任。陆九渊说："宇宙内事是己分内事，己分内事是宇宙内事。"王阳明说："心无体，以天地万物感应为一体"，"盖天地万物，与人原是一体，其发窍之最精处，是人心一点灵明，雨风露电，日月星辰，禽兽草木，山川木石，与人原只一体。故五谷禽兽之类皆可以养人，药石之类皆可以疗疾。只为同此一气，故能相通耳。"王阳明认为，"天"与"人"原为一体，"人"的生存、发展不能离开"天"，它们在本质上是相通的。所以他说："大人之能以天地万物为一体，非意之也，其心之仁本若是。"他在解释《大学》中的"亲民"与"明明德"时又用了"体用如一"的观点，他说："明明德者，立其天地万物一体之体也；亲民者，达其天地万物一体之用也：故明明德必在于亲民，而亲民乃所以明其明德也。"明清之际的重要思想家黄宗羲和王夫之都从不同的方面论证了"天人合一"之理。黄宗羲从"盈天地皆心"的观点出发批评把"理"与"心"析分为二，他说："夫自来儒者，未有不以理归之天地万物，以明觉归之一己，歧而二之，由是其不胜支离之病。阳明谓良知即天理，则天理明觉，只是一事，故为有功于圣学"，故"心无本体，工夫所至，即其本体"，这是按照中国传统哲学中"体用不二"来说明"天人合一"。王夫之以"天"与"人"之气化同运，来说明"天人合一"之理，他说："父母载乾坤之德以生成，则天地运行之气，生物之心在是，而吾之形色天性，与父母无二，即与天地无二也。"因为"天人之蕴，一气而已"，所以"道一也，在天则为天道，在人则为人道"，"天"与"人""惟其一本，故能合"，"惟其异，故必相须以成而有合"。王夫之认为，"天道"乃一刚健之气化的流行，而人受之为"仁义之心"，故谓"成之者，人也；继之者，天人之际也"，"天人相接续之际，命之流行于人者也"，盖"天人同于一原"也。

中国传统哲学中，无论唯物主义还是唯心主义都以讨论"天人合一"为中心课题，唯物主义往往从"元气"论出发，把整个宇宙视为气化流行，而人即在其中谋求与天地气化流行成为和谐之整体。而唯心主义，或以"天"（"天道"或"天理"）为一超时空的至健的大秩序，而"人"（"人道"或"人事"）则是依此超时空之至健的大秩序而行事、"体道"以求宇宙之和谐；或以"天"为"心"，认为一切道理俱于一心之中，充分发挥"本心"之作用即可"与天同体"。从中国传统哲学上看，虽然各派在论述"天""人"宇宙统一性问题时的立论基础并不相同；但是，在它们之间也有若干共同点。这些共同点，或者可以说表现了中国传统哲学思维方式的某些特殊性。这就是：第一，所谓"天人合一"的观念表现了从总体上观察事物的思想，不多做分析，而是直接的描述，我们可以称它为一种直观的"总体观念"；第二，论证"天人合一"的基本观点是"体用如一"，即"天道"与"人道"的统一是"即体即用"，此可谓为和谐"统一观念"；第三，中国传统哲学，不仅没有把"天道"看成僵化的东西，而且认为"天道"也是生动活泼的、生生不息的，"天行健，君子以自强不息"，人类社会之所以应发展、人们的道德之所以应提高，是因为"人道"应适应"天道"的发展，此可谓为同步的"发展观念"；第四，"天"虽是客体，"人道"要符合"天道"，但"人"是天地之心（核心之心），它要为天地立心，天地如无"人"则无生意、无理性、无道德，此可谓之为道德的"人本观念"。这就是中国传统哲学中"天人合一"思想的全部内涵。

关于"知行"问题，一般中国哲学史著作往往从认识论的角度去分析它，但在中国传统哲学中，它更是一个伦理道德问题。认识论问题如果不与道德修养问题相结合，就很难成为中国哲学的一个部分而流传下来，因此认识论问题往往与伦理道德是同一问题，故中国古代哲学家主张在社会生活中不仅应"知"（认识），而且应"行"（实践，身体力行）。

至于"善"，虽然各个不同的阶级或阶层、集团的看法不同，所立的标准各异，但在中国传统哲学中重要的哲学家大都认为"知"和"行"必须是统一的，否则就根本谈不上"善"。所以，从总体上看，"知行合一"思想实贯穿于中国传统哲学之始终。古代贤哲们把"知"和"行"能否统一看作是关系到做人的根本态度问题，知行统一是他们所追求的理想之一。从孔子起就把"言行一致"视为道德上划分君子与小人的一个标准，"君子耻其言而过其行"。孟子讲"良知""良能"，虽以恻隐之心、羞恶之心、辞让之心、是非之心四端为人先天所固有的，但要成为道德的仁、义、礼、智，则必须把四端"扩而充之"，这点必须在道德实践中方可达到，所以孟子说："凡有四端于我者，知皆扩而充之矣，若火之始然，泉之始达。苟能充之，足以保四海；苟不充之，不足以事父母。"荀子强调"行"为"知"的目的，但同时也承认"知"对"行"的指导作用，因此他说："不闻不若闻之，闻之不若见之，见之不若知之，知之不若行之。学至于行之而止矣。行之，明也；明之，为圣人。圣人也者，本仁义，当是非，齐言行，不失毫厘，无它道焉，已乎行之矣。故闻之而不见，虽博必谬；见之而不知，虽识必妄；知之而不行，虽敦必困。不闻不见，则虽当，非仁也，其道百举而百陷也。"《大学》讲三纲领八条目，也是说的知行的统一过程。至宋儒，程颐虽主张"知先行后"，但在道德修养方面则认为："知而不能行，只是未真知"，所以黄宗羲说："伊川先生已有知行合一之言。"（《宋元学案》卷七五）朱熹虽继承了程颐"知先行后"之说，但他特别提出"知行常相须"，"知与行工夫，须着并进"，其理由是："论先后，知为先；论轻重，行为重"，所以有人说程朱是"重知的知行合一说"。"知"虽是"行"的基础，而"论知之与行，曰方其知之，而行之未及也，则知尚浅"，"既亲历其域，则知之益明，非前日之意味"。朱熹之所以重"行"，则是因为他把"知"与"行"问题从根本上视为道德修养问题，所以他说："善在那里，自家却去行他，行之久则与自家为一，为一则得之在我。未能行，善自善，我自我。""善在那里"是"知"的问题，"自家却去行他"是"行"的问题，是一个道德实践问题，必得"知行合一"，才可以体现至善之美德。中国传统哲学中常言"体道"（或"体天道""体天理"），这或有二义：其一是指"以道为体"，即圣人应和"道"认同，应同于"天"；其二是说实践"道体"，即要求依"天道"而身体力行之。至于王阳明的"知行合一"学说自然为大家所熟悉，但看来对他这一学说也有误解之处，往往抓住他的"一念发动处便是行"这句话就断定他"销行归知""以知为行"。其实从一定意义上说，王阳明并没有把"知"和"行"完全等同起来。所谓"一念发动处便是行"，正是就人们道德修养上说的，所以在这句话的后面他进而指出："发动处有不善，就将这不善的念克倒了。须要彻根彻底不使那一念不善潜伏在胸中"。他又说："知之真切笃实处便是行，行之明觉精察处便是知。知行功夫，本不可离，只为后世学者分作两截用功，失却知行本体。"王阳明对知行的统一关系也有明确的说明，他说："知是行的主意，行是知的功夫；知是行之始，行是知之成。"如果从认识论的角度，或者可以说王阳明某些话有"合行于知"的嫌疑，但从道德修养层面上看，强调"知行合一"是有一定的积极意义的。到明清之际，王夫之虽主张"行先知后""行可兼知"，但他在讲道德修养问题时，仍主张"知行合一"，他说："盖云知行者，致知力行之谓也。唯其为致知力行，故功可得而分；功可得而分，则可立先后之序；可立先后之序，而先后又互相为成，则由知而知所行，由行而行所知之，亦可云并进而有功。"知行之所以是"并进而有功"的，就是因为知行问题归根结底仍是道德问题。在王夫之看来，"智者，知礼者也；礼者，履其知也。履其知而礼皆中节，知礼则精义入神，日进于高明而无穷"。故圣人之由明而诚，率性以成己之事；圣人之由诚而明，则修道以成物之教，"诚明合一，则其知焉者即行焉，行焉者咸知矣"。这正是中国传统哲学中做人的道理之所在。

目前在中国哲学史的研究中流行着一种观点，认为宋明以来的道学家谈论知行问题，总是把这个认识论问题和道德修养问题混为一谈，并认为这是中国古代哲学家的局限性和错误所在。这虽有点道理，但似有两点可以讨论：第一，宋明以来的理学家本来就不以为知行问题只是认识论问题，而认为知行问题之所以重要，正因为它关乎道德修养问题，所以从理学家本身的立论上说，不存在把认识论问题与道德修养问题混淆在一起的问题；第二，作为道德修养方面，"知行合一"的学说或知行统一的观点不能说没有一点合理之处，不能认为全无积极意义。作为道德修养上的知行从根本上说是不应割为两截的。王阳明所说的"知是行的主意，行是知的功夫；知是行之始，行是知之成"应是中国古代哲学家对这一问题的较好总结。

"情景合一"是一个美学问题，王国维在《人间词话》中写道："词以境界为最上，有境界则自成高格，自有名句。"何谓"境界"，王国维说："境非独谓景物也。喜怒哀乐，亦为人心中之一境界。故能写真景物、真感情者，谓之有境界，否则谓无境界。"所以，"境界"一词，除"景物"外，实当亦兼指"情意"。叶嘉莹在《迦陵论词丛稿》中有段对王国维"境界说"的解释颇有见地，她说："境界之产生，全赖吾人感受之作用；境界之存在，全赖吾人感受之所及。因此，外在世界在未经吾人感受之功能予以再现时，并不得称之为境界。从此一结论看来，可见静安先生所标举之境界说，与沧浪之兴趣说及阮亭之神韵说，原来也是有着相通之处的。"布颜图在《画学心法问答》中对"境界"的解释也如静安先生，他说："山水不出笔墨情景，情景者，境界也。"所以王国维说："昔人论诗词，有景语、情语之别。不知一切景语，皆情语也。"可见王国维认为一切诗词等文艺创作以"情景合一"为上品。但这一"情景合一"的美学观点，并非创始于王国维。中国文学艺术理论真正独立出来成为一门学问、成为较有系统的理论体系，大体上说应该是在魏晋南北朝时期。当时已有"情景合一"的思想，这点在钟嵘的《诗品序》中反映得较为清楚，他说："夫四言文约意广，取效《风》《骚》，便可多得。每苦文繁而意少，故世罕习焉。五言居文辞之要，是众作之有滋味者也，故云会于流俗。岂不以指事造形，穷情写物，最为详切者邪？故诗有三义焉：一曰兴，二曰比，三曰赋。文已尽而意有余，兴也；因物喻志，比也；直书其事，寓言于物，赋也。宏斯三义，酌而用之，干之以风力，润之以丹彩，使味之者无极，闻之者动心，是诗之至也。"这种认为"至文""神品"当"穷情写物"的思想，即"情景合一"。到明朝，有前后七子多言"情景合一"，如后七子之谢榛《四溟诗话》中说："作诗本乎情景，孤不自成，两不相背"；又说："诗乃模写情景之具，情融乎内而深且长，景耀乎外而远且大。"而与谢榛不同派别的公安派袁中道似乎也以"情景合一"立论，如他在《牡丹史序》中说："天地间之景，与慧人才士之情，历千百年来，互竭其心力之所至，以呈工角巧意，其余无蕴矣。"明清之际大戏曲家李渔亦谓："文贵高洁，诗尚清真，况于词乎？作词之料，不过情景二字。非对眼前写景，即据心上说情，说得情出，写得景明，即是好词。"而王夫之在《姜斋诗话》中说得更明白："情景名为二，而实不可离。神于诗者，妙合无垠。巧者则有情中景，景中情"，"景中生情，情中生景，故曰景者情之景，情者景之情"，"情景一合，自得妙语"。所谓"情景一合，自得妙语"，也许正是中国传统文艺理论的一个基本命题。因此，对"美"的看法也应当由此命题上去寻求。在中国传统思想中有一种倾向，"美"和"善"往往是联系在一起的，"充实之谓美"是指得到了一种高尚享受的精神境界。孔子听《武》，说它"尽美而未尽善"；而《韶》则是"尽善尽美"。"尽善尽美"的音乐才是最高的、最理想的音乐。最高、最理想的音乐如此，其他艺术当然也是一样。"尽善尽美"的艺术即要提高人的精神境界，并使之从中得到最高的美的享受；而创作艺术作品的人必须是"有境界"的，他的艺术作品必须是"情景合一"的。

　　从中国传统哲学的总体上看，可以说"知行合一""情景合一"

是从"天人合一"派生出来的。"知行合一"无非是要求人们既要知"天道""人道"，又要行"天道""人道"，而"人道"本于"天道"，故实知且行"天道"即可。"情景合一"无非是要求人们以其思想感情再现天地造化之工，故亦是"天人合一"之表现。中国传统哲学之所以在真、善、美的问题上追求这三个"合一"，就在于中国传统哲学的基本精神乃是教人如何"做人"，为此就应有一个"做人"要求，即要有一个理想的真、善、美的境界。达到了这个"天人合一""知行合一""情景合一"的真、善、美的理想境界的人就是所谓的"圣人"。人们的理想所表现的形式和内容虽然千差万别，但总应有一种理想，追求一高尚的精神境界。在中国传统思想中有一种理想主义的倾向，从孔子起就向往"天下有道"的社会，并极力想把它实现于现实社会之中，甚至并不认为它肯定能实现，但却认为人们应有这种对理想的追求，应用"知其不可而为之"的精神致力于此。所以当子贡问孔子"如有博施于民而能济众，何如？可谓仁乎？"的时候，孔子回答说："何事于仁，必也圣乎！尧舜其犹病诸。"可见孔子也并没有认为尧舜时代的社会就是人类最高的理想社会。因此，对中国古代思想家来说，就有一个对理想社会如何看的问题。在中国古代的一些思想家看来，理想社会就是一种理想，它只有实现的可能性，但并不一定能把这种可能性变为现实性。尽管理想社会从来没有实现过，但要不要追求它却是一个根本性问题，是一个人生态度问题。理想社会虽不一定能在现实中实现，但对于中国古代思想家来说，却可以在他们的个人生活中实现，或者说可以在他们的心中实现。为什么张载的《西铭》那么受后来宋明理学家的重视？我以为就在于《西铭》体现了我国古代哲人追求理想社会的精神，而且在他们的心中已建立了这种精神。张载所理想的"民，吾同胞；物，吾与也"的社会是否能实现，这对他固然很重要；但更重要的是人能不能有一种追求理想社会的人生态度，所以《西铭》以"存，吾顺事；没，吾宁也"一句作为结语。人生在世必须去尽自己的责任，这个责任就是如何为实现理想的"大同世界"而奋斗，为创造一个和谐的社会而尽力。从这里看，中国古代思想家的理想社会实际上带有空想的色彩，他们不可能把自己的理想建立在现实的基础上，这是时代和阶级的局限性所致。

中国传统哲学中的这种理想主义的倾向又是以人本主义为前提的。在中国古代的一些哲学家看来，"人"在天地之中是最重要的，只有"人"才能"为天地立心，为生民立命，为往圣继绝学，为万世开太平"，所以孔子说："人能弘道，非道弘人。""道"（"天道"）是客观存在的，但"道"要人来发扬光大它，要人在实践中体现它。人怎样才能体现"天道"？中国古代的一些哲人认为，如果懂得了"天人合一""知行合一""情景合一"的根本道理，那么，人就有了一种"做人"的最高境界，也就可以把其美好的理想凝聚心中，而求实现于人间世。

"天人合一"的问题虽然说的是人和整个宇宙的关系，但它把"人"视为整个宇宙的中心。《中庸》中说："诚者，天之道也；诚之者，人之道也。诚者不勉而中，不思而得，从容中道，圣人也。"因此，圣人的行为不仅应符合"天道"的要求，而且应以实现"天道"的要求为己任。人生活在天地之中，不应取消极态度，而应"自强不息"，"天行健，君子以自强不息"，体现宇宙大化的流行。这样人就会对自己有个要求，有个做人的道理，有个高尚的精神境界。其中最重要的就是要做到"知行合一"，有个道德修养上的知行统一观。《大学》的"三纲领八条目"就是说的这个道理，它说："大学

之道，在明明德，在亲民，在止于至善"，"古之欲明明德于天下
者，先治其国；欲治其国者，先齐其家；欲齐其家者，先修其身；欲
修其身者，先正其心；欲正其心者，先诚其意；欲诚其意者，先致其
知；致知在格物。物格而后知至，知至而后意诚，意诚而后心正，心
正而后身修，身修而后家齐，家齐而后国治，国治而后天下平。"从
"格物致知"到"治国平天下"，这是一个认识过程，更是一个实践
的过程。人应该有理想，最高的理想是"致太平"，使人类社会达到
"大同"境地。而"大同世界"的基本要求首先是每个人都应对自
己有个做人的要求，要有个做人的道理，要能"己所不欲，勿施于
人"。孔子说："吾道一以贯之，忠恕而已矣。"理想的"大同世
界"能否达到自然是个问题，但人们应有这个要求，并从中得到做人
的乐趣。要"做人"，也要有"做人"的乐趣，要能在生活中领略天
地造化之功；要真正领略天地造化之功，就必须在再现"天地造化之
功"中表现人的创造力，表现人的精神境界，表现人之所以为人，使
文成"至文"，画成"神品"，乐成"天籁"。所以艺术的要求应是
"情景合一"。当人进入这一创造的境界，将是真、善、美合一的境
界，人生的意义、人类最高的理想正在于此。孔子说他自己"七十而
从心所欲不逾矩"，大概就是中国古代思想家们所追求的这种境界。
他们以为自己的一切言行和整个宇宙、人类社会、他人和自我的身心
内外都和谐了，这种境界是真、善、美合一的境界，自然也就是所谓
"圣人"的境界了。中国传统哲学如果说有其一定的价值，也许就在
于它提出了一种"做人"的道理。它把"人"（一个在特定关系中的
"人"）作为自然和社会的核心，因此加重了人的责任感。在中国古
代的贤哲看来，"做人"是最不容易的，做到和自然、社会、他人以
及自我的身心内外的和谐就更不容易。对这种"做人的责任感"似乎

应给以充分的理解并在改造的基础上加以继承。

中国传统哲学对中华民族的民族心理曾有着深刻的影响，它凝结成中华民族的一种特殊的心理特性。这种特殊的心理特性在过去长期影响着我们这个民族的各个方面，它既表现了中华民族思想文化传统的优点，也表现了某些缺点。儒家哲学凝聚而成并长期影响着我们这个民族的或许有以下四个方面，即空想的理想主义、实践的道德观念、求统一的思维方式、直观的理性主义。

（一）中国传统哲学中的主要哲学家大都对现实社会抱着一种积极的热诚的态度，企图用他们的学说、他们的理想来转化现实政治，然而他们的学说、理想不仅转化不了现实政治，而且往往被用来作为粉饰现实政治的工具。"大同"或"致太平"的思想几乎成了中国古代人们所普遍追求的一种理想。儒家思想中有，道家的思想中也有；统治阶级希望有"太平盛世"，被压迫的劳动人民也期望有"太平世界"。儒家的经典《礼记·礼运》勾画出一个"大同世界"的蓝图；道家的经典《老子》第八十一章也描绘出一个理想的和谐世界。有的帝王以"太平"为年号；有的帝王自称为"太平皇帝"；有些农民起义也以"太平"相号召，东汉末的黄巾起义以"太平道"为其组织形式；宋朝的农民起义以"杀尽不平，享太平"为宗旨，一直到近代洪秀全领导的农民起义军仍号"太平军"，国号"太平天国"。可见，"致太平"的"大同世界"在过去的时代里多么深入人心！但真正的"太平盛世"从来就没有实现过。由此可见中国传统思想的"理想主义"带有很大的空想成分。那些先哲们虽然可能是真诚地提倡他们的"治国平天下"的理想，可是他们的那一套并没有现实的可能性。不仅如此，所谓"治国平天下"的理想归根结底不过是理想化的皇权专制社会。

　　（二）中国传统哲学有着人本主义的倾向，它不仅和"神本主义"占统治地位的西方中世纪不同，而且，也和西方近世的人本主义有区别。西方的人本主义把"人"作为单个的个人，强调个性解放，有强烈的个人主义，而中国过去社会里的"人本主义"可以说是一种"道德的人本主义"。它把"人"放在一定的关系中加以考察。因此，有所谓君臣、父子、夫妇、兄弟、朋友五伦，讲什么"君义臣忠""父慈子孝"等等。不仅如此，中国传统哲学还把"人"作为核心，从"人"的方面来探讨"人"和"宇宙"（天）的关系，特别强调"天"和"人"的统一性（"天人合一"）。它一方面用"人事"去附会"天命"（天道），要求人去体现"天道"之流行；另一方面又往往把"人"的道德性加之于"天"，使"天"成为一理性的、道德的化身，而"天理"的基本内容则是仁、义、礼、智、信等至善的德行。这样一来，"天"虽然作为客体与"人"相对，但又带有"人"的强烈的主体性。由于中国传统哲学讲"知行合一"，即要实现"天理"，而"天理"是一"至善的表德"，所以人们的实践活动最根本的是道德实践。而最高的艺术作品又必须以"至善"为前提，即所谓"尽善尽美"。可见，中国传统哲学注意了伦理道德在社会生活中的重要意义，特别强调"知"和"行"必须统一，这有其可取的一面。但是，赋予"天"以道德性，把道德实践活动作为最根本的实践活动，这就很难解决社会生活中存在的种种矛盾，这是一种历史唯心主义。这种把道德实践提高到社会生活的第一位的观点，相对地说限制了实证科学的发展。在中国过去的社会里，往往把医学、天文历算、农业技术等等看成是"小技"，而"身心性命之学"才是"大道"。不大重视对客观世界的研究，因此认识论方面的理论不发展，甚至可以说没有建立起完整的系统的认识论体系；对人的心理活动的分析也较为笼统；逻辑学也很不发展，缺少系统的推理理论。

（三）中国传统哲学中的重要哲学家（除个别外）大都把建立一个和谐统一的社会作为自己的责任，因此在中国传统哲学中虽有丰富的辩证法思想，但往往以矛盾的调和为终点。中国传统哲学的理论思维方式，从一开始就注重一对概念的统一关系或诸种概念的相互关系。《易经》系统以乾、坤（后来以阴、阳）为一对对立统一的概念，而《洪范》则以五行之间的对立统一关系立论。特别是到春秋战国时期，"天"和"人"作为一对哲学概念提出后，中国传统哲学就较多地注重"天"和"人"的统一的一面。这种思想方式自有其合理性，因为强调统一，强调和谐，而反对"过"与"不及"，在一定条件下有利于社会的稳定和发展，有利于人们注意研究事物之间的联系。但是，这种思维方式也有很大的缺陷。过分地强调社会的和谐和统一，是使我们的专制社会长期停滞、资本主义萌芽生长缓慢的一个原因。我们的传统哲学之所以缺乏系统的认识论和逻辑学，就在于它的理论思维往往是一种没有经过分疏的总体观，它虽包含着相当丰富的真理颗粒，但由于缺乏必要的分析和论证，因而不容易发展成现代科学。因此，必须对中国传统哲学的思维方式加以改造，继承和发扬重视事物之间的联系，强调事物之间的统一与和谐等思维传统，并把它建立在坚实的逻辑论证和科学的认识论的基础上。同时应该注意分析，把西方现代哲学（特别是分析哲学）的某些方法吸收过来，取中西哲学之长，避中西哲学之短，建立中国化的马克思主义哲学体系。

（四）与上述问题相联系，中国传统哲学有一种直观的理性主义的倾向。在中国传统哲学中，有注重"经验"的，有注重"理性"的，有两者同时并重或有所偏重的。这里说的中国传统哲学有一种直观的理性主义的倾向，是就其发展的趋势说的，不是一概而论。

中国古代哲学家大都很注重"心"的作用，是从积极方面发挥人的主观能动性方面着眼。在先秦，孟子提出："耳目之官不思，而蔽于物。物交物，则引之而已矣。心之官则思，思则得之，不思则不得也。此天之所与我者。先立乎其大者，则其小者不能夺也。此为大人而已矣"，所以扩充"心"的作用则"足以保四海；苟不充之，不足以事父母"。荀子说："心者，形之君也，而神明之主也，出令而无所受令。"但对于为什么"心"有这样的作用问题则没有什么具体的说明。到宋以后，无论是唯物主义还是唯心主义也都十分重视"心"的作用，唯物主义哲学家张载的《正蒙》中有《大心》一篇专门讨论了"心"的作用，他说："大其心则能体天下之物。"唯心主义哲学家程颐说："尽己之心则能尽人尽物。"朱熹认为，"理"俱于"心"，如能充分发挥"心"的作用以穷物理，则因物理而可使"心之全体大用无不明"，所以他说："心包万理，万理具于一心，能存心而后可穷理。"至于陆王心学更强调"心"的作用，无复多论。王夫之虽然主张感性认识和理性认识不可偏废，但他也特别强调"心"的作用，如他说："目所不见之有色，耳所不闻之有声，言所不及之有意，小体之小也，至于心而无不得矣。思之而不至而有理，未思焉耳。故曰尽其心者知其理，心者天之具体也。"他还说："万物皆有固然之用，万事皆有当然之则，所谓理也。……具此理于中而知之不昧，行之不疑，则所谓心也。……故理者人心之实，而心者即天理之所著存者也。"理就是心的实在的内容，心就是天理所在之处。由此可以看出王夫之仍受朱熹的"理俱于心"的影响。从道家看，他们往往是从消极方面来对待如何发挥人的主观能动性问题。这点看来似乎是矛盾的，其实在道家的哲学体系中是可以理解的。老子主张"涤除玄览"，如何清除杂垢而深刻地从总体上认识世界，这要靠理性的作用，所以老子说"不出户，知天下，不窥牖，见天道，其出弥远，其知弥少，是以圣人不行而知，不见而名，不为而成"，他要求排除耳目见闻的作用，而发挥"心"的作用。庄子虽然是不可知论者，但他实际上也是由消极方面来对待如何发挥心的作用的问题，他讲"心斋""坐忘"等等都是要用"心"来控制自己，使之不受外界的任何影响。魏晋玄学是以老庄思想为骨架的一种思辨性很强的哲学。王弼认为，圣人和一般人不同之处就在于他的"神明"（心的智慧）比一般人高，"圣人茂于人者，神明也"；所以他能和本体之无相通，"体冲和以通无"。至嵇康、阮籍则多言"无心"，要使自己不受外界干扰就要以"无措于心"来对待之。郭象发挥了这一思想，他以为圣人应"无心而应物"。"无心"并不是否定"心"的作用，恰恰是要充分发挥自己"心"的作用，使不受外界影响。郭象认为，至人无心，如山一样"萌然"不动，这样就可以"其动也天，其静也地，其行也水流，其止也渊默"，"诚能应不以心而理自玄符，与变化升降而以世为量，然后足为物主而顺时无极，故非相者所测耳"。中国传统哲学强调"心"（理性）的作用，自有其可取之处。强调"心"的作用，即强调人的主动性，强调人在宇宙中的核心地位，而人之所以能是宇宙的核心，正在于人有"明德"之心。人的理性又是带有道德性的，宋儒认为"仁"是心之体，可见中国传统哲学有道德理性主义的倾向。但是，对于为什么"心"有如此之作用和如此之特性的问题，则很少分析；对"心"的作用的过程（心理活动之过程）更缺乏具体分析，致使中国传统哲学的主流成为一种直观的道德理性主义。

　　一个民族既然能长期存在，并有其不间断的历史和思想文化传统，必有其存在的道理，其传统思想文化亦必有其特定的价值，如何把它的思想文化中的优秀方面发扬起来，如何克服和扬弃其消极方面，对这个民族的发展至关重要。而这也正是哲学工作者，尤其是从事中国哲学史研究的哲学工作者的义不容辞的任务。中国历史上有丰富的独创性的哲学思想，我们应以马克思主义为指导，继承和发扬中国传统哲学的优秀部分，从而创造出中国化的马克思主义哲学体系。这对提高我们民族的理论思维水平将是很有意义的，对我们民族在不久的将来能站在科学的最高峰至关重要。

（1984年）

再论中国传统哲学的真善美问题

人类的精神生活的最高追求是什么？我想应该是追求"真""善""美"，并使三者在一系统中统一起来。当然，什么是"真"，什么是"善"，什么是"美"，不同的思想家的看法肯定是不相同的，而"真""善""美"如何统一在一个系统中，更可能是仁者见仁，智者见智了。这样的问题没有办法有什么共同的定论，也不需要有什么定论。但是，人们要去追求"真""善""美"，思想家们要建构"真""善""美"统一的系统，则是无可怀疑的。中国传统哲学对人生境界的追求也可以说是中国古代哲学家对真、善、美的追求。过去我写过一篇《论中国传统哲学中的真、善、美问题》，主要是讨论儒家对真、善、美问题的看法，而且是一种历史性的论述。现在这篇文章将不仅限于儒家，也不想用历史论述的写法，因为那样不易集中，而且文章将会很长。因此，本文将选有代表性的典型哲学家的思想来进行分析。

我国先秦哲学家们的思想一直影响着中国哲学的发展，其中孔子、老子、庄子的思想影响可以说是最大。如果我们把这三位大哲学家作为典型，并通过他们来讨论中国传统哲学中不同类型哲学家的人生境界问题，也许会对中国传统哲学关于人生境界的问题有一总体的了解。

　　四十年前，沈有鼎先生在英国牛津大学做研究时，曾给国内朋友写过一封信，在这封信中他说："康德的价值论和黑格尔的价值论有一个重要不同点，如下图所示：

　　　康德：善←美←真

　　　黑格尔：真←美←善

　　从这里可以看出康德是中国人，黑格尔是印度人（或希腊人）。"①

　　沈先生这个论断非常有见地，并富有创发性。从中国传统哲学的主流儒家思想看确实如此，但如果从中国传统哲学的不同学派或不同哲学家看就不全然如此了。照我看，中国传统哲学在真、善、美问题上大体分为三大系统，这就是孔子、老子和庄子的思想在真、善、美问题上有如下的不同：

　　　孔子：善←美←真

　　　老子：真←善←美

　　　庄子：美←善←真

　　照这个图式，如果我们作点比附，大体可以说在真、善、美问题的价值论上，孔子接近于康德，老子接近于黑格尔，庄子从一个有限的方面看则接近于谢林或者亚里士多德。当然比附总是有其局限

---

① 载《哲学评论》10卷6期，1947年8月。

性的，不可能照顾到各个方面，但它或者能给人们提供一个思考的方向。

一、孔子对人生境界的追求

在《论语·为政》中记载着孔子的一段话，他说："吾十有五而志于学，三十而立，四十而不惑，五十而知天命，六十而耳顺，七十而从心所欲不逾矩。"我们知道，孔子和儒家都认为，人们的生死和富贵不是能靠其自身的努力而追求到的，但人们的道德和学问高低却因其自身努力的不同而有不同。上面引的孔子那段话可以说是孔子对他一生的生活道路的描述，或者说是他一生修养的过程，成"圣人"的路径，也就是孔子本人对"真、善、美"的追求和了解的过程。从"十有五而志于学"到"四十而不惑"，可以说是他成圣成贤的准备阶段，从"知天命"到"从心所欲不逾矩"可以说是他成圣人的深化过程。"知天命"可以解释为对"天"（宇宙人生的终极关切问题）有了一种认识和了解，这也许可以算是"求真"的范围，因为这一阶段孔子仍然把"天"看成认识的对象，还没有达到"同于天"的阶段，也就是说还没有达到与"天"合一的境界，只是在追求着"天人合一"的境界。郭象在《庄子序》中说："夫庄子者，可谓知本矣。……言虽无会而独应者也。夫应而非会，则虽当无用。"盖能与天地万物之本体相应者可谓"知"本。既为"知"本，则仍与天地万物之本体为二，仍把天地万物之本体视为认识的对象，此尚未与天地万物之本体会合为一。此境界虽高，但还不能"从心所欲不逾矩"。

"六十而耳顺"这句话向来有不同解释，杨伯峻先生在《论语译注》中说："'耳顺'这两个字很难讲，企图把它讲通的也有很多人，但都觉牵强。"杨先生对这句话姑且做这样的解释："六十岁，一听别人言语，便可分别真假，判明是非。"我认为，杨先生的注解大概是符合孔子原意的。晋李充曾说"耳顺"是"心与耳相从"，这也许是杨先生的解释所本。晋孙绰用玄学思想解释这句话说："耳顺者，废听之理也，朗然自玄悟，不复役而后得，所谓不识不知顺帝之则。"这应是一种超乎经验的直观而得宇宙大全之理的境界，是一种"内在超越"的境界。照现代解释学的看法，凡是对前人思想的解释，都有解释者的意见在内，不过，解释和被解释之间总有某些联系，否则也就无所谓"解释"了。历来的思想家对孔子思想的解释大都是如此。这里，我再引用朱熹对这句"六十而耳顺"的解释，他说："声入心通，无所违逆，知之之至，不思而得也。"（《四书集注》）"声入心通"当和"声音"有关（"有音之声"和"无音之声"都可以包括在内）；"知之之至"应是超于"知天命"的境界，这种境界是"不思而得"的，所以是超于知识的。我想，它可以解释为一种直觉的审美境界，所得到的是一种超乎经验的直觉意象，也可以说是一种艺术的境界、"美"的境界。这种对"六十而耳顺"的解释或许"牵强"，但照杨伯峻的看法，自古以来对"耳顺"的"解释"大都牵强，我的这一解释无非是在诸种"牵强"的解释中再增加一种而已。但我自信这种解释不能说全无道理，特别是由哲学的观点看，它或许是有新意的。我们知道，孔子对音乐很有修养，他"在齐闻韶，三月不知肉味"，"三月不知肉味"自然是"不思而得"的一种极高的审美境界。孔子还对他所达到的这种境界有所说明，他说："不图为乐之至于斯也。"即想不到听音乐竟能达到如此境界。"这种境界"是一种超越的美的享受。

　　"七十而从心所欲不逾矩"，朱熹注说："矩，法度之器，所以为方者也。随其心之所欲，而自不过于法度，安而行之，不勉而中也。"这是一种与天地万物为一体的境界，它是在"知真""得美"而后达到的一种圆满的"至善"的境界。孔子认为"尽美"比不过"尽善尽美"，《论语·八佾》篇中记载："子谓韶，'尽美矣，又尽善也'；谓武，'尽美矣，未尽善也'。"这里的"尽善"是说"极好"，但说事物"极好"总在一定程度上（至少在儒家那里）是和道德的价值判断联系在一起的。孟子说："充实之谓美。"此处的"美"实也含有某种道德价值判断的意义。朱熹注说："力行其善，至于充满而积实，则美在其中，而无待于外。""善"是一种内在的"美"，极高的人格美。看来，朱熹认为"善"从某方面说可以包含"美"。"尽善"之所以高于"尽美"，实因为"尽善"即是"尽善尽美"。这里我们似乎可以说，孔子的人生境界（或圣人的境界）是由"知真""得美"而进于"安而行之，不勉而中"的圆满至善的境界，即由"真"而达于"美"再达于"善"。

　　"善←美←真"正是康德哲学的特点。照康德看，实践理性优于思辨理性。他的《纯粹理性批判》所研究的是以理智行使职能的现象界为对象，它受自然的必然律支配；《实践理性批判》所研究的是以理性行使职能的本体为对象，它不受必然律支配，它是自由的。前者是自然，后者是道德。前者属于理论认知的范围，后者属于道德信仰的范围，两者之间无法直接沟通。因此就有一个问题，如何在理论认识（认识论）与道德信仰（伦理学）两者之间架起一座桥梁，使之得以沟通，这就是康德哲学所必须解决的一个问题，于是他又写了《判断力批判》。在该书的开头处他写道："在自然概念的领域，作为感觉界，和自由概念的领域，作为超感觉界之间，虽然固定存在着一个不可逾越的鸿沟，以致从前者到后者（即以理性的理论运用为媒介）不可能有过渡，好像是那样分开的两个世界，前者对后者绝不能施加影响；但后者却应该对前者具有影响，这就是说，自由概念应该把它的规律所赋予的目的在感性世界里实现出来；因此，自然界必须能够这样地被思考着：它的形式的合规律性至少对于那些按照自由规律在自然界中实现目的的可能性是互相协应的。——因此，我们就必须有一个作为自然界基础的超感觉界和在实践方面包含于自由概念中的那些东西的统一体的根基。虽然我们对于根基的概念既非理论地、也非实践地得到认识的，它自己没有独特的领域，但它仍使按照这一方面原理的思想形式和按照那一方面原理的思想形式的过渡成为可能。"①康德认为，正是判断力把理智（纯粹理性）与理性（实践理性）联合起来，而判断力既略带有理智的性质，也略带有理性的性质，又不同于二者。康德把人的心灵分为知、情、意三个部分。有关"知"的部分的认识能力是理智，这是纯粹理性；有关"意"的部分的认识能力是理性，这是超于经验之上的实践理性；有关"情"的部分的认识能力，则正是康德所说的"判断力"。由于"情"介于"知"和"意"之间，它像"知"一样地对外物的刺激有所感受，它又像"意"一样地对外物发生一定的作用，所以判断力就介于理智与理性之间。一方面，判断力像理智，它所面对的是个别的局部的现象；另一方面，它又像理性一样，要求个别事物符合于一般的整体的目的。这样，面对局部现象的理解力和面对理念整体的理性，就在判断力上碰头了。判断力要求把个别纳入整体中来思考，所以判断力

---

① 康德：《判断力批判》，宗白华译，商务印书馆1964年版，第13页。

能够作为桥梁来沟通理智和理性。①从而康德建构了他的"善←美←真"哲学的三部曲。

当然，孔子的哲学和康德的哲学从价值论上看确有其相似之处，但是他们建构哲学的目标则是不相同的。孔子建构的是人生哲学的形态，而康德则是要建构一个完满的哲学理论体系。这也许可以视为中西哲学的一点不同吧！如果我们把孔子这一由"知天命"到"耳顺"再到"从心所欲不逾矩"的过程和我们所概括的中国传统哲学关于"真""善""美"的基本命题相对照，也许可以说"五十而知天命"是追求"天人合一"的层次，"六十而耳顺"是达到"情景合一"的层次，"七十而从心所欲不逾矩"则是实践"知行合一"的层次。"天人合一"属于"智慧"（知）的方面，"情景合一"属于"欣赏"（情）的方面，"知行合一"则属于"实践"（意）的方面。照儒家看，这三者是不可分的。做人既要了解宇宙大化之流行，又要能欣赏天地造化之功，更应在生活实践中再现宇宙的完美和完善。就以上的分析看，孔子的"知天命""耳顺"和"从心所欲不逾矩"都是就人生境界的追求说的，这是孔子对自己追求"真""美""善"的总结。

二、老子对人生境界的追求

对一般人（包括儒家）所追求的"真""善""美"，老子似

---

① 　参见李泽厚：《批判哲学的批判》，人民出版社1984年版，第368—370页；蒋孔阳：《德国古典美学》，商务印书馆1981年版，第63—68页。

乎都持否定态度。如他说"绝圣弃知"，反对追求一般的知识；"五色令人目盲"，反对一般的对"美"的追求；"大道废，有仁义"，反对一般的道德观念的"善"。是否老子就不主张追求"真""善""美"的人生境界呢？我想不是的。他追求的是一种超越世俗的"真""善""美"，这就是所谓"同于道"的境界。看来，老子把"道"视为"真""善""美"的统一。

《道德经》第二十五章中说："人法地，地法天，天法道，道法自然。"这可以说是老子对人生境界追求的叙述。他认为，人最高的理想是效法"道"，而"道"是自然而然的。他所说的"道"是什么？在《道德经》中有多种含义，但最基本的含义应是指超越性的最高的准则。①《道德经》第十四章中说："视之不见，名曰夷；听之不闻，名曰希；搏之不得，名曰微。此三者不可致诘，故混而为一。其上不皦，其下不昧，绳绳兮不可名，复归于无物。是谓无状之状，无物之象，谓之惚恍。迎之不见其首，随之不见其后，执古之道，以御今之有。能知古始，是为道纪。"这段话分析起来有以下三层意思：

（1）"道"是超于感官经验的，"无色"（夷）、"无声"（希）、"无形"（微）都是用以说明"道"的超越性。明朝释德清的《道德经解》载："致诘，犹言思议。""不可致诘"，即不可思议。此"不可致诘"的"混而为一"者就是"道"。

（2）"道"虽是超越性的，但它却是最真实的事物存在的根据。"主状之状，无物之象"。王弼注说："欲言无耶，而物由以成；欲言有耶，而不见其形"，"无形无名者万物之宗也"。"宗"者主义、根据义。"无状之状，无物之象"的"惚恍"可以作为一

---

① 参见拙著《魏晋南北朝时期的道教》，陕西师范大学出版社1988年版，第56—57页。

切"状""象"存在之根据。"惚恍",王弼注谓："不可得而定
也。"这就是说，"道"无规定性。凡有规定性者，均在经验之中；
而无规定性者，则超越于经验之外。所以《道德经》第二十一章说：
"道之为物，惟恍惟惚。惚兮恍兮，其中有象；恍兮惚兮，其中有
物。窈兮冥兮，其中有精；其精甚真，其中有信。""道"虽无规定
性，但可做成一切有规定性之"物"，故为最真实的存在，亦即事物
之本体。

（3）"道"作为一切事物存在的根据，是就其为超越性的最
高准则说的。"纪者，理也。"（《白虎通义·三纲五纪》）"道
纪"，即"道"作为从古至今天地万物的最高准则。

从以上三点可以说明，老子的哲学是要探求天地万物之本源、存
在之根据，从而创造了以"道"为超越性最高准则的哲学体系。老子
的这种对宇宙本体的讨论，实属"真理"探求的范围。

老子把"道"作为他的哲学体系的最高范畴，人掌握了"道"也
就是掌握了"真理"，而人生的目的正在于此。因此，老子把"同于
道"作为人生的最高追求，他说："从事于道者同于道。"王弼注
说："道以无形无为成济万物，故从事道者以无为为君。不言为教，
緜緜若存，而物得其真，与道同体，故曰同于道。""同于道"即是
"与道同体"。看来，老子认为人和道的关系不是把"道"作为一般
认识的对象（因"道"无名无形），而是应"体道"，即与"道"合
一，所以"同于道"只是一种极高的人生境界，一种超越世俗的"得
道"的境界。这正是老子所追求的最高境界。

那么老子对"善"和"美"又如何看呢？我们知道，老子的
"道"的基本特性是"自然无为"，所以他也把"自然无为"作
为"善"和"美"的标准。他说："大道废，有仁义。"因为"仁

义"等等都是"人为"的，不仅不合"自然无为"的原则，而且破坏了"道"，只有把这些"人为"的东西去掉，人们才可以有真正的"善"，所以他说："绝仁弃义，民复孝慈。"只有抛弃掉"仁义"等一切"人为"的道德观念，人们才可以恢复自然而然的人际关系。《道德经》第八章中说："上善若水，水利万物而不争，处众人之所恶，故几于道。"有道德的人其性如水，水对万物都有利，可是并不争说于万物有利，它能处于在下的地位（第六十六章说："江海之所以能为百谷王者，以其善下之，故能为百谷王。"），因此近于"道"。这说明有道德的人只是接近于"道"的境界，而不是"同于道"的境界。如果用冯友兰先生《新原人》中的"四种境界"的说法，"上善"的人只是"道德境界"，而"同于道"者才是"天地境界"。所以，从价值论上看，"善"较"真"为低一层次的。

《道德经》第十二章中说："五色令人目盲，五音令人耳聋，五味令人口爽，驰骋畋猎令人心发狂。"王弼注说："耳目口心皆顺其性也，不以顺性命，反以伤自然，曰盲、聋、爽、狂也。"这就是说，"五色""五音""五味"等都是"人为"的，是失去"自然"本性的。老子把朴素看成是"美"，"见素抱朴"，[①]一切都应听其自然，按其本然，有做作则失去其本然之"美"，无做作才可存其自然之"美"。因此《道德经》第四十一章中说："大音希声，大象无形，道隐无名，夫唯道，善贷且成。"王弼注说："听之不闻曰希，不可得闻之音也，有声则有分，有分则不宫而商矣，分则不能统众，故有声者非大音。""有形则有分，有分者不温则炎，不炎则寒，故象而形者非大象。""凡此诸善，皆是道之所成也。在象则为大象，

---

① 《庄子·天道》："素朴而天下莫能与之争美。"此可以为"见素抱朴"之注脚。

而大象无形；在音则为大音，而大音希声。"合乎"道"的音是"大音"，合乎"道"的象是"大象"，"大音"可以统括一切"音"，"大象"可以成就一切"形"。就音乐看必有声音，就绘画看必有图形，但老子认为最高超的音乐应是无声的，最绝妙的绘画应是无形的。因为"无声""无形"合乎"自然无为"的原则，所以是真正的"美"。从这里看，老子的"善"和"美"都是由"真"（"道"）派生的，都是"道"的特性的表现。《道德经》的最后一章即第八十一章中说：

> 信言不美，美言不信；
>
> 善者不辩，辩者不善；
>
> 知者不博，博者不知。

意思是说：信实的言词不华丽，华丽的言词不实在；善良（行为善良）的人不取巧，取巧的人不善良；真正智慧的人不追求广博，追求广博的人并非智者。我认为，这一由"美"（言词"美"的标准在于平实）而"善"（行为"善"的标准在于诚实）而"真"（智慧"知"的标准在于真实）也许是老子对"真""善""美"的一种次第的安排。"美"是就言词（可作文学的代表）说的，"善"是就行为（可作道德的代表）说的，"知"是就智慧（可作知识的代表）说的。"真知"高于"真善"，又高于"真美"，这样就构成了一个层次的序列。这是老子对人生境界追求的一个模式。

我们说老子哲学关于"真""善""美"的看法和黑格尔哲学有某些相似之处，这仅仅是就他们对真、善、美在价值取向上的安排有某些相似之处而言。在黑格尔哲学体系中，"道德""艺术""哲学"都是属于精神哲学的范围。精神哲学是黑格尔哲学体系的第三部分，它是对于绝对精神在其自身发展的第三大阶段——精神阶段的描述。精神阶段是逻辑阶段和自然阶段的统一，它是自在而又自为的。精神从自在到自为也有一个复杂的发展过程，这个过程包括三个阶段：（1）主观精神；（2）客观精神；（3）绝对精神。"道德"属于客观精神。所谓"客观精神"是指精神把自己体现在外在的客观世界中，但这客观世界不是指自然界，而是指具有精神性的世界，即人类社会生活和人类历史的不同领域，它包括：（1）抽象法（财产法）；（2）道德；（3）伦理（家庭、市民社会、国家）三个发展阶段。客观精神在精神发展的阶段上低于绝对精神，因而低于属于绝对精神的"艺术"和"哲学"。照黑格尔看，主观精神和客观精神都各有其片面性：前者如灵魂、感觉、意识、理智、意志等等都是个人的内在的意识状态，没有实现为现实的存在；后者如财产、法律、道德、政治、家庭、社会、国家等等，虽然是客观存在的，但没有意识到自己。但是，精神的本性是无限的、绝对的、自由的，因而它就必须继续向前发展，以克服主观精神和客观精神的片面性和两者的对立，从而上升到精神的最高阶段。绝对精神是精神对它自己的完全和充分的认识，它既是主体又是客体，它除去以自身为对象和自觉地表现其本质以外，再没有别的目的，从而它是真正无限的、绝对的、自由的。而"艺术""宗教""哲学"是绝对精神发展的三个阶段，这三者在内容上是一致的，它们的不同只是在形式方面。黑格尔说："在艺术中是直观和形象，在宗教中是感情和表象，在哲学中是纯自由思想。"[1]黑格尔如此排列绝对精神发展的三个阶段，是要表明绝

---

[1]　黑格尔：《法哲学原理》，商务印书馆1961年版，第351页。

对精神对它自身的认识也要遵循从感性直观经过表象（他又称之为
"图像式的思维"）上升到抽象思维的过程。所以"哲学"是绝对精
神的最高的、最自由的和最智慧的形态。他说："认识真理最完善
的方式，就是思维的纯粹形式（引者按：指纯粹概念、逻辑范畴而
言）。人采取纯思维方式时，就最为自由。"①艺术的感性形式不能
完全体现绝对精神（理念）的无限、绝对和自由，因为它毕竟要受到
感性形式的限制，"用感性形式表现真理，还是不能真正适合心灵
的表观方式。"②只有哲学才是认识"真理"的最完善的形式。从黑
格尔的精神哲学看，他把"哲学"作为真理最完善的方式，看成是
最高的；而把"美"的追求（"艺术"）作为"理念的感性显现"，
视为低于"哲学"的发展阶段；"道德"作为行为主体对善与恶的内
在信念，则又低于"艺术"的发展阶段了。③这就是说，如果从价值
论上看，黑格尔对"真""善""美"的看法应是"真←美←善"。
这在层次上虽与老子哲学不完全相合，但把"真"看得高于"美"和
"善"，则是与老子相同的。不过，正如我们在前面讨论孔子思想时
所说，中国传统哲学所注重的是追求一种达到"真""善""美"的
境界，而西方哲学所注重的是建立一种论证"真""善""美"的价
值的思想体系。前者可以说主要是追求一种觉悟，而后者则主要是对
"知识"的探讨。

---

① 黑格尔：《小逻辑》，商务印书馆1980年版，第87页。

② 黑格尔：《美学》第1卷，商务印书馆1979年版；第133页。

③ 以上关于黑格尔哲学的论述参见陈修斋、杨祖陶：《欧洲哲学史稿》，湖北人民出版社1983
　年版，第553—558页；蒋孔阳：《德国古典美学》，商务印书馆1981年版，第219—220页；薛
　华：《黑格尔与艺术难题》，中国社会科学出版社1986年版，第25—27页。

三、庄子对人生境界的追求

和老子一样，庄子也把"道"作为他的哲学的最高范畴，但庄子哲学主要不在于论证"道"的无限性、绝对性和永恒性（虽然他对此也颇花费了不少笔墨），而主要论证的是得道之人（如至人、神人、圣人等）在精神上的无限性、绝对性和永恒性。

《庄子》书的第一篇叫《逍遥游》，这篇的主旨是讨论人如何达到精神上的绝对自由的问题。照庄子看，大鹏击水三千、扶摇九万，列子御风日行八百，看起来是够自由的，但实际上并不是完全自由。大鹏飞行九万里，需要有广大的空间；列子日行八百，也得靠风力。这些都是"有待"的，而只有"无待"才可以说达到真正的自由。所谓"无待"是说不需要任何条件，所以他说："若夫乘天地之正，而御六气之辩，以游无穷者，彼且恶乎待哉！"这种"逍遥游"是无所待的，从而是绝对自由的。但是如何才能达到这一无待的绝对自由的境界呢？庄子认为，这不是一般人可以达到的，只有"至人""神人""圣人"等才可以达到，因为"至人无己，神人无功，圣人无名"。"无己"就是"丧我"，《齐物论》中说："今者吾丧我。"在《大宗师》中有一段话讲"坐忘"，可以说是对"无己"这种精神绝对自由境界的描述：

颜回曰："回益矣。"仲尼曰："何谓也？"曰："回忘仁义矣。"曰："可矣，犹未也。"他日，复见，曰："回益矣。"曰："何谓也？"曰："回忘礼乐矣。"曰："可矣，犹未也。"他日，复见，曰："回益矣。"曰："何谓也？"曰："回坐忘矣。"仲尼蹴然曰："何谓坐忘？"颜回曰："堕肢

体，黜聪明，离形去知，同于大通，此谓坐忘。"仲尼曰："同
则无好也，化则无常也，而果其贤乎！丘也请从而后也。"

　　庄子"坐忘"的境界就是他所说的"无己"或"丧我"的境界。
上引文说明，颜回从否定世俗的道德开始，"忘仁义""忘礼乐"，
进而消除身体对精神的种种束缚，消除知识对精神的困扰，达到"形
如槁木，心如死灰"的超脱耳目心意，超功利，超道德，超生死，不
受任何内在外在的是非、好恶、美丑等等的限制，和天地融合为一、
"同于道"的境界。这一境界以"去知"最为重要，"去知"即去掉
分解性和概念性的认知活动，也即庄子"心斋"所谓的"徇耳目内
通，而外于心知"。这种纯粹的直觉活动，我们说它是一种审美的
活动。

　　《庄子》书中所描述的"至人""神人""圣人"等就是这样一
些超越世俗，达到"坐忘"或"心斋"的精神上绝对自由的人。如
《田子方》篇中说："夫至人者，上窥青天，下潜黄泉，挥斥八极，
神气不变。"而所谓"神人"，如《天地》篇所说："上神乘光，与
形灭亡，此谓脱旷。致命尽情，天地乐而万事销亡，万物复性，此谓
混溟。"《刻意》篇中说："圣人之生也天行，其死也物化……去知
与故，循天之理……虚无恬淡，乃合天德。""至人""神人""圣
人"之所以能超越时空的限制，逍遥游放于六合之外，正因为他们能
"离形去知"，一切任其自然而无为，对现实世界无任何要求，从而
能逍遥游于"无何有之乡"。这当然只能是精神上的逍遥游放了。这
种精神上的绝对自由的境界只能是一种艺术上的审美的境界。《知北
游》篇中说：

天地有大美而不言，四时有明法而不议，万物有成理而不说。圣人者，原天地之美而达万物之理，是故圣人无为。大圣不作，观于天地之谓也。

《田子方》篇中说：

夫得是，至美至乐也。得至美而游乎至乐，谓之圣人。

"夫得是"按上文是说"游心于物之初"的境界，此境界为不能言说的自然无为的境界。最高的美为"天地之大美"。"圣人""至人""神人"等"原于天地之美"（或"备于天地之美"）。正是由于自然无为，"离形去知"，所以可得"至美而游乎至乐"，这一"至美至乐"的境界也就是极高的艺术的审美境界。

在庄子哲学中对"真"和"美"的关系也有所讨论，《秋水》篇中说："牛马四足，是谓天；落马首，穿牛鼻，是谓人。故曰：无以人灭天，无以故灭命，无以得殉名，谨守而勿失，是谓反其真。"所谓"反其真"就是返回到自然而然的本来状态。庄子主张"法天贵真"，反对一切违反自然本性的"人为"。"龁草饮水，翘足而陆"是马之真性，而"落马首，穿牛鼻"使牛马失去其自然本性（真性），这样牛马就没有自由，从而也失去其"美"，失去其"真"。在庄子哲学中"真"与"美"是一致的，而"真"必须是"顺性命之情"的。《渔父》篇中说："真者，精神之至也。不精不诚，不能动人。""能动人"在于有真情，使人得到美的享受。"成功之美，无一其迹也"，最成功的美不是做作的，而是能自由自在地表现其真性情，所以庄子的"求真"也是为了"求美"，无"美"也就无所谓

"真"。"求真"是追求一种自由自在的精神境界。

庄子很少肯定道德，他有反道德的倾向。他认为一切道德规范都是"人为"的，它们破坏人的真性情，所以他反对"以仁义易其性"。庄子认为，个体人格的自由的实现不仅是"大美"，而且是最高的"德"，最高的"善"。《刻意》篇中说："若夫不刻意而高，无仁义而修，无功名而治，无江海而闲，不导引而寿，无不忘也，无不有也，澹然无极而众美从之。此天地之道，圣人之德也。""澹然无极而众美从之"，成玄英疏说："心不滞于一方，迹冥符于五行，是以澹然虚旷而其道无穷，万德之美皆从于己也。"此谓心无所执着，自然无为，坐忘无己，自由自在，以达到至极则众美就会聚于己身。这既是大地自然而然的运行，也是圣人成就其善的路径。据此，庄子的"善"是包含在其最高的美（大美）之中的。

就上所言，在庄子哲学中"真""善""美"是统一的，它们统一于精神自由的审美境界上。庄子和老子一样都追求"同于道"，但老子的"同于道"是了解"道"、体会"道"，它仍属于认知的范围，是一种哲理的觉悟；而庄子的"同于道"则是对"道"的欣赏、观照，这就是审美的直觉了。从这里我们可以看出，庄子哲学在"真""善""美"问题上和老子不同，他是以"美"为最高。

西方哲学有两个哲学家从价值论上看在"真""善""美"问题上和庄子有某些相似之处，一是亚里士多德，一是谢林，也许谢林与庄子更为相近。

亚里士多德哲学追求真、善、美的统一，他说："美即是善，其所以引起快感正因为它是善"，而善的行为与美的艺术表现则需要以对事物的认识为基础。从价值论的角度看，亚里士多德并没有赋予真、善、美同样的意义。在对人类活动进行划分时，他认为在认识、实践和创造这三种活动中，认识是最高的，因为只有借助这种活动，人才能面对最高真理。但就三种活动的产物而言，在亚里士多德看来，"求真"的活动所得是理论性科学（如数学、物理学、形而上学），只是为知识而知识；"求善"与"求美"的活动所得则是实践性科学（包括政治学、伦理学）和创造性科学（包括诗学和修辞学），它们都有更高的外在目的。前者指导行动，后者指导创造。亚里士多德认为，艺术的本质就是创造。他说："艺术就是创造能力的一种状况，其中包括真正的推理过程。"这里，创造活动成了最能体现人的本质即理性的活动（亚氏曾将人的本质界定为理性）。据此，我们似乎可以说，在亚里士多德哲学中，表现美的艺术创造从而美本身获得了最高价值，其次是有外在目的的行动（即道德实践，这属于"善"），再次才是为知识而知识的"求真"的活动。①

　　谢林的哲学提出"绝对同一"的问题。照他看，"绝对同一"既不是主体，又不是客体，而是"主体和客体的绝对无差别的同一"。要达到这种"同一"只能在一种"理智的直观"中实现。所谓"理智的直观"就是产生直观对象的活动，二者是同一的，这实际上是一种直觉活动。通过这种直觉活动，自我就把自己和无意识地产生自然界的宇宙精神合二而一。谢林认为，这种"理智的直观"不是任何人的意识都可以有的，只有哲学上的天才才能具有。谢林甚至认为，即使"理智的直观"活动也还不算完全地达到了主体和客体的绝对同一，因为在那里还有直观者和被直观者的差别（尽管这个被直观者是直观者的自由活动产生的）。因此，谢林又提出只有在"艺术的直观"中才能真正实现主体与客体的绝对无差别的完全同一。这种"绝对无差

---

① 参见朱光潜：《西方美学史》上卷，人民文学出版社1963年版，第55—56页。

别的完全同一"很接近于庄子的"心斋"和"坐忘"的境界。谢林认为，"艺术的直观"来自灵感，来自内心精神的一种内在力量的强烈追求。这只能说是一种直觉的神秘的精神境界了。这样，在谢林那里艺术就成了没有差别的至高无上的理想世界。基于这种"艺术的直观"高于"理智的直观"的看法，谢林把"美"视为有最高价值。照他看，"真"是必然性的问题，"善"是自由的问题，而"美"是二者的综合。"美"把"真"的科学知识和"善"的道德行为综合实现于艺术之中。他说："我相信，最高的理性活动是包括一切理念的审美活动。真和善只有在美中才能接近。哲学家必须像诗人一样，具有审美的能力。"因此，从价值论的方面看，在谢林那里"美"高于"真"和"善"。[①]这与庄子对"真""善""美"问题的看法有相似处。

四、简单结论

一、上述孔子、老子、庄子三种不同的人生境界的追求是三种不同的价值哲学，而这三种不同哲学表现了三种不同的价值取向。我认为，任何有价值的哲学体系总在追求着"真""善""美"的三者的统一，但如何统一以及如何达到统一的过程并不相同。从人类发展看，我们也不必求其相同。在我们的先秦时代，哲学之所以丰富多彩，正是因为它有着多元化的价值取向，当时的哲人能从非常广阔的

---

① 参见陈修斋、杨祖陶：《欧洲哲学史稿》，湖北人民出版社1983年版，第481、488页；蒋孔阳：《德国古典美学》，商务印书馆1981年版，第140—142页。

领域来讨论宇宙人生终极关切的问题，这样就使得我国的哲学放在当时世界范围内，和世界其他地区（希腊、印度等）相比实不逊色，这正是因为它是"多元"的，而不是"一元"的；它是能从不同路径来探讨宇宙人生的终极关切问题。如果我们说，我国先秦哲学的发展对我们今天有什么意义，我认为其中重要的一条就是它的"多元化"。哲学的多元化才能使哲学得到充分发展，"一元化"最终将窒息哲学的生命力。当今世界文化与哲学正呈现为在全球意识下多元化发展的趋势，我们应顺应这一发展趋势来创造中国的现代文化与哲学。

　　二、对历史上的哲学，如果要使它具有现代意义，能在现实社会中发生作用，就必须给以现代的解释。上面对孔子、老子、庄子哲学思想的解释，就是对他们思想的一种现代解释的尝试。对孔子、老子、庄子思想的解释只能是"既是孔子、老子、庄子的哲学，又不是孔子、老子、庄子的哲学"。因为这篇文章中所讲的是根据孔子、老子、庄子哲学引发出来的解释：它是"根据孔子、老子、庄子的哲学"，因此它是"孔子、老子、庄子的哲学"；它是根据"孔子、老子、庄子哲学引发出来的解释"，既然是一种引发出来的解释，因此它又不是（或不全是）孔子、老子、庄子的哲学。只有这样，我们才扩大了孔子、老子、庄子哲学的意义。也正因为它是我们现时代"根据孔子、老子、庄子哲学引发出来的"，所以它才有现代意义，哲学才有发展。我们从价值论方面来比较孔子、老子、庄子的哲学，说明他们的哲学在价值论上的取向不同，除了说明"多元化"对文化和哲学的发展意义之外，还可以为我们提供不同类型的哲学体系的式样和不同取向的人生价值的追求；又可以表示我们今天的一种对"真、善、美"的意义的关注和了解。这无疑对我们今日的哲学研究是有意义的。

三、用西方哲学作为参照，来了解（解释、研究）中国哲学的特点应是有重要意义的。在中国传统哲学史中虽然没有哪个哲学家对"真、善、美"问题做过专门的讨论，但在中国传统哲学中却不能说不包含"真、善、美"的内容。我们用西方哲学作为参照来揭示中国历史上的哲学家的哲学中同样包含着"真、善、美"的丰富内容：这一方面，使中国传统哲学从西方哲学的观点来看，它的意义扩大了；另一方面，使西方哲学从中国哲学的观点来看，它的意义也扩大了。虽然中西哲学都有其本身的意义，但是在它们的差异和比较中使它们各自的特性更加鲜明地呈现出来，因而或者可以互相补充。如果说西方哲学家对"真、善、美"问题的讨论，基本上是属于知识（或信仰，如基督教）的问题；那么中国哲学家对"真、善、美"的追求，则基本上属于境界问题。因此，中西哲学各有各的意义，在互相参照中又可以互相发明。

（写于1989年，修改于1993年1月28日）

论儒家的境界观

　　"境界"一词如何解释，可能多种多样。据《辞源》上说："《诗·大雅·江汉》'于疆于理'，郑玄笺说：'召公于有叛戾之国，则往正其境界，修其分理。'"这里的"境界"是"疆界"的意思。另外一种意思来自佛教。《无量寿经》上说："比丘白佛，斯义弘深，非我境界。"这里的"境界"是说人所达到的一种修养境地。我们所讨论的"儒家的境界观"是就后一种意义说的。

　　从儒家的境界观看，人的道德和学问的修养有不同的等级，最高的等级为"圣人"。"圣人"是什么样的人呢？照孔子看应是能"博施于民而能济众"的人。但"博施于民而能济众"是不是一种"境界"？我想不是的，它应是圣人的一种社会理想或政治理想。照我看，应把儒家的圣人的"境界"和圣人的"社会理想"（或"政治理想"）看成两种不同的观念。"境界"从其严格意义上说应专指个人道德和学问的修养，指个人的人格；"社会理想"则主要指对理想社会事功的向往。这个问题，可从儒家的两段话的比较中加以说明。

　　孔子说："吾十有五而志于学，三十而立，四十而不惑，五十而知天命，六十而耳顺，七十而从心所欲不逾矩。"

　　《大学》开头的一段话中说："古之欲明明德于天下者……先修

其身；欲修其身者，先正其心；欲正其心者，先诚其意；欲诚其意者，先致其知，致知在格物。物格而后知至，知至而后意诚，意诚而后心正，心正而后身修，身修而后家齐，家齐而后国治，国治而后天下平。自天子以至于庶人，一是皆以修身为本，其本乱而末治者否矣。"

前一段孔子的话是指一种个人的道德和学问修养的境界，后一段引《大学》的话则是指人们在具有了一种道德和学问的境界后对理想社会的追求。前者是圣人的境界，后者是"内圣外王之道"的理想。

孔子说的"十有五而志于学……"一段，可以说是孔子他个人修养的过程或者说是成"圣人"的过程，也是孔子本人对"真""美""善"的一种追求和了解。从"十有五而志于学"到"四十而不惑"是成圣成贤的准备阶段，从"知天命"到"从心所欲不逾矩"是成圣的深化过程。"知天命"可以解释为对"天"（宇宙人生）的一种了解和认识，这也许可以归为"求真"的范围。"六十而耳顺"，杨伯峻先生的《论语译注》说："'耳顺'这两个字很难讲，企图把它讲通的也有很多人，但都觉牵强，译者姑且作如此讲解。"杨先生是这样解释的："六十岁，一听别人的言语，便可分别真假，判明是非。"我想，杨先生的注解也许是符合孔子原意的。但是，自古以来却也有多种解释，例如李充说，"耳顺"是"心与耳相从"，这大概是杨先生的解释所本。孙绰似以玄学解，他说："耳顺者，废听之理也，朗然自玄悟，不复役而后得，所谓不识不知顺帝之则。"这是一种超验的混然而得大全之理的境界，是一种内在的充实。我认为，这也是解释得通的。照现代解释学的看法，凡是对前人的思想的"解释"都有解释者的意见在内，这有一个解释循环的问题。不过，解释和被解释的思想中总有某种联系，否则也就无所谓"解释"了。历来对孔子思想的解释大概都是这样。这里我想引用一下朱熹对这句话的解释，他很有一点特色。朱熹说："声入心通，无所违逆，知之之至，不思而得也。""声入心通"当和"声音"（"有者之声"和"无者之声"都可以包括在内）有关系；"知之之至"，即言超于"知天命"之境界，这种"境界"和"知天命"的"境界"不同，是"不思而得"的境界。那么，这种"境界"是一种什么样的"境界"呢？我想，这大概是一种直觉的审美境界，所得到的是一种超乎经验的直觉意象，也可说是一种艺术的境界，"美"的境界。我的这种解释或许"牵强"，但照杨先生的看法，自古以来的解释大都是"牵强"的；我这种解释无非是再加上一种"牵强"的解释而已。但这种解释也不能说全无根据。我们知道，孔子对音乐很有修养，他"在齐闻韶，三月不知肉味"。"三月不知肉味"自是"不思而得"的，是一种极高的审美境界。孔子自己对他所达到的这种境界所作的说明是："不图为乐之至于斯也。"（想不到听音乐竟能达到了这种境界）这是一种"美"的享受。"七十而从心所欲不逾矩"，朱熹注说："矩，法度之器，所以为方者也。随其心之所欲而自不过于法度，安而行之，不勉而中。"这一"安而行之，不勉而中"是在"知真""得美"之后的"行善"的境界。孔子把"尽善尽美"看成是高于"尽美"的。《论语》记载说："子谓韶，'尽美矣，又尽善也。'谓武，'尽美矣，未尽善也。'"这里"尽善"是指"极好"，但说事物是"极好"或"尽善"总是和道德的价值判断联系在一起的。孟子说："充实之谓美。"此处的"美"也含有某种道德的价值判断。朱熹注说："力行其善，至于充满而积实，则美在其中，而无待于外。""善"是一种内在的"美"，人格的最高的"美"。看来，朱熹认为"善"可以包含"美"，"尽善"之所以高于"尽美"，就是因为"尽善"实为"尽善尽美"。这里我们是不是可以说，孔子的人生境界（或圣人的境界）是由"求真"到"得美"而"行善"，即由"真"而"美"而"善"。这和康德的哲学有相似之处，因为康德的哲学大体上也是由"真"而"美"而"善"的。如果我们把孔子的这一由"知天命"到"耳顺"再进到"从心所欲不逾矩"的过程和我们概括的中国传统哲学关于"真""美""善"的基本命题相对照，"五十而知天命"是"天人合一"的境界，"六十而耳顺"是"情景合一"的境界，"七十而从心所欲不逾矩"是"知行合一"的境界。"天人合一"是属于对人生的"智慧"的层次，"情景合一"是属于对人生的"欣赏"的层次，"知行合一"是属于对人生的"实践"的层次。而这三者应是不可分的、相互联系的。做人既要了解宇宙大化之流行，又要能欣赏天地造化之功，还要能在自己个人的生活实践中再现宇宙的完善与完美。"六十而耳顺"的境界应包括了"知天命"的境界，"七十而从心所欲不逾矩"的境界则应包括前两境界，因此它是"真""美""善"的统一的境界。

　　就以上的分析看，"知天命""耳顺""从心所欲不逾矩"都是就个人修养说的，是孔子对他自己追求"真""美""善"的总结，或者说是人们对于做圣人的要求。

　　我们说儒家的境界观是关于个人的道德和学问的修养问题，还可以从孔子说的另一段话得到证明。《论语·宪问》中有："子曰：古之学者为己，今之学者为人。"荀子说："古之学者为己，今之学者为人。君子之学也，以美其身；小人之学也，以为禽犊。"（《劝学》，杨倞注："禽犊，馈献之物。"）《论语集注》载："程子曰：'为己，欲得之于己也。为人，欲见知于人也。'"此"为己之学"正是一种使自己的道德学问达到一理想境界的方法，属于个人的道德修养方面的问题。而这种"为己之学"是可以依靠自己的修养而实现的，它可以不受客观条件的影响。孔子曾说颜回："贤哉，回也！一箪食，一瓢饮，在陋巷，人不堪其忧，回也不改其乐，贤哉，回也！"这说的是一种人生境界，这种境界并不因客观条件而受到影响。所以孔子说："为仁由己，而为人乎哉！""境界"可以有高低，但总是靠自己的努力而达到了某种"境界"，所以它是主观上的。孔子曾说："君子道者三，我无能焉，仁者不忧，知者不惑，勇者不惧。"子贡说："夫子自道也。"孔子这里说的"仁""智""勇"都是在人的主观上可以达到的，所以它又是一种境界，而且是一种很高的"境界"，圣人的境界。

冯友兰先生在他的《新原人》中把人生的境界分为四种，即自然境界、功利境界、道德境界、天地境界。分这四种境界是否合理，兹不论。但他说："人对于宇宙人生底觉解的程度，可有不同。因此宇宙人生，对于人底意义，亦有不同。人对于宇宙人生在某种程度上所有底觉解，因此宇宙人生对于人所有底某种不同底意义，即构成人所有底某种境界。""世界是同此世界，人生是同样底人生，但其对于各个人底意义，则可有不同。"这就是说，所谓"境界"是一种对宇宙人生的觉悟和了解，这当然是纯主观的，是个人的道德和学问的修养问题。中国儒家的大师从他们主观上说往往都是在追求一种最高的境界，孔孟是这样，程朱陆王也是这样，张载的《西铭》之所以受到宋明理学家的普遍重视，其原因或许亦在于此。他说："民，吾同胞；物，吾与也；""存，吾顺事；没，吾宁也"，这只能是纯主观的，是一种理想的境界，至于能否在现实社会中实现，那是另一回事。但他们有这种觉解，就有了一种很高的境界。

儒家的大师们都在追求一种理想的境界，这是一种理想，是可以由身体力行而达到的。但是儒家的理想应不止于此，而是由这一仅仅关于个人道德和学问修养的境界向一种"社会理想"推进。从个人道德和学问修养的境界向一种"社会理想"推进并不错，问题是有了一种很高的道德和学问修养的境界能否就使其"社会理想"得到实现。我们前面引用了《大学》首章中的一段，这就是"格物、致知、正心、诚意、修身、齐家、治国、平天下"。这一套虽也和个人的修养有关，但它不只是个人修养的问题，而且要在个人主观修养的基础上见之于客观，因此从总体上说它是一种对"理想社会"的追求。它不仅涉及个体对宇宙人生的觉悟和了解，而且涉及群体的社会生活。《大学》中说："自天子以至庶人，一是皆以修身为本。""身"之修可以靠道德和学问的修养，即可以靠个人的修养，由"格物"而"致知"而"正心"而"诚意"，但能否"齐家"，能否"治国"，能否"平天下"，则不是靠个人的觉悟、个人的道德和学问的修养所能达到的。但是儒家的问题正是在于以为这两套可以统一为一套。这就是他们所提倡的"内圣外王之道"。

"内圣外王之道"最初或者见于《庄子·天下》篇："天下之治方术者多矣，皆以其有为不可加矣。古之所谓道术者，果恶乎在？曰：无乎不在。……其在于《诗》《书》《礼》《乐》者，邹鲁之士，搢绅先生，多能明之，《诗》以道志，《书》以道事，《礼》以道行，《乐》以道和，《易》以道阴阳，《春秋》以道名分。其数散于天下而设于中国者，百家之学时或称而道之。天下大乱，圣贤不明，道德不一，天下多得一察焉以自好。譬如耳目鼻口，皆有所明，不能相通。犹百家众技也，皆有所长，时有所用。虽然，不该不偏，一曲之士也。判天地之美，析万物之理，察古人之全，寡能备于天地之美，称神明之容。是故内圣外王之道，暗而不明，郁而不发，天下之人各为其所欲焉以自为方。悲夫，百家往而不反，必不合矣！

后世之学者，不幸不见天地之纯，古人之大体，道术将为天下裂。"照《天下》篇看，所谓"内圣外王之道"是求天下之治的道术者所追求的，所以梁启超说："'内圣外王之道'一语，包举中国学术之全体，其旨归在于内足以资修养而外足以经世。"（《论语考释》中之《庄子天下篇释义》）熊十力在《读经示要》中，根据《大学》首章而对"内圣外王之道"也有一种解释。他说《大学》以"修身"为本，以"格物""致知""正心""诚意"为"内圣"的功夫，并据此说："八条目其实以修身为本。君子尊其身，而内外交修，格、致、诚、正，内修之目也。齐、治、平，外修之目也。家国天下，皆吾一身，故齐、治、平皆修身之事。小人不知其身之大无外也，则私其七尺以为身，而内外交修之功，皆其所废而弗讲，圣者亡，人道熄矣。"梁启超和熊十力都认为"内圣"和"外王"是可以统一的，可以由"内圣"而"外王"，成就"内圣外王之道"。但我想，这也许正是儒家学说的大弊病。这种弊病之所以产生，照我看就在于儒家企图把个人人格上的修养境界和所追求的治世安民的理想社会的理论看成一套所致，而中国社会曾受这种思想的危害或许不小。

　　冯友兰先生有一本书叫《新原道》，一名《中国哲学之精神》。在该书的《绪论》中说："在中国哲学中，无论哪一派哪一家，都自以为是讲'内圣外贤之道'。"最后的结论又说："所以圣人，专凭其是圣人，最宜于作王，如果圣人最宜于作王，而哲学所讲底又是使人成为圣人之道，所以哲学所讲的，就是'内圣外王之道'。"看来，冯先生是揭示了中国传统哲学的精神，特别是儒家哲学的精神。在1964年，我们曾和冯先生讨论过中国历史上"治统"和"道统"的关系问题。冯先生说：在中国封建社会中，"君"和"师"是相提并论的，有所谓"治统"和"道统"①。他认为，"师"的任务在平时是批判当时的政治，揭露社会的黑暗，因而和当时的政治上的统治者之间存在着相当大的对立，只是在农民起义的时候，他们才转而拥护当时的统治者。从"君"（政治上的统治者）这一方面说，由于他们看清了思想家的幻想，他们明知他们的"师"的幻想不可能实现，因而也就从来没有认真实行过。照冯先生的《新原道》的看法，中国传统哲学的精神"内圣"与"外圣"应是合一的，至少儒家的理想是如此，而在1963年冯先生写的文章中却认为"治统"和"道统"是对立的。我认为，冯先生的两种不同看法也许都可以成立。《新原道》说的是儒家的理想，而1963年冯先生说的是中国封建社会的某些现实情况。我们曾和冯先生讨论，认为中国封建社会中并没有把"治统"和"道统"分开。②我想，我们的看法也是对的。因为中国传统哲学所追求的是"内圣外王之道"，而且从某一方面看，中国封建社会的统治者也往往把自己打扮成具有"圣人"品格的"圣王"，某些"师"们也颂扬某些"君"为推行"内圣外王之道"的"圣王"，以便在现实社会中实现他们的理想。虽然当时我们和冯先生的看法不同，但也许都看到了中国封建社会和儒家哲学的某一方面。

中国封建社会是一个以"人治"为特征的社会，而不注重"法治"，这从思想方面看正是受儒家传统的"内圣外王之道"的理论影响所致。

照我看，"内圣"和"外王"作为两种对人的品格的要求说，应属于两种不同的价值系统。"内圣"是关于个人的道德和学问的修

---

① 冯友兰：《关于孔子讨论的批评与自我批评》，载《哲学研究》1963年6期。

② 汤一介等：《论"治统"与"道统"》，载《北京大学学报》1964年第2期。

养，是人们的一种内在的品德，甚至可以说是一种超越现实的理想人格。"内圣"只是从个人方面说，如果努力追求是可以达到的，至少在精神上可以达到。"外王"是现实社会的统治者，它的问题则是要"面对现实"，他的理想只能是"面对现实"，而去做时代所允许的事功。如果要求"外王"做"圣王"，推行"内圣外王之道"，那势必要在社会中造出许多假象，以至画虎不成反为犬了。

儒家的"内圣外王之道"的思想，大概有一个发展过程。在先秦时，就孔子本人说，已有"圣王"的观点，他把尧舜看成是古代的"圣王"。到孔子的弟子更有"圣人"最宜于作"王"的思想。宰我曾说："夫子贤于尧舜。"《墨子》的《公孟》篇中有一段记载："公孟子谓墨子曰：'昔者圣王之列也，上圣立为天子，其次列为大夫。今孔子博于读书，察于礼乐，详于万物，若使孔子当圣王，则岂不以孔子为天子哉！'"这里包含着"圣人"的思想。到战国末年，荀子的弟子歌颂他们的老师，说荀子"德若尧舜，世少知之"，"其知至明，循道正行，是以为纲纪。呜呼，贤哉！宜为帝王。"但无论孔子或荀子都没有成为"帝王"。如果孔子或荀子成为"帝王"，那么中国历史上也就没有作为"圣贤"的孔子和荀子了，到汉朝只不过由帝王封孔子作一个"素王"而已。在中国历史上从来没有出现过儒家所塑造的"圣王"，所出现的大都是有了"帝王"之位而自居为"圣王"的"王圣"，或者为儒者称颂的"王圣"。这"王圣"正是把"圣人最宜作王"换成了"帝王最有资格当圣人"。但是，帝王是最不适宜当"圣人"的，因此"圣王"是不可能有的。帝王不宜于要求自己做"圣人"，这是因为，帝王如要求做"圣人"，或者是企图把儒家那一套不可能实现的"治国平天下"的理想实践于现实社会，只能是欺骗，或者是把现实的一切说成是符合理想的，这也只能是欺骗。那么"圣人"是不是最适宜做"帝王"呢？我想，也许"圣人"应是最不宜于做"帝王"的。照我看，"圣人"如要做帝王，他就不能再是"圣人"，因为具有理想人格的人总是很难了解现实的，他们往往是那种"知其不可而为之"的幻想家；他如要当帝王，就要面对现实；要面对现实就不能用他那套空想的理想主义来行事，从而必定失去其为"圣人"的品格。或者，"圣人"企图利用其为"圣人"的地位来改变现实社会，这当然也是不可能的，而往往成为美化现实的工具。看来，儒家的"内圣外王之道"的学说正是中国长期封建社会重"人治"而轻"法治"的根据和理论基础。

前面我们已经说过，可以把儒家的境界观和儒家的理想社会观（或理想的政治）分开。就儒家的境界观说，他们认为经过个人的道德和学问的修养可以达到圣人或贤人的境界或者说具有一理想的人格，这应该说是有可取之处的。"道德和学问"的内容可以不同，但对"道德和学问"的追求精神总应该是人类的一种可贵品质。"理想的人格"虽可因时而异，但人们总应该去努力塑造符合时代要求的"理想人格"，这也是合理的。因此，对儒家的境界观做一番创造性的转化工作，它将可以为我们所继承。至于儒家的理想社会的蓝图则只能是一种不能实现的"空想"，它们能起的作用只能是美化封建社会的现实。因此，不仅"王圣"不可取，"圣王"也做不到，从而"内圣外王之道"当然也就不能作为中国传统哲学的精神为我们所继承了。

（1987年）

"太和"观念对当今人类社会可有之贡献

    在人类社会即将进入21世纪的时候，我们回头看看20世纪的历史，可以发现即将过去的这个世纪是人类社会飞速发展的世纪，取得辉煌成就的世纪，但同时又是充满矛盾悲惨的世纪。在这百年中间，发生了两次世界大战，死亡几千万人，大量破坏了人类多少世纪辛勤建造的文化遗产。而我们的国家，在这百年中经历了种种苦难，同时也取得了巨大的进步。今日的中国社会正在从传统走向现代，这是历史发展的要求，但在这个过程中也许不可避免地发生种种问题，例如我国社会目前存在的"信仰危机""道德真空""贪污腐化""环境污染"等等，已经到了相当严重的地步，是不得不引起注意的时候了。从全世界看，现今虽然走出了冷战时代，可是人类面临的问题更多、更复杂，我们可以看到，随着科学技术高度发展，虽然给人类社会带来巨大的进步，但是作为自然界一部分的人，在他们征服自然的过程中，不仅掌握了大量破坏自然的工具，而且也掌握了毁灭人类自身的武器。正如1992年世界1575名科学家发表的一份《世界科学家对人类的警告》在开头就提到，人类和自然正走上一条相互抵触的道路。我认为，这个观点是非常深刻的。对自然界的过量开发，资源的浪费，臭氧层变薄，海洋的毒化，环境的污染，人口的暴涨，生态平衡的破坏，不仅造成了"自然和谐"的破坏，而且严重地破坏了"人和自然的和谐"，这些已严重威胁着人类自身生存的条件。由于片面的物质利益的追求，对自然资源的争夺、占有和权力欲望的膨胀，造成了国与国、民族与民族、地域与地域之间的对立和战争。过分注重金钱和物质享受，造成了人与人之间关系的紧张，社会的冷漠，心灵的孤寂，使人们失落感日甚。在人类社会中，现在儿童有儿童的问题，青年有青年的问题，老年有老年的问题，人与人之间心灵上的隔膜，在日常生活中的互不了解甚至仇视，使人们失去了对"人与人的和谐"的追求，这样发展下去终将导致人类社会的瓦解。现代社会，由于人们无止境地追求感官之享受，致使身心失调，人格分裂，由于心理不平衡引起精神失常、酗酒、杀人、自杀等等，造成了自我身心的扭曲，已成为一种社会病，而严重影响了社会的安宁，其原因正在于忽视了"人自我身心内外的和谐"。在这由20世纪即将走向21世纪之际，人类社会如何走出人自身造成的困境，就必须解决当前所面临的"和平与发展"问题。这就是说，我们必须调整好人与人之间的关系，扩而大之即是要调整好民族与民族、国家与国家、地域与地域之间的关系；必须调整好人与自然的关系，保护自然环境，合理利用自然资源，可使人类社会共同发展。因此，我认为，如果人们能更加重视儒家的"太和"观念，对它作出适应现代社会生活的诠释，并使其落实于操作层面，应该说对今日和将来人类社会的发展是非常重要的。

"太和"见于《周易·乾卦·象辞》："乾道变化，各正性命，保合太和，乃利贞。"意思是说，天道的大化流行，万物各得其正，保持完满的和谐，万物就能顺利发展。王夫之在《张子正蒙注》中说："太和，和之至也。……未有形器之先，本无不和，既有形器之后，其和不失，故曰太和。"在宇宙未分化出具体事物之前，宇宙本来就是和谐的，没有什么不和谐；在宇宙分化出天地万物（包括人）之后，如果不使和谐丧失，这才叫作"太和"。可见"太和"包含着"普遍和谐"的意义。我认为，"普遍和谐"观念至少应包含几个层面才可以被称为"普遍和谐"观念，而在儒家思想中"太和"观念恰恰包含着自然的和谐、人与自然的和谐、人与人的和谐（即社会生活的和谐）以及人自我身心内外的和谐等四个方面，这样大体上构成了"普遍和谐"的观念。

首先，儒家把"自然"（"天"或"天地"）看成一和谐的整体。我们知道，孔子说："天何言哉，四时行焉，百物生焉，天何言哉！"天的运行是自然而然的，百物的生长也是自然而然的，这说明孔子对"自然"的和谐的认识。被儒家奉为经典的《周易》认为，在阴阳变化中体现了宇宙运行的规律，"自然"的运行是在"元"（自然界万物的起始）、"亨"（万物的生长）、"利"（万物的成熟）、"贞"（万物的完成）中进行。在《周易》中把这种"自然"最完美的"和谐"叫作"太和"。以后儒家关于"自然和谐"的观念大体都是发挥这个思想，例如在《中庸》中认为，"和"（即和谐）是天下根本的道理。张载《正蒙·太和》开头说："太和所谓道。""太和"就是万物之通理，故王夫之认为宇宙本来就是"合同而不相悖，浑沦无间"。这些都说明，儒家对"自然和谐"的重视。

其次，如果说儒家重视"自然的和谐"，那么可以说儒家更为重视"人与自然的和谐"。儒家不仅仅认为"自然"为一"和谐"之整体，而此和谐整体之宇宙又是永远在生息变化之中，也就是说它是一刚健的大流行，因此人应该体现"自然"（"天"）的这一特点而自强不息，所以《周易》中说："天行健，君子以自强不息。"这个思想的基础正是儒家的"天人合一"的思想。所谓"天"是指"天道"，即宇宙的规律；"人"是指"人道"，即人和人类社会的道理。孔子有一段话可以说是他追求"天人合一"境界的过程，他说："吾十有五而志于学，三十而立，四十而不惑，五十而知天命，六十而耳顺，七十而从心所欲不逾矩。"这就是说，在五十岁前是孔子认识"天命"的准备阶段，由五十岁起他对"天命"有了认识，六十岁可以根据宇宙的规律来辨明是非、善恶、美丑等等；七十岁就可以做到什么都自然而然地符合宇宙规律的要求，也就是说达到了完全的"天人合一"的境界。要实现"天人合一"得靠人自身的努力。孔子说："人能弘道，非道弘人。"人的努力可以使"天道"发扬光大，如果人不努力，那么"天道"并不能使人高尚完善。孟子更进一步发展了孔子"天人合一"的思想，他认为只要人充分发挥其本心的作用，就可以对其由"天"得到的善性有深切的体会，从而也就可以对"天"了解了，而能达到"与天地合其德"的境界。后来的儒家虽然对"天人合一"的思想有所发展，但大体都是沿着孔、孟的思想发展下来的。例如朱熹说："人道"不能离开"天道"，"天道"也不能不由人来体现，这是因为"人道"开始产生时是由"天道"决定的，但有了人及人类社会之后，"天道"就要在"人道"中表现了，圣人的贡献就是要使人类社会完完全全地体现"天道"的要求，以实现"天人合一"。儒家这种主张"天人合一"、追求"人与自然和谐"的观念，是基于不把人和自然看成对立的，而把人看成是自然和谐整体的一部分，而且是其中最重要的一部分。

　　第三，由于儒家认为，自然是和谐的，并追求着人与自然的和谐，这样就必然引发出"人与人的和谐"的观念。这是因为，人和人之间以及人类社会也是应体现"天道"的要求的。所以孔子说："礼之用，和为贵。"社会规范的作用，以和谐为最重要。孔子又说："朝闻道，夕死可矣"；又说："道不行，乘桴浮于海"。这里的"道"就是"天道"（当然也包含体现"天道"的"人道"），人是应该把"天道"的要求实现于社会；如果人不能把"天道"推行于社会，不如乘木船到海上去。为什么人有可能把"天道"推行于社会？因为儒家的主流思想认为人性本"善"，而人之善性来源于"天"之"至善"，如果人能充分发挥其善性，而使之实践于社会，那么就能把社会变成一理想的和谐社会。因此，儒家特别强调人的道德实践对于理想的和谐社会的意义。儒家的重要经典之一《大学》首章中说："大学之道，在明明德，在新民，在止于至善。"朱熹注说："新者，革其旧之谓也。言既自明其明德，又当推以及人，使之亦有以去其旧染之污也。……言明明德、新民，皆当至于至善之地而不迁。"明明德、新民的目的是在至于至善。所以《大学》中认为，修身、齐家、治国、平天下等等一切都以修身为本，"一是皆以修身为本"。这就是说，儒家认为每个人把道德修养好了，天下就可以太平了，所以孔子说："为仁由己，其由人乎？"做到道德完美全靠自己，哪里能靠别人呢？对于这个建立在道德修养基础上的和谐社会，儒家称之为"大同"社会。在《礼记·礼运》中对这个"大同"社会有一描述："大道之行也，天下为公。选贤与能，讲信修睦。故人不独亲其亲，不独子其子；使老有所终，壮有所用，幼有所长，矜、寡、孤、独、废疾者，皆有所养。男有分，女有归。货，恶其弃于地也，不必藏于己；力，恶其不出于身也，不必为己。是故谋闭而不兴，盗窃乱贼而不作，故外户而不闭。是谓大同。"这个和谐的"大同"社会的理想，当然包含着许多空想的成分，而且把和谐社会的理想完全建立在道德修养提高的基础上，也是片面的，甚至是做不到的；但是，从儒家追求建立人与人之间的和谐关系，不能说是没有意义的。

　　第四，儒家和谐社会的理想既然是建立在个人的道德修养提高的基础上，因此儒家特别重视人自我身心内外的和谐。儒家认为，生死和富贵不是人力可以追求到，也不应是人追求的目标，"死生由命，富贵在天"；但是人的道德和学问则是要靠人的努力来取得，"涵养须用敬，进学在致知"（伊川语）。如果一个人能做到"民胞、物与"，他就可以达到一种身心内外和谐的境界。孔子曾赞美他的弟子颜回说："贤哉，回也！一箪食，一瓢饮，在陋巷，人不堪其忧，回也不改其乐。贤哉，回也！"又说："有颜回者好学，不迁怒，不二过。不幸短命死矣。"这就是说，颜回对富贵和生死无能为力，但他却是一个有学问有道德的人，而且能在贫困中保持身心内外的和谐。孟子认为要达到"天人合一"就应该"存其心，养其性，以事天也。夭寿不二，修身以俟之，所以立命也"。一个人如果能保存他的本心，修养他的善性，以实现天道之要求，短命和长寿都应无所谓，但一定要修养自己保持和天道一致，这就是安身立命了。晋朝的潘尼作了一篇《安身论》，其中有两段阐发了儒家"安身立命"的思想，他说："盖崇德莫大乎安身，安身莫尚乎存正，存正莫重乎无私，无私莫深乎寡欲，是以君子安其身而后动，易其心而后语，定其交而后求，笃其志而后行"；"故寝蓬室，隐陋巷，披短褐，茹藜霍，环堵而居，易衣而出，苟存乎道，非不安也"。"安身立命"主要是要使自己的身心和谐，内外和谐，使自己言行符合天道的要求，至于衣、食、住、行等并不能对自己的身心发生什么重要影响，这种对待生活的态度也就是宋儒追求的"孔颜乐处"。周敦颐尝问程氏兄弟："寻孔颜乐处，所乐何事？"宋儒对此多有所论，归结起来就是寻得一个"安身立命"处。朱熹在其《答张敬夫书》中与张敬夫讨论"中和义"时说："而今而后，乃知浩浩大化之中自家自有个安宅，正是自家安身立命，主宰知觉处"。可见儒家所强调的正是由道德学养的提升，以求身心内外之和谐。

由以上四个方面，我们可以看出，由"自然的和谐""人和自然的和谐""人与人的和谐""人自我身心内外的和谐"所构成的"普遍和谐"观念是儒家的重要思想。本文虽然是从"自然的和谐"开始论述，但儒家关于"和谐"的观念是把"自我身心内外的和谐"作为起点的。儒家是由通过道德学养达到自身的和谐而推广到"人与人的和谐"。人类社会和谐了，那么才能很好地处理人和自然的关系；人与自然的关系处理好了，才能不破坏"自然的和谐"。正如《中庸》第二十二章中所说："唯天下之至诚，为能尽其性。能尽其性，则能尽人之性。能尽人之性，则能尽物之性。能尽物之性，则可以赞天地之化育。可以赞天地之化育，则可以与天地参矣。"故而儒家关于"和谐"的路向是：由自身之"安身立命"，而至"推己及人"，再至"民胞物与"，而达到"保合太和"而与天地参。儒家这一关于"和谐"观念的路向，当然也并非十分完善，盖因过分强调了道德学养的意义，容易走上泛道德主义。但"普遍和谐"观念作为一种观念说，无疑它对现代社会有其正面的价值的。如果我们扬弃其中可能导致的缺点方面，并给以现代意义的解释和发挥，并通过各种可行之途径，使之落实于操作层面，我认为它将会对今日人类社会的发展提供一有积极意义的经验，以匡正今日社会所发生的种种弊病。

（1998年）

论儒家哲学中的超越性和内在性

　　一个民族的哲学有它的源起，就像一个民族的文化有它的源起一样。但是，一个民族的哲学的源起又和一个民族的文化的源起不同，一个民族的文化从有这个民族就有了这个民族的文化，然而并不是有了这个民族就有了这个民族的哲学。有些民族很可能一直处于没有创造出它自身的哲学体系的阶段，甚至可以在这个民族还没有自己的民族哲学时就完全衰落以至于灭亡了或者完全接受其他民族的哲学而继续存在着。中华民族是一个包含着许多民族的广泛名称，这个民族从野蛮进入文明时期至少有四五千年了，但是这个民族的哲学，特别是形成较为完整体系的哲学应是产生在春秋末期。

　　在春秋末期，中国产生了几个伟大的哲学家，孔子、老子、墨子等等。照说老子是早于孔子，但《老子》这部书又是形成于战国时期，因此把孔子看成中国最早的一个真正哲学家也许是可以的。在现存的《论语》一书中包含着许多长期影响着中国哲学发展的哲学问题。我认为其中有一个很重要的问题就是关于"超越性和内在性"的问题。照我看这个问题应是一个真的哲学问题，有了真的哲学问题才可能有为解决这个问题的哲学理论体系。

　　在《论语》中记载了子贡的一段话："夫子之言性与天道不可得

而闻也。"这句话非常重要，因为它是一个真正的哲学问题。为什么孔子的"天道"与"性命"的问题不可得而闻呢？这就是因为所谓"天道"的问题是个宇宙人生的"超越性"的问题，而所谓"性命"的问题则是一个宇宙人生的"内在性"的问题，这两个问题本来都是形而上的哲学问题，照中国哲学的说法它是"超言绝象"的。"超言绝象"自然不可说，说了别人也不懂，所以子贡才说了上面引用的那段话。那么超越性的"天道"如何去把握，内在性的"性命"如何去体证，这两者的关系究竟如何，就成了中国哲学的重要课题。儒家从孔孟一直到程朱陆王，他们的哲学大体上都是在解决或说明这两个相互联系的问题。儒家哲学是如此，中国传统哲学的另一大系道家何尝不是如此。老子《道德经》五千言所言"道""德"，所谓"道"是一超越性的本体，而所谓"德"则是指得之于"道"的"内在性"，当然庄子更是如此了。道家不是本文讨论的范围，我将在另一篇文章《论老庄哲学中的超越性和内在性问题》中阐述，这里就不去讨论了。

　　儒家哲学中的"超越性"和"内在性"指什么，当然可以有各种各样的解释，但据上引子贡的那段话看，所谓"内在性"应是指"人的本性"，即人之所以为人者的内在精神，如"仁"，如"神明"等等；所谓"超越性"应是指宇宙存在的根据或宇宙本体，即"存在之所以存在者"，如"天道""天理""太极"等等。而儒家哲学的"超越性"和"内在性"是统一的，或者说是在不断论证着这两者是统一的，这样就形成了"内在的超越性"或"超越的内在性"的问题。"内在的超越性"或"超越的内在性"就成为儒家哲学"天人合一"的思想基础，是儒家所追求的一理想境界，也是儒家之所以为儒家的精神所在。我这样说，正是因为子贡把孔子关于"性命"与"天道"问题同时提出来，所以这两个问题实为一个问题的两面。

子贡说："夫子之文章，可得而闻也；夫子之言性与天道，不可得而闻也。"其实《论语》一书所讲的许多都是和"天道"与"性命"有关的问题，大概子贡还没有真正了解孔子和孔子哲学。孔子说："古之学者为己，今之学者为人。"这句话非常重要，"为己之学"应是一内在性问题，即"做人"应发挥其内在的精神来实现其自我完善；"为人之学"是表现在外的，它带有很大的功利性。荀子说："古之学者为己，今之学者为人。君子之学也，以美其身；小人之学也，以为禽犊。"（《劝学》，杨倞注："禽犊，馈献之物。"）《论语集注》："程子曰：为己欲得之于己也，为人欲见知于人也。"可见"为己之学"是一种内在精神的体现，它可以不受外在环境的影响，所以孔子说："为仁由己，而由人乎哉！"孔子尝称赞他的弟子颜回说："贤哉，回也！一箪食，一瓢饮，在陋巷，人不堪其忧，回也不改其乐，贤哉，回也！"这是说的一种内在的精神境界，它可以不受客观条件的影响。这种"为己之学"不仅是内在的，而且是超越的。照孔子看，"为己之学"就是"尧舜之道"，他说："唯天为大，唯尧则之。"所以尧舜的精神是神圣的、永恒的，因此也是超越的。但儒家思想中的"超越性"并非不与世事，并非外在于世间的，而是超世间又即世间的。孔子说："朝闻道，夕死可矣。""道"是超越的，但闻道的人可以为"道"而舍弃一切，这正是一种"内在的超越精神"，是可以做到的。也许最能代表孔子的内在的超越精神应该是他说的他自己的实现其"为己之学"的过程，他说："吾十有五而志于学，三十而立，四十而不惑，五十而知天命，六十而耳顺，七十而从心所欲不逾矩。""知天命"是知"天道"之超越性，故仍以"天"为知的对象；"六十而耳顺"，朱熹注说：

"声入心通，无所违逆，知之之至，不思而得。""知之之至"是说"知"达到了顶点而至于"不思而得"的境界，此乃是发挥其"内在性"的体现。郭象《庄子序》中说庄周虽"可谓知本"，但仅仅是达到"应而非会"的境地，所以庄子只是把"道"看成是"知"的对象，而还达不到与"天道"会合的地步，孔子至六十而可与"天道"会合了。至"从心所欲不逾矩"则达到了完全的"内在的超越"境界了，或者说这就是儒家哲学所体现的"内在的超越"精神所在，"天道"不仅是超越的，而且是内在的，因此它本身就是"内在超越的"，"人性"同样不仅是内在的，而且是超越的，因此它本身也是"内在超越的"。由此可见，我们说孔子的哲学是中国传统哲学的源头，从这方面看也许不为过。

　　当然本来在孔子思想中也有若干"外在超越"的因素，不过这方面没有得到发挥。例如孔子说："君子有三畏：畏天命，畏大人，畏圣人之言。"此处的"畏天命"实是把"天"看成一种外在的超越力量。但是我们从《论语》中可以看到，在孔子思想中这种以外在超越形式出现的"天"多半是以一种情绪化的语言表达出来的，没有多少理论上的意义，如他说："获罪于天，无所祷也"；"天生德于予，桓魋其如予何？""不怨天，不尤人，下学而上达，知我者其天乎？"据《论语》记载："颜渊死，子曰：噫，天丧予，天丧予！""子见南子，子路不说，子矢之曰：予所否者，天厌之，天厌之"，如此等等。从这些情绪化的言语中，我们可以看出孔子并非认真地把"天"看成是对人有绝对影响的外在的超越力量。当然孔子思想中还有所谓"命"的问题，最典型的就是"死生有命，富贵在天"这句话了。所谓"死生有命"无非是说生和死是一客观存在的事实，人是无能为力的；而"富贵在天"，此"天"可以理解为"天生如此",这正是当时中国社会的宗法等级制度的体现。因此,我们说孔子思想的基本方面是一种以伦理道德为基础的人生哲学或人文思想,而非一种典型意义的宗教,只能说他的思想带有某种宗教性。总之,孔子哲学是以"内在超越"为特征的。

继孔子之后有孟子,孟子充分发挥了孔子哲学中"内在性"的思想,他说:"尽其心者,知其性也。知其性,则知天矣。"这表现了孟子由知"人"的"内在性"而推向知"天"之"超越性"。照孟子看,人人都有"恻隐之心""羞恶之心""辞让之心""是非之心",此四端为人之内在所具有的,发挥它就可以达到"仁""义""礼""智"等人之本性,这是"天"所赋予的,而"天"是至高无上的,故为超越性的。所以孟子又说:"存其心,养其性,所以事天也。"又说:"莫之为而为者天也,莫之致而至者命也。"非人力所能做成的是"天",非人力所能达到的是"命"。盖"天命"是一超越的力量。这里或者可能产生一个问题,是否可以说孟子认为有一个外在超越性的"天"?我想也许并非如此。我们知道,古希腊哲学有这样的问题。在柏拉图和亚里士多德那里大体上是把世界二分为超越性的本体与现实的世界。其后基督教更是如此,有一外在的超越性的上帝。在孟子哲学中至少这个问题没有那么突出。照孟子看,"天"虽然是超越的,但并非与人对立而外在于人,这点我们可以从以下两方面来看。第一,孟子把"天道"和"人道"看成是统一的,他说:"诚身有道,不明乎善,不诚其身矣。是故诚者,天之道也;思诚者,人之道也。至诚而不动者,未之有也;不诚,未有能动者也。"使自己完成"诚"的方法首先要明白什么是"善",所以"诚"虽然是"天之道",但追求"诚"则是"人之道",能实现"诚"就能动天地。这里的关键在"明乎善","善"乃"天道"

和"人道"之本，朱熹说："天理乃至善之表德"，盖此之谓也。第二，由《万章上》"万章曰：尧以天下与舜有诸"一节可见。孟子引《泰誓》"天视自我民视，天听自我民听"以说明超越性的"天"并不脱离现实性的"人"，此可谓"超越性寓于现实性"之中。而"民"之所以接受舜，是在于他们都有一内在的"善性"，所以归根到底"天道"的超越性与"人性"的内在性是统一的。因此，"天道"与"人性"均为"内在超越"的。孟子的哲学也是一种以"内在超越"为特征的思想体系。

《易经》的《系辞传》长期以来虽有以为是先秦道家思想之发展，但我认为从总体上看仍当属儒家，至少以后的儒家多发挥《系辞》以建立和完善其形而上学体系，故《系辞》仍应属儒家哲学系统。《系辞》中说："一阴一阳之谓道，继之者善，成之者性，仁者见之谓之仁，知者见之谓之知，故君子之道鲜矣。"此说"天道"变化深不可测，故仁者见仁，智者见智。虽深不可测，但"顺继此道，则为善也；成之在人，则为性也"（程子语）。它仍为人性之内在根据。盖"人性"从"道"而来，所以从根本上说它是善的。由此"天道"之超越性而之"人性"之内在性（善）。《系辞》又说："形而上者谓之道，形而下者谓之器，化而裁之谓之变，推而行之谓之通，举而错之天下之民谓之事业。"这里的"道"就是"一阴一阳之谓道"的"道"，把"道"和"器"相对用"形上""形下"提出，就更肯定了"道"的超越性。《易经》系统可以说建构了一种宇宙存在的模式，它"范围天地之化而不过，曲成万物而不遗"，所以它是超时空的，是天地的准则，"易与天地准，故能弥伦天地之道"。这就是说，"易"的系统中的形而上的原则和自然社会的原则是一一相当的，所以它包罗了"天地之道"，任何事物都不能离开"道"，都不能违背"道"。因此，照我看《易传》哲学和孟子哲学相比，它是由"天道"的超越性推向"人性"的内在性，而不是像孟子那样由"人性"的内在性推向"天道"的超越性。但两者都认为，"天道"的超越性和"人性"的"内在性"从根本上说是统一的，是不能分开的，所以《易传》仍是一以"内在超越"为特征的思想体系。

宋明理学是儒家思想发展的第二期，从根本上说它是在更深一层次上解决着孔子关于"性与天道"的问题，从而使儒家哲学"内在超越性"的特点更加系统和理论化了。程朱的"性即理"和陆王的"心即理"，虽入手处不同，但所要解决的问题仍是一个。程朱是由"天理"的超越性而推向"人性"的内在性，陆王则由"人性"的内在性而推向"天理"的超越性，以证"性即理"或"心即理"，而发展了儒家哲学"内在超越性"的特征。

如果说先秦的儒家大体上是求证"天道"的超越性和"人性"的内在性是一致的，那么到宋明理学中"天理"和"人性"都表现为"内在的超越性"，而成为同一问题的两面了。因此，在宋明理学中说"超越性"即是说"内在的超越性"，说"内在性"即是说"超越的内在性"，这样中国儒家哲学的特征就更为突出了。

程朱的"性即理"的理论是建立在"天人非二"的基础上的，程颐说："天有是理，圣人循而行之，所谓道也"，故"道一也，未有尽人而不尽天者也。以天人为二，非道也"。"天理"不仅是超越的，而且是内在的，这是因为它不仅是一超越的客观标准，"所以阴阳者道""所以开阖者道"；而且是一内在的主体精神，"穷理尽性至命，只是一事"，"性即理也，所谓理，性是也。天下之理，原其所至，未有不善"。程颐又说："在天为命，在义为理，在人为性，主于身为心，其实一也。"这就是说，存在于人身上的理就是心性，心性与天理是一个。天理是客观的精神，心性是主观的精神，客观的精神与主观的精神只是一个内在的超越精神。朱熹虽认为"天理"从原则上说是可以先于天地万物而存在的，如说："未有天地之先，毕竟也只是先有是理，便有此天地。若无此理，便亦无天地，无人，无物，都无该载。"但是，"天理"并不外在于人、物，故朱熹说："理无情意，无计度，无造作，只此气凝聚处，理便在其中。"所以"天理"虽为超越性的，却并非外在超越性的，而为内在超越性的。朱熹又说："性只是理，万理之总名。此理亦只是天地间公共之理，禀得来，便为我所有。"钱穆《朱子新学案》中说："此是说天理禀赋在人物为性"。所以"性即理"。朱熹更进一步认为："心、性、理，拈著一个，则都贯穿。"这就是说：从"心"、从"性"、从"理"无论哪一说，都可以把其他二者贯通起来，这是因为"性便是心之所有之理"，"心便是理之所会之地"。"心""性""理"从根本上说实无可分，理在性而不离心，所以"天理"既为内在超越的，"人性"亦为内在超越的。

"心即理"是陆象山的根本命题，他在《与李宰书》中说："人皆有是心，心皆具是理，心即理也。""心"何以是"理"？他证论说："心，一心也；理，一理也。至当归一，精义无二，此心此理实不容有二。"这就是说，人人的心只是一个"心"，宇宙的理只是一个"理"，从最根本处说只是一个东西，不可能把心与理分开，所以心就是理。那么什么是"心"？陆象山所谓的"心"又叫"本心"，他解释"本心"说："恻隐，仁之端也；羞恶，义之端也；辞让，礼之端也；是非，智之端也。此即是本心。""本心"即内在的善性。"本心"不仅是内在的善性，而且是超越的本体。照象山的弟子看，"象山之学"是"道德、性命、形上的"，所以如此，盖因象山以

"人心至灵，此理至明，人皆有是心，心皆具是理"。因此，"本心"并不受时空的限制，"万物森然于方寸之间，满心而发，充塞宇宙，无非此理"。"心"既是内在的又是超越的，故"理"也既是内在的又是超越的。

王阳明继象山之后，倡"心外无理"，此当亦基于其以"心"为内在而超越的，"理"亦为内在而超越的，如他说："心即理也，此心无私欲之蔽，即是天理，不须外面添一分。"人之心如不被私欲所蒙蔽，即可充分发挥其内在的本性（良知）而达到超越境界，这是不需要任何外在超越力量所强制的。盖儒家学说无非教人如何"成圣成贤"，即寻个所谓"孔颜乐处"。照王阳明看，如果人能致其良知，则可达到圣人的境界，他说："自己良知原与圣人一般，若体认得良知明白，即圣人气象不在圣人而在我矣。""体认得良知"即可超越自我而与圣同，所以他说："良知是造化的精灵，这些精灵，生天生地，成鬼成帝，皆从此出，真是与物无对，人若得他完完全全，无少亏欠，自不觉手舞足蹈，不知天地间更有何乐可代。"充分发挥良知、良能即是圣人，即入天地境界（借用冯友兰先生《新原人》用语），此天地境界是即世间又超世间的。如何达到此超越的天地境界，照王阳明看，盖因"知（按：指'良知'）是心之本体，心自然会知，见父母自然知孝，见兄自然知弟，见孺子入井自然知恻隐，此便是良知，不假外求。""良知"是人之所以为人者的内在本质，不是由外在力量给予的。因此必须靠自己的力量来使之充分发挥作用，这样才能达到圣人的悟道的超越境界，阳明说："道之全体，圣人亦难与人语，须是学者自修自悟。"（以上王阳明语均见《传习录》）可见王阳明的"心外无理"，亦当基于其"心"为内在而超越的，故其"理"亦为内在而超越的，其哲学体系也是以"内在超越"为特征的。

总上，程朱与陆王学说入手处虽不同，然其所要论证者均为天道与性命合一的以内在超越为特征的哲学体系。

据以上所说，我们或可得出以下结论：

（1）儒家哲学是一种以"内在超越"为特征的思想体系，这一思想体系对中国社会影响甚巨。盖因儒家哲学虽也提倡"礼"这一外在的规范作用，但它从来就认为"礼"这种外在规范必须以内在的道德修养或内在的本心的作用为基础，孔子说："人而不仁如礼何？"即此意也。《大学》首章中说："物格而后知至，知至而后意诚，意诚而后心正，心正而后身修，身修而后家齐，家齐而后国治，国治而后天下平。自天子以至庶人，一是皆以修身为本，其本乱而末治者否矣。"照儒家看，道德修养为一切之根本，社会之兴衰治乱均以道德之兴废为转移。为什么儒家特别强调人的内在的心性修养，我想这很可能和中国古代社会是以亲亲的宗法制为基础的社会有关，一切社会关系都是从亲亲的宗法关系推演出来的，《论语》载有子说："孝弟也者，其为仁之本与。"儒家所要求维护的人际关系从根本上说是要用道德来维系的，而不是由法律来维系，因而在中国长期的封建专制社会里儒家思想就表现为一种泛道德主义的倾向，它往往把政治道德化，也把道德政治化，维系社会主要靠"人治"，而不是靠"法治"。因此，我们是否可以说，一种以"内在超越"为特征的哲学思想体系是不利于建立维系社会的客观有效的政治法律制度的。

（2）四百年前西方的一位传教士利玛窦曾经评论过儒家学说之得失，他说过不少赞美儒家道德学说的话，但他同时提出："吾窃贵邦儒者，病正在此常言明德之修，而不知人意易疲，不能自勉而修；又不知瞻仰天主，以祈慈父之佑，成德者所以鲜见。"（引自《天主实义》）如上所述，儒家哲学与西方哲学、宗教很不相同，古希腊哲学在柏拉图、亚里士多德那里大体上把世界二分为超越性的本体与现实世界，其后基督教更要有一个外在超越性的上帝，而儒家哲学则是以"内在超越"为特征的。利玛窦认为，仅仅靠人们自身的内在道德修养是很难达到完满的超越境界，必须有一至高无上的外在的超越力量来推动，因此要有对上帝的信仰。这里我们不想来评论中西哲学的高下，中西哲学自各有其自身的价值，都是人类文化中的宝贵财富。但西方社会为什么比较容易建立起客观有效的政治法律制度，我认为不能说和西方哲学与基督教无关。

（3）如果说宋明理学为儒学在中国的第二期发展，那么儒家思想可不可能有第三期发展呢？本世纪20年代后，中国一些学者提倡儒学，这是在中国传统哲学受到西方思想的冲击后，又是在人类社会走向科学与民主的时代背景下，他们希望找到儒家在现代社会中的价值所在。对这些学者所继承和发挥或建立现代的儒学是否可以视为第三期儒家姑不论，因为这个问题太大，太难做出判断。我只是想说，儒家如果可以有第三期发展，就必须解决两个问题：即能否由此以"内在超越"为特征的"内圣之学"开出适应现代民主社会要求的"外王之道"来，和能否由此以"内在超越"为特征的"心性之学"开出科学的认识论体系来。照我看也许困难很大。因为以"内在超越"为基础的"天道性命"之学基本上是一种泛道德主义，它把道德性的"善"作为"天道性命"的根本内容，过分地强调人自身的觉悟的功能和人的主观精神和人的内在善性，要求人由其内在的自觉性约束自己。这样的结果可以导致"圣王"的观念，以为靠"圣王"就可以把天下治理好。但人并不能仅靠其内在的善性就自觉，多数人是很难使其内在的超越性得到充分发挥的，所以"为己"之学只是一种理想，只能是为少数人设计的。而且实际上也不可能有什么"圣王",而往往造就了"王圣",即以其在"王"(最高统治者)的地位就自己认为或被别人推崇是有最高道德和最高智慧的"圣人",这样势必造成不重"法治",而重"人治"的局面。当然我无意否认这一"为己"之学对人类文化的贡献,更无意否定以内在超越为特征的哲学的特殊价值,因为它终究是人类的一个美好理想。但是,我们面对现实社会,是否也应要求一种"外在超越"的哲学呢?我想也是必需的。对于人类社会来说,要求有一种外在超越的力量来约束人,例如相信外在超越力量的宗教和西方哲学中外在的超现实世界的理论,以及与这种宗教、哲学相适应的政治法律制度,这套政治法律制度的哲学基础也是根据其外在超越性的。如果以"内在超越"为特征的中国传统哲学能充分吸收并融合以外在超越为特征的宗教和哲学以及以此为基础的政治法律制度,使中国传统哲学能在一更高的基础上自我完善,也许它才可以适应现代社会发展的要求。我认为,这个问题也许应是可以认真讨论的一个问题。

(1991年)

《道德经》导读

  《道德经》相传是老子的作品，故又叫《老子》或《老子道德经》。但这部在中国影响很大的经典是否为老子所作一向有不同看法。不同的看法大体分为两派：一派认为，《道德经》是春秋末期（公元前五六世纪）老子的作品；一派认为，它是战国时期（公元前三四世纪）的作品。近日在湖北荆门出土的《老子》，据说是战国中期的文物，因此我们可以断定《道德经》不会晚于战国中期。据我的看法，这部书大体是生活在春秋末期与孔子同时而略早于孔子的老子的著作。开始这部书并不叫《道德经》，只叫《老子》，而且篇章排列也与现在我们看到的不同。1973年长沙马王堆出土的《老子》帛书本是《德经》在前，《道经》在后，因此可以称为《德道经》。

  《道德经》共八十一章，约五千字，它在中国历史上影响很大，它是道家的主要经典，历代的注释总有几百种，甚至上千种，而且许多重要的思想家都是通过注释《道德经》来发挥他们的哲学思想的。东汉末道教建立，以后《道德经》又成为道教的经典，汉末领导农民起义的太平道（道教的一个派别），就利用过《道德经》。现存的一部道教大丛书《正统道藏》中就收了几十种《道德经》的注释。

　　《道德经》的思想曾影响过中国政治，例如西汉初年统治者为了使国家安定，采用了老子"无为而治"的办法，作为立国的指导思想。唐朝的皇帝姓李，为了巩固其统治地位，他们说他们是老子的后代，并推崇《道德经》，还把它作为朝廷考试的科目。唐玄宗亲自注释《道德经》，以后宋徽宗、明太祖都注释过《道德经》。《道德经》也深深地影响着中国的文学艺术，例如大文学家嵇康、阮籍说"老子庄周是吾师"，陶渊明、李白、苏轼等等都深受道家思想影响。《道德经》中的某些思想对中国人的人生观也颇有影响，例如"崇尚自然"，寡欲，不争，"不敢为天下先"等等，特别是在社会动荡、政治败坏的时候，中国的知识分子往往以道家思想作为安身立命之方法。

　　《道德经》早已被译成各种外文，流入朝鲜、日本很早。近日西方对《道德经》的兴趣越来越大。据我们目前所知，从18世纪起《道德经》已有各种译本，近年来几乎每年都有几种新译本的《道德经》出版。当代的西方大哲学家海德格尔、德里达等等都研究过《道德经》，并很推崇这部经典。甚至一些西方科学家也对这部经典有很大兴趣，例如20世纪80年代出版的卡普洛的《物理学之道》，对老子的"道"作出分析，并给以很高评价，认为老子的思想表现为极为有价值的"有机的生态世界观"。

　　《道德经》对中国和外国有那么大影响，因此我们了解它的思想内容和特殊的思维方法应该说是很有必要的。我们知道，哲学可以分为内容与方法相互联系的两个方面。黑格尔说："方法不是某种和自己的对象和内容不同的东西。"（转引自《哲学笔记》，1956年版，第71页）一个哲学家为了要论证其哲学体系的合理性，必然要用与其思想体系内容有密切联系的方法，而且为了要论证其思想体系的合理性，其方法必然会深刻反映着其哲学思想的特点。因此，把握哲学家建立其哲学体系的方法，往往是解剖其思想体系的门径。下面将就《道德经》的内容和方法两个方面给大家作点介绍。

一、《道德经》的主要内容

一个较为完整的哲学体系，从它的内容看，大体上总会包含着两个部分：一是它所表述的对宇宙的认识；另一是它所表述的对人生的认识。《道德经》这部书，一般认为前三十七章《道经》主要是讨论宇宙问题；后四十四章《德经》是讨论人生问题的。但实际上是互相交叉的。

我这里先介绍一下《道德经》中关于宇宙问题方面的讨论。一般说关于宇宙问题的讨论有两个不同的模式或类型：一是讨论宇宙构成或发生问题的，我们通常叫它"宇宙构成论"（Cosmology）；另一是讨论宇宙存在根据问题的，我们通常叫它"本体论"（Ontology）。"宇宙构成论"和"本体论"都是从西方哲学中翻译过来的名词，但它们对研究中国哲学也有用处。所谓"宇宙构成论"是说，它是研究论及宇宙起源和构成这一主要问题的哲学的一个分支。宇宙构成说是和本体论或形而上学相对而言的，它是研究（宇宙）实在的最一般的特征的，但又是和自然哲学相对而言的，自然哲学是研究自然界中的对象的基本规律、进程和分类的。所谓"本体论"，它是关于存在自身的科学，这里"科学"一词是就古典意义上说的，即是关于"终极原因的知识"，也就是第一原理的知识（第一原理是由亚里士多德提出的，也叫第一哲学，它是研究存在之为存在以及存在的自在、自为性质的科学）。而这第一原理被视为没有比它更丰富、更完全的普遍性，这个第一原理（即宇宙的终极原因）对于人类的智慧说，只能是靠它自身本性的能力得到的。老子《道德经》的思想就是由"宇宙构成论"和"本体论"这两个方面展开的。

《道德经》中最主要的哲学概念是"道"和"德"。在中国哲学中，原来自西周以来"天"是最主要的概念。当时认为"天"是有意志的，可以赏善罚恶的。但是到了东周，由于社会问题越来越多，因此在一些典籍中（如《诗经》《左传》《国语》等）就有了对"天"怀疑甚至诅咒的材料，出现了认为社会上的不公和人们的痛苦，并不都是可以由"上天"支配的，而往往是由人们自己造成的内容，因此"天"的地位和神圣性开始大大下降了。从而有的思想家提出"天道远，人道迩"的观点。这就是说，"天"有"天"的法则，离人比较远；"人"（社会）有"人"（社会）的法则，离人比较近，因此"人道"对人类社会影响更大。既然"天"和"人"都有法则，那么有没有一个把"天道"和"人道"统一起来的法则呢？老子从"天道"和"人道"抽象出一共同法则，并把它称为"道"。这个"道"，既是"天"的法则，又是"人"的法则。"道"的本义是"道路"的意思，英文译成"way"，"道路"是有规则的，所以可以自然引申为"法则"。《道德经》就是从对"道"的分析来建立它的宇宙构成论和本体论的。

《道德经》的第一章：

> 道可道，非常道；名可名，非常名。无，名天地之始；有，名万物之母。故常无，欲以观其妙；常有，欲以观其徼。此两

　　者，同出而异名，同谓之玄。玄之又玄，众妙之门。

　　这一章可以说是全书的总纲，它通过对"道"的描述和分析来建构其哲学体系。

　　照这第一章的看法，"道"是不能用语言表述的，因为用语言表述的"道"不是永恒存在的无所不包的"道"。"道可道，非常道"。但"道"可以从两个方面来把握，即从"无"和"有"两个方面来把握。它是"无"和"有"的统一。从"无"这方面说，是说"道"不能说它是什么，它不是具体的事物，但它是一切存在的原始的无分别状态。从"有"这方面说，是说"道"是无所不包的，因此一切都是从"道"产生出来的。"无，名天地之始；有，名万物之母"。"道"作为恒常存在的"无"的状态，我们可以从这方面得知它是微妙的、不可见的；"道"作为恒常存在的"有"的状态，我们可以从这方面看到它的边际。"常无，欲以观其妙；常有，欲以观其徼"。但"无"和"有"不过都是同出于"道"，虽然名称不同，或谓之"无"，或谓之"有"，都是说明"道"的。"道"是非常幽深难测又幽深难测的，可是天地万物都是从它那里出来的。"此两者同出，异名同谓，玄之又玄，众妙之门。"（按：这几句是根据马王堆帛书的《道德经》，和今通行本稍有不同。）

　　《道德经》第一章对"道"从"无"和"有"两个方面加以说明，它引发出老子《道德经》所包含的两个重要思想：一是宇宙构成论方面的思想观点；另一是本体论方面的思想观点。

　　"道"作为天地万物产生之前宇宙存在的状态，天地万物都是由"道"变化出来的，因此在《道德经》的第四十二章中说："道生一，一生二，二生三，三生万物。万物负阴而抱阳，冲气以为和。"

一般把"一"解释为"元气"，即"气"还没有分化的状态；"二"解释为分"阴"和"阳"二气，任何事物都是阴阳二气的统一体（从正面说是阳，从反面说是阴），"万物负阴而抱阳"；"三"是指"天""地""人"，因为"天""地""人"是宇宙中最重要的；有了"天""地""人"，其他万物的存在才有意义。由阴阳两种气相互激荡可以产生新的和谐体。这是《道德经》所描述的宇宙发生、发展和构成的问题。

　　《道德经》第二十五章也是说明宇宙发生和发展的过程的，它说："有物混成，先天地生，寂兮寥兮，独立而不改，周行而不殆，可以为天下母，吾不知其名，强字之曰道，强为之名曰大。"这是说，有那么一个东西，它是浑然未分的，它先于天地而存在。由于是浑然未分的，故听不见它（无声），看不见它（无形）。它的存在不靠别的东西，因而是独立长存的，并且循环往复运行而生生不息，它可以作为天地的母亲（天地是从它产生出来的），由于它无形无声而且又是独立自存的，我们很难给它一个名称，只能勉强给它一个名称叫"道"，或者叫它无所不包的"大"（至大无外）。

　　从老子《道德经》这一关于宇宙构成和发生的理论可以看出，由于把"道"看成是构成或产生天地万物者，那么"道"仍然是一"实体"，或者说是一最原初的"实体"，或者说是一至大无外、无所不包的"实体"。这样一种宇宙构成的理论对中国哲学有很大影响，例如汉朝的宇宙构成论大都是受老子《道德经》这方面的影响，《淮南子·天文训》中说："道始于虚霩，虚霩生宇宙，宇宙生元气，元气有涯垠。清阳者，薄靡而为天；重浊者，凝滞而为地。"甚至儒家的著作也受到这种宇宙构成论的影响，例《孝经纬·二命诀》中说："天地未分之前，有太易，有太初，有太始，有太素，有太极，是为五运。形象未分，谓之太易。元气始萌，谓之太初。气形之端，谓之太始。形变有质，谓之太素。形质已具，谓之太极。五气渐变，谓之五运。"像这样一类的思想无疑都是受到《道德经》的影响，而且是从"道"的"有"这个方面发挥而来的。

　　那么从"无"的方面来看"道"又如何呢？在《道德经》中认为，"道"，是不可言说的，因此用了许多否定的方法来说它，即说它不是什么，如在第十四章说"道""视之不见"，"听之不闻"，"搏之不得"，"绳之不可名，复归于无物"，意思是说"道"看不见，听不见，摸不着，无边无际，它什么也不是。即否定它是一"实体"。又如第二十一章说："道"这个东西"惟恍惟惚"，恍恍惚惚，好像中间有什么东西，其实"道"什么也不是。所以在《道德经》中常常用"无名""无形""无象"等等说明"道"。照《道德经》看，天地万物都是有规定性的，如当时人认为"天圆地方"，而"道"是无规定性的，不能说它"方"，也不能说它是"圆"，即不能说它是什么。后来魏晋玄学家王弼解释《道德经》的这一思想观点时，他说：音乐演奏，出宫则不能同时出商；形状，是方则不能同时是圆。只有"无声"才可以作成任何声音，"无形"才可以作成任何形状；因此只有无规定性者才可以成就任何规定性的东西。无任何规定性正是"道"的"性"，因此"道"可以成就任何规定性之"物"。《道德经》第四十章中说："天下万物生于有，有生于无。"王弼注说："天下之物，皆以有为生。有之所始，以无为本。"天下的一切事物，都是以有规定性而存在着。然而以有规定性而存在着的事物之所以能存在，是以无规定性的（"道"）作为其存在的根据。这就是说，如果我们一切事物（有）都是实体性的"存在"，那么"无"（无规定性的道）就是非实体性的"所以存在"，亦即是一切事物存在的"本体"而非"实体"。从这方面看，《道德经》中也有一种本体论。而且后来魏晋玄学发挥了《道德经》这方面的思想。

"道"既然是"有"和"无"的统一，因此在《道德经》中认为一切事物都是相对的两方面的统一，也就是说一切事物都是由相对应的两个方面形成的。《道德经》第二章中说："天下皆知美之为美，斯恶已；皆知善之为善，斯不善已。有无相生，难易相成，长短相形，高下相倾，音声相和，前后相随，恒也。"所有的事物都必须有对应的另一方才能成立，例如"美"是因为有"丑"才是"美"，"长"是在和"短"比较中才是"长"，如此等等。这就是说，在《道德经》中已经认识到矛盾是普遍存在的。不仅如此，《道德经》中还包含着相当深刻的矛盾可以互相转化的思想，如说："祸兮，福之所倚；福兮，祸之所伏。"（第五十八章）在祸中已经包容着福了，在福中已潜藏着祸了，祸和福是会向其反面转化的。但《道德经》中提出了一种使事物不向不利方面转化的方法，如说："将欲取之，必固与之"。你要得到什么，不如先给予什么，因为"柔弱胜刚强"。老子举例说，"水"看起来很柔弱，但它可以摧毁很坚硬的东西，"天下之至柔，驰骋天下之至坚"。（第四十三章）因此，《道德经》中说："弱者，道之用"，"柔"弱是"道"的作用。为什么这样呢？因为"道"的运动是向着相反的方向，"反者，道之动"。这一"反者，道之动"的观点，正是老子《道德经》宇宙构成论和本体论所要求的。老子认为，宇宙中的事事物物是由"道"那里开始发生的，或者是以"道"为其存在的根据，因此天地万物的运动最后要回到"道"。在《道德经》第二十五章中说："人法地，地法天，天法道，道法自然"。归根结底，一切都应回归到"道"的自然状态。

据此，老子认为，那些人为的东西，如仁义等道德说教，五色五声五味等等物质欲望都是破坏"道"的自然状态，都应被抛弃。而理想社会应该是统治者不要去干涉老百姓，不要去追求自我的享受等，《道德经》中引用古圣人的话说："我无为，而民自化；我好静，而民自正；我无事，而民自富；我无欲，而民自朴。"（第五十七章）照老子看，人由"道"得到的本性叫"德"，"德者，得也"。如果人按照从"道"得来的"德"做事，那么社会就会安宁，个人就会幸福；如果不按照从"道"得来的"德"做事，去追求那些人为的东西，如仁义、五声、五色、五味等等，那么就会产生争夺，社会就得不到安宁，个人也得不到幸福，所以《道德经》第二十三章中说：按照"道"为人处世的人，就能和"道"保持一致，这样，"道"就自然而然地成全他；按照"德"为人处世的人，就能和"德"保持一致，这样"德"就自然而然地成全他；如果不按照"道德"为人处世，不和"道德"保持一致，那么他就失掉"道德"，而陷于困境。"从事于道者，同于道；德者，同于德；失者，同于失。同于道者，道亦乐得之；同于德者，德亦乐得之；同于失者，失亦乐得之。"如果整个社会都能按照"道"行事，顺应自然，无为而治，社会就可以是一个和谐、安宁的社会，所以老子说："天得一以清，地得一以宁；神得一以灵；谷得一以盈；万物得一以生；侯王得一以为天下正。"（第三十九章）林希逸注："一者，道也。""天"得到了"道"就清明，地得到了"道"就宁静，神得到了"道"就灵妙，河谷得到了"道"就充盈，万物得到了"道"就生长，王侯得到了"道"就天下安宁。

从以上《道德经》所论，我们可以看出，老子对社会生活有其独特的认识，即认为社会应该体现"道"的特性，"无为而治"，"顺应自然"，不要对老百姓的生活作不必要的、过多的干涉，而应该对追求那些过分的欲望要求加以限制，不要去破坏自然界的和谐。当然，生活在两千多年前的老子，对宇宙人生的解释以及其处理宇宙人生问题的方法无疑有其很大片面性，有很大成分是一种"空想"。因为"无为而治""顺应自然""少思寡欲"等等都应是有条件的，如果把这些绝对化，往往就会走向谬误。"无为而治"如何与创造性的活动相结合，"顺应自然"如何与利用自然相结合，"少思寡欲"如何与合理的物质生活相结合，都是我们应注意解决的问题。

二、《道德经》的方法

我们分析《道德经》全书，可以发现在这部书中有三个基本命题，它们表现了《道德经》建立其哲学体系的三种相互联系的方法。第一个命题是"有物混成，先天地生"。这个命题在于说明"道"是先于天地万物而存在的宇宙本原。第二个命题是"有无相生"。这说明"有"和"无"是一对相对的概念，要肯定"有"，必须肯定"无"，"无"比"有"更根本，从而无名无形的"道"也就比有名有形的"天下万物"更根本。第三个命题是"道常无为而无不为"。这是说明"道"的特性的。以上三个命题不仅是老子哲学的基本命题，还表现了老子哲学的性质与特点及其思维水平所达到的高度，而且对这三个命题进行分析后将可发现，老子哲学的理论价值在中国哲学史上是很重要的。以下就上述三个命题的方法论意义做些分析。

（一）有物混成，先天地生

把"有物混成，先天地生"作为一种方法看，它是一种什么样的方法呢？我们姑且给它一个名称叫"逆推法"，即由天地万物的存在而向上逆推以求其本原。老子往往用这种方法说明宇宙的演化。"有物混成，先天地生"是《道德经》第二十五章的头两句，而第二十五章的全文是：

> 有物混成，先天地生。寂兮寥兮，独立而不改，周行而不殆，可以为天地母。吾不知其名，强字之曰道，强为之名曰大。大曰逝，逝曰远，远曰反。故道大，天大，地大，人亦大。域中有四大，而人居其一焉。人法地，地法天，天法道，道法自然。

这章首先说，要肯定天地万物的存在，就必须探求先于天地万物存在的"存在"，探求的结果是，先于天地万物存在的是浑然一体的"道"。这是由天地万物的存在而逆推以求其本原。接着，这章对先于天地万物而存在的"道"作了形容，正是由于它是浑然一体的、未分的，所以它是"寂兮寥兮，独立而不改，周行而不殆"的。因为只有浑然一体、无形无象的东西才可能作成有形有象的天地万物。而对这个"先天地生"的"混成"的存在本无以为名，只能勉强把它叫作"道"或"大"（无边无际，无所不包）。这个"先天地生"而存在的无边无际无所不包的"道"作为天地万物（"逝"作离于"道"解），天地万物的发展变化越伸展离"道"越远（"逝曰远"），而最后仍然要返回于"道"（"远曰反"）。从"曰道""曰大""曰逝""曰远""曰反"看，似乎是一顺进的演变过程。但是这一过程的展开并不是用来说明天地万物存在的理由，而是要论证天地万物仍然要回到它的起点。所以从"有物混成"到"逝曰反"就构成了一个循环圈，先于天地万物存在的是"混成"的"道"，天地万物经过一番演化之后又要回到这个"混成"的"道"。正是由于两个逆推法而构成了老子的宇宙演化的理论。下面一段"故道大……人居其一焉"是说明人在整个宇宙的地位和重要性，这一叙述从方法上说并没有探求宇宙本原的意义在内，这"道大""天大""地大""人大"是平面并列的。接着的"人法地，地法天，天法道，道法自然"又是用逆推法来说明宇宙的存在和特性了。

　　在《道德经》中几乎讲宇宙本原问题的地方，大都是用这种方法。例如"天下万物生于有，有生于无"，天下万物的存在是有名有形的，但是有名有形的万物必定要以无名无形的"道"作为其根源，"有"不是天下万物最后的本原，而"无"才是天下万物最后的本原。又如第十六章："万物并作，吾以观复，夫物芸芸，各复归其根。归根曰静，静曰复命，复命曰常"云云，也是用的一种由果求因、追根溯源的方法。众多的万物总应有一个统一的根源，万物虽千变万化最后仍要回到它的总根源；动态的芸芸万物（吴澄注说：芸芸，生长而动之貌）的总根源则是静态和常态的。至于第二十一章，老子也是用同样的方法来论"道"的存在，"孔德之容，惟道是从"，苏轼注这句说："道无形也，及其运为德，则有容矣。""德"是"道"运作在天地万物上面所表现出来的，因此我们可以从所表现出来的"德"，来推求其必有其所表现者，即由存在着的推求其所以存在的缘由。

　　老子用这种追根溯源的逆推法，是要从相反的方面探求天地万物存在的原因和根据。"天地万物"的存在必有一先于天地万物者作为其存在的原因，这一观点显然并非要肯定天地万物自身独立的存在，而是要否定天地万物作为独立的存在的可能性，否定有名有形的"有"可以作为宇宙的"本原"，而认为"存在"，必有一所以存在者。这样推理方法的公式是：有甲的存在，必有甲的存在之因，这是由果推因。这种"由果推因"作为一种方法不能不说在理论思维上是很有意义的。当然在《道德经》中讲宇宙的发生和演变也用顺演的方法，如"道生一，一生二，二生三，三生万物"，而这种方法并非《道德经》建立其体系的方法的特色，而且这种方法在方法学上又远不及"由果推因"的逆推法更具有理论思维的意义。

（二）有无相生

"有无相生"这个命题作为方法，它表明了老子在概念之间寻求对应关系。《道德经》第二章说：

> 天下皆知美之为美，斯恶已；皆知善之为善，斯不善已。有无相生，难易相成，长短相形，高下相倾，音声相和，前后相随，恒也。

老子这一段的论证方法，不是简单地提出来"有无相生"，而是先说明：当人们知道美之所以为美的时候，丑的概念也同时产生了，因为必须有丑的观念才会有美的观念。由此类推，"有"和"无"是互相生成的，"难"和"易"是相互成就的，如此等等。在这些命题中"有无相生"无疑是老子哲学的一个重要命题，这个命题是和上面已经分析过的"天下万物生于有，有生于无"相联系的。照老子看，虽然无名无形的"道"是天地万物的本原，没有无名无形的"道"，天地万物都不能生成和存在；但另一面也不能没有有名有形的天地万物，因为无"有名有形的天地万物"，"道"的作用也就显示不出来。这种观点在第十一章中表现得最为明确：

> 三十辐，共一毂，当其无，有车之用。埏埴以为器，当其
> 无，有器之用。凿户牖以为室，当其无，有室之用。故有之以为
> 利，无之以为用。

　　"有"之所以可以为人们利用，正因为有"无"才能发生作用。但是，如果没有"有"，"无"的作用也就无从表现。所以老子在第一章中提出有"可道"之"道"，则必有"常道"。"可道"之"道"是"有名"，"常道"是"无名"，因此"有名"和"无名"就成为一对相对应的关系。在天地开始以前的状态是无名状的状态（无名），一旦可以名之（有名）则有万物的形成。"常道"是"无名"，自亦无形无象，其存在恒常为"无"，故是"常无"；"可道"之"道"是"有名"，自为有形有象，其存在恒常为"有"，故是"常有"。此有"无"必定彼有"有"，"有"和"无"是同时存在的，"异名同谓"（按：马王堆帛书本"此两者，同出而异名，同谓之玄"作"两者同出，异名同胃［谓］"，帛书本更近于老子原意）。"常无"和"常有"只能是同时存在，名称虽然不同，但指的是同一物的两面。就这点看，老子或者已经有后来所说的"体用如一"的思想萌芽了。

　　这种在概念之间找对应关系的方法，在《道德经》中占有非常突出的地位，它是老子用来建立其哲学体系的十分重要的方法。能从"可道"之"道"来找对应的"常道"；从"有名"找对应的"无名"；从"常有"找对应的"常无"；从"有"找对应的"无"。这在理论思维上、在哲学方法上是一非常重要的飞跃。这点意味着，要求人们通过感觉经验去找超越感觉的经验，从时空中的存在去找寻超时空的存在。因此我们可以说，在《道德经》的哲学体系中虽有相当

多的宇宙论（Cosmology）成分，而其中本体论（Ontology）的成分也不少。

表现在《道德经》中的这种在概念之间找对应关系，不仅说明老子看到了事物之间的矛盾性，而且也看到了事物之间的矛盾性的互相转化。为了防止转化的实现，老子认为最好先使事物处于转化的相对应的方面，所以他说："知其雄，守其雌，知其荣，守其辱"。照老子看，如果任事物自然发展，它向对立的方面转化是必然的、不可避免的，但也不是无能为力的，如果能认识到要转化的去向，而预先把所要转化的方面容纳在自身之中，这样不仅可以不失去原有的性质，而且可以使自身得到发展。这种方法可以说是一种肯定"负"的方面以便保存"正"的方面，或者说是对否定的肯定才能达到对肯定的肯定。我们可以看到，老子在找寻概念的对应关系中包含着对"否定"意义的深刻认识。

如果我们把老子的这一思维方式与孔子的思维方式加以对比，也许是很有趣的。照老子看，虽然事物的两极是相互联系的、可以互相转化的，但事物总是处在两极中之一极，因此老子的注意点是找此一极的相对的彼一极。而孔子却不一样，虽然他也注意到了事物有对立的两极，两极也是有着联系的，但他的注意点在找两极的中极。在事物的两极中找中极和在事物的一极找其对应的一极，作为方法来说也许都很重要，都是先秦思想家在理论思维上的重要贡献，但这两种思维方式毕竟不同。从儒家说，它的精神在寻找一向前发展的"中庸之道"或"中极之道"，并把它作为理想人生境界和所谓和谐社会的准则；道家则在找寻一退守的"贵柔守雌"之道，并要求预先处于对应的一极以自保，同样把这一思想作为他们的理想人生境界（如说："圣人后其身而身先，外其身而身存"等等）和理想和谐社会（如说："我无为而民自化"等等）的准则。如果说老子在事物的一极中找对应一极的思想，包含着对"否定"意义的认识，那么孔子的"中庸之道"则更多地包含着对"肯定"的意义的认识。

（三）道常无为而无不为

如果说上述两个命题作为老子建立其思想体系的方法，包含着通过"否定"达到"肯定"的意义，那么这第三个命题"道常无为而无不为"就更加鲜明地表达了老子思维方式的这一特点。完整表达这一思维方式的是《道德经》第三十七章和第四十八章：

> 道常无为而无不为，侯王若能守之，万物将自化。化而欲作，吾将镇之以无名之朴。镇之以无名之朴，夫将不欲。不欲以静，天下将自正。
>
> 为学日益，为道日损。损之又损，以至于无为。无为而无不为。取天下常以无事，及其有事，不足以取天下。

老子用"从物求质""从果证因"的方法提出"有物混成，先天地生"的命题，建立起他的以"道"为世界本原的思想体系；用"找对应关系"的方法提出"有无相生"的命题，从而得出"天下万物生于有，有生于无"这一关于宇宙发生论的基本观点。而表达这两种方法的命题都包含着对"否定"的意义的肯定。"道常无为而无不为"，也许更表现了老子对"否定"的重视。这个命题作为方法的公式是：通过否定达到肯定。老子认为，通过否定达到肯定是"道"的特性。照老子看，"道"的本性是自然而然的，"道法自然"，"自然"故应"无为"。正由于"道"的本性是"自然""无为"的，而"人"是应该效法"道"的，所以在第三十七章中说明了"道"的自然"无为"的本性之后，即把它落实到人世间的社会生活层面上。统治者应效法"道"的"无为"，让万事万物自己发展变化，这种"无为"实际上是"无不为"。所以第五十七章中说："我无为而民自化"云云。因此，说"无为"是"法自然"，"无不为"也是"法自然"。正因为天道自然"无为"，万物才能顺应"自然"而"自化""自正""自朴"；正因为天道自然"无为而无不为"，万物才必须按照天道自然无为的规律运行。如果事物的"自正""自化"超越了允许的范围，则要用"道"这"无名之朴"（这意思说的是道自身的质朴，道自身的本然之性）来加以限制，这也正表现了"道"的"无为而无不为"的特性。由于有"道"这"无名之朴"的限制，一切事物又将走上自然而然发展的轨道了。所以，在人世的社会生活中应掌握的原则应该同于"道"，即用"无为而无不为"这一"通过否定达到肯定"的方法来对待一切。

老子在第四十二章企图用这个"通过否定达到肯定"的方法来建立他的认识论。对这个问题我们可以从两个方面来进行分析。首先，我们知道照老子的看法，"道"是不可道的，可道之"道"不是"常道"，因此要求得对"道"的认识，那就必须把一切我们说的一般"知识"统统去掉。在张湛的《列子注》中有一句话或者可以作为这个意思的注脚："无知之知是谓真知。"因为"道"无名无形，不是一般认识的对象，作为一般认识对象的，这个对象必定是"什么"，必定是有名有形的东西（有），而"道"本来不是"什么"，所以不能直接去说它。老子认为，人们必须先把一切一般的知识排除掉，排除得干干净净，以至于在自己的思想里什么有形有名的东西都没有了，这样才不会用一般的认识去考虑"道"是"什么"了。达到了这种地步才可以"无为"，而"无为"才可以"无不为"，也就是说可以自然而然地体会到"道"的本质。看来，老子并没有否认可以对"道"有认识，只是认为不能用普通的方法来认识"道"，而得另辟途径。认识"道"的方法应是以"无为而无不为"，即"通过否定达到肯定"。说"道"不是"什么"，在否定了一切"是什么"之后，"道"这一"不是什么"的"什么"才被体认了，这种认识实是一种超于经验的认识。其次，我们还可以从另一角度来看这个问题。在《道德经》中把宇宙的本原称为"道"，这本来也是不符合老子思想体系所要求的。因为世界的本原不能说它是"什么"，"世界的本原"就是"世界的本原"，它并不是别的"什么"，称它为"道"也只是一种没有办法的办法，是勉强这样给个名称罢了。因此，在对"道"作说明时，总是只能用一些不确定的甚至极模糊的形容词，以免人们把"道"（世界的本原）看成了"是什么"。例如，用"玄之又玄""恍兮惚兮""夷""希""微"等等来说明"道"的不可说性，或者用一些比喻说明"道"的某些特性，如说："上善若水，水利万物而不争，处众人之所恶，故几于道。"老子这里只是说"水之性"近于"道之性"，而独不是说"道之性"就是"水之性"。而所有这种模糊性和不确定性正是对"明确性"和"确定性"的"否定"。

以上三个基本命题和由这三个基本命题所表现的基本方法，都表现了老子对"否定"意义的重视。老子对作为世界本原的"道"，总的看法是"反者道之动，弱者道之用"，这反映了老子的基本思想是在说明"道"的否定性或负的作用。前一句说明"道"的运动规律与一般事物不同，它要求回到本原，返回到其本身。老子说："道曰大，大曰逝，逝曰远，远曰反"；"其上不皦，其下不昧，绳绳兮不可名，复归于无物"（第十四章）；"夫物芸芸，各复归其根，归根曰静，静曰复命，复命曰常，知常曰明"（第十六章）。事物如何回到本原，就得与事物一般的运动方向相反，这一"反"正是对向正方向运动的"否定"。《老子》这种"否定"的方法还表现了对传统的否定、对现实社会的否定、对儒家思想的否定，如说："大道废，有仁义"（第十八章）；"绝圣弃智，民利百倍；绝仁弃义，民复孝慈"（第十九章）；"失道而后德，失德而后仁，失仁而后义，失义而后礼。夫礼者，忠信之薄，而乱之首"（第三十八章）；"道冲而用之，或不盈。……吾不知谁之子，象帝之先"（第四章）。后者"弱者道之用"，这说明"道"并不肯定什么；正因为不肯定什么，否定一切要肯定的，才能使一切存在的事物有它自身的肯定方面的作用。"道"并不要求克服什么，也不要求战胜什么；正因为这样，它才能真正主宰一切，支配一切，"天下莫柔弱于水，而攻坚强者莫之能胜，以其无以易之"（第七十八章）。老子又说："后其身而身先；外其身而身存。"（第七章）你要使自己走在前面，先要通过对走在前面持否定态度，才可能走在前面。先要否定自己（"外其身"），反而可以保存自己，"外"是否定性的。

老子说："正言若反。"这是老子对他自己思维模式和建立哲学体系的方法的总结式语言。他的思维模式就是从相反的方面、否定的方面、负的方面来表达他所要肯定的和建立的。

通过对老子上述建立其哲学体系的方法的分析，我们可以得到以下几点结论：

第一，《道德经》的哲学方法——否定的方法或者说是"通过否定达到肯定的方法"，在中国哲学史上的影响是深远的。这一方法不仅为先秦道家所普遍采用，而且直接影响着魏晋玄学的思辨方法——"得意忘言""言不尽意"等，也影响着中国禅宗的方法（负的方法）。甚至中国的文学艺术理论，求"言外之意""弦外之音""画外之景"等，也不能不说和老子的这一"否定的方法"或"负的方法"有密切关系。

第二，用《道德经》建立其体系的方法去解剖老子的哲学思想，大体可以通过上述三个基本命题而把握老子哲学体系的实质和特点。老子用"从果求因""由末反本"的方法论证了有形有名的天地万物必有一无名无形的本原（道），时空中的事物的存在必有一超时空者作为其存在的根据，"存在"（有）之所以存在必有其所以存在者，从而建立了他的本体论的形而上学。老子又从"有无相生"这一追求概念的对应关系引出"天下万物生于有，有生于无"的命题，从一个一个的具体存在物而得到一切存在物都是存在着的（有）；而"一切存在着的"都是有名有形的，只有无名无形者才可以做成任何名、任何形。因此，一切存在着的（有）必然是从并非具体存在着的、无名无形的"无"产生的，这样就构成了老子哲学的宇宙构成论的系统。以后的道家，如《淮南子》等多受其影响。"道常无为而无不为"说明"道"的性质，而作为"通过否定达到肯定"的方法则成为老子建立其人生观、道德观、认识论的基本方法。

第三，老子哲学的否定方法至少包含着三个对提高理论思维很有意义的内容。（1）他认识到，否定和肯定是一对矛盾，而且否定比肯定更重要，从否定的方面来了解肯定的方面比从肯定的方面了解其自身更为深刻。（2）否定中包含着肯定，用否定对待肯定恰恰可以完成肯定，或者说可以完成更高一级的肯定。（3）由否定的方面看到了转化的重要意义，并提出了由否定的方面阻止转化的可能性的问题。老子把预先处于否定的方面作为阻止转化的条件，虽然是片面的，但在一定条件下也不是没有合理的因素的。

三、《道德经》的思想对我们有什么启发

当今人类社会所面临的问题是什么？可能人们都认为"和平与发展"是当今人类社会所面临要解决的两大问题。人类社会要实现"和平共处"，就要调整好人与人之间的关系，扩而大之，就是要调整好国家与国家、民族与民族、地域与地域之间的关系。人类要实现"共同发展"，就不仅要调整好人与人之间的关系，而且还要调整好人与自然之间的关系。

《道德经》的"无为"思想或者有助于人们调整人与人之间的关系。"无为"的原则至少有一个意义就是不要把自己的要求强加给别人，不要对别人（别的国家，别的民族）作不必要的干涉。然而某些领导者常常对老百姓加以不必要的条条框框，某些西方发达国家总是要用他们的一套强加给发展中国家，甚至在发达国家之间也要想方设法去干涉人家的内政，这样就造成了世界的不安宁和冲突。就一个国家内部说，统治者也不要过多干涉老百姓的生活，要尊重个人的隐私权。这样从世界的范围说才有利于造成世界的和平和安宁；从一个国家内部说才可以造成和谐与安定。所以给"无为"以适应现代社会要求的解释，无疑会对人类社会合理、健康的发展具有其积极意义的。

《道德经》中"顺应自然"的思想对于合理处理"人与自然"的关系有一定的意义。科学技术的发展无疑给人类社会带来进步和巨大物质利益，使人类社会从前现代进入现代。但是，人类征服自然的结果，也在很大程度上破坏了自然，破坏了自然界的和谐，从而产生了许多问题，例如环境的污染、生态平衡的破坏、臭氧层变薄等等，致使自然资源枯竭，威胁着人类自身的生存。如何保护自然、合理利用自然，已成为全世界有识之士不能不郑重考虑的问题。因此，"顺应

自然"，"崇尚自然"，保护自然，看来对人类社会越来越重要了。

我们研究古代的哲学思想的目的之一应是促使人类社会向更合理更健康的方向发展。当然古代的任何好的思想必须给以适应现代社会的新解释，而且也应注意这些古代有意义的思想充分发挥作用是要有一定的条件的，因此一种观念要发生作用，必须使广大群众了解它的意义，这就要求我们用多种多样的方式向广大群众介绍中国古代有意义的思想。

（1998年）

论道教的产生和它的特点

宗教是一种社会意识形态。把宗教作为意识形态来研究它的发展历史，在今天不仅有其一般性的意义，而且有着某种特殊的意义。我们可以从国外大量的事实看到，科学技术在飞速发展，并没有使宗教意识衰退，反而加强了人们对宗教的追求；就国内情况看，也因种种原因信仰宗教的人有着一种发展的趋势。这样一种现象就向我们提出若干应该认真研究的有关宗教的理论问题，如"宗教的本质是什么"，"人类的心理特性是否需要有一种宗教性的信仰"，"宗教和宗教性的信仰是不是一回事"，"宗教信仰是否有益于社会生活"，"宗教与科学是矛盾的还是互补的"，"宗教能否现代化"，等等。上述这些问题当然不是本文应该研究的范围，本文不可能也不应该直接讨论这些问题。但是，为什么要研究宗教史，一部好的宗教史是不是应有强烈的时代感，它能不能使人们在读了之后而认真考虑当今世界存在的宗教问题，我想写宗教史的人是应该想到这些问题的。

在我国历史上曾经流行过的有佛教、道教、回教、天主教、基督教以及祆教等等，但其中只有道教是中国本民族的宗教，说得确切些，道教是中国本民族宗教的一种，因此它具有中国本民族的特色，它对中国的民族文化、民族心理、风俗习惯、科学技术、哲学思想、医药卫生甚至政治经济生活都有相当大的影响。我们研究作为中华民族本民族的一种有较大影响的宗教——道教的产生和发展的历史以及它的特点，能否加深我们对自己民族文化、民族心理以及思维方式的特征的了解？能否从一个侧面使我们更加认真地考虑当今世界的宗教理论和实际问题呢？我认为应是可能的。为此，本文将对下述几个问题做一些分析和探讨。

一、道教的产生是适应了东汉末期中国本民族（主要是汉族）的社会、政治、经济、道德以及人们的心理的需要

道教为什么到东汉末年才产生，而道教所崇信的某些思想如"长生不死""肉体成仙"等等在战国时期已经有了，到秦汉后更为流行，这是为什么呢？我们知道，并非任何迷信思想都可以称为宗教，当然宗教中总是包含着大量的迷信成分，也并不能说任何"有神论"都能成为宗教，虽然一般地说宗教也是"有神论"。宗教，特别是一种有影响的宗教，它的产生和发展必定有其社会生活、历史条件的原因。它的发展总也有着某种客观规律。道教在东汉末年产生是由以下几个条件促成的：

第一，东汉末年的现实社会生活为道教提供了有利的产生的土壤。恩格斯在《布鲁诺·鲍威尔和早期基督教》中说：

　　从中世纪的自由思想者到十八世纪的启蒙运动者，流行着这

样一种观点，即认为一切宗教，包括基督教在内，都是骗子手的捏造。但是，自从黑格尔向哲学提出了说明世界史中的理性发展的任务之后，上述观点便再也不能令人满意了。……

对于一种征服罗马世界帝国、统治文明人类的绝大多数达一千八百年之久的宗教，简单地说它是骗子手凑集而成的无稽之谈，是不能解决问题的。要根据宗教借以产生和取得统治地位的历史条件，去说明它的起源和发展，才能解决问题。……

正是在这经济、政治、智力和道德的总解体时期，出现了基督教。它和以前的一切宗教发生了尖锐的矛盾。

东汉自顺帝以后，社会政治日益腐败，外戚专政、宦官当权，"凡贪浮放纵，僭凌横恣，挠乱内外，蠢噬民化"，无恶不作，致使"农桑失业，兆民呼嗟于昊天，贫穷转死于沟壑"（仲长统：《昌言》）。由于当时政治统治者的残酷经济剥削和政治压迫，广大人民群众无法生存，破产、逃亡已成为当时普遍现象，所以当时广大人民群众与统治者的矛盾是十分尖锐的。据史书记载，自顺帝以后农民起义此起彼伏，一直不断，当时的起义农民除了阶级利益一致而使他们自然地联合在一起之外，已有农民起义的领导者们利用方术、迷信思想作为组织群众的纽带，故在史书中多称顺帝以后的起义农民为"妖贼"。从这里我们也许可以得出两点结论：一是在汉末这个经济、政治、精神和道德普遍瓦解的时代里，它为一种宗教的产生提供了客观条件；二是起义农民普遍利用某些方术迷信，这就说明他们已经意识到方术迷信思想可以作为他们组织群众的思想武器，因而为一种宗教的产生创造了广大的群众基础。恩格斯在《论原始基督教史》一书中说：

最初的基督徒是从哪些人中募集来的呢？主要是从属于人民最下层的、并合乎革命潮流的那些"受苦、受累"的人们中来的。

社会的危机给下层人民带来的苦难最为深重，在对现实的绝望中走向乞求超现实的神灵，自是古代人民最现实的可能。道教徒最初也是来源于广大下层人民。

第二，东汉末年为道教的产生准备了可以利用的思想材料。

也是在上述同一本书中，恩格斯在分析基督教产生时，除了充分注意研究当时罗马帝国的社会状况外，也十分认真地分析了基督教产生的思想渊源。他特别指出了基督教在思想渊源上和犹太教的关系。我们知道，《圣经》的《旧约》部分本来是犹太教的经典，而基督教却把它拿来作为自己的经典，再加上《新约》部分，就成为基督教的一部完整的圣典了。

自汉武帝以后，董仲舒提出"罢黜百家，独尊儒术"之后，儒家思想适应着封建大一统的需要而成为我国封建社会的统治思想。此后儒家思想沿着天人感应目的论而发展为神学意味越来越浓厚的谶纬迷信。宗教一般说总是有神论，但是否任何有神论都能成为一种完备意义的宗教呢？那却不一定。因为一种完备意义上的宗教（这里指的是阶级社会里的宗教），它不仅有对神灵的崇拜，而且应有一套教义的理论体系和较为固定的教会组织、教规教仪以及传授历史等等。一般地说，宗教总是要把世界二重化为现实世界和超现实世界，其教义认为人们只有在超现实世界里才能永远摆脱现实社会生活中存在的种种苦难，人们的美好的、幸福的生活最后只能在那超现实的彼岸世界中实现。我国的儒家思想特别是两汉的儒家思想尽管也承认"有神"，但它并不认为须在现实世界之外实现其理想，而是要求在现实世界之中实现其"治国平天下"的理想，虽然这仅仅只是幻想。在我国长期的封建社会中，宗教虽然有过很大影响，但始终没有能成为统治思想，并且常常居次要地位，这一情况不能不说和作为正统思想的儒家思想有关，儒家思想到东汉以后，从发展上看也很可能成为一种宗教，因为从有神论、谶纬迷信发展成为一种宗教并不是很困难的。但儒家在汉朝始终也没有成为宗教，这和它要求在现实社会中实现其"治国平天下"的理想有着直接联系。因此，随着汉王朝的衰落，儒家思想本身既然不能成为一种宗教，而其统治地位又走了下坡路，儒家统治地位的削弱从而为一种宗教的产生提供了条件。历史的进程向我们表明，每当统治阶级的统治思想发生信仰危机的时候，也往往是宗教意识易于滋生和广泛发生影响的时候。

　　儒家思想到东汉末虽然衰落了，但它的思想中的某些部分却可以为宗教吸收和利用。这点我们可以从道教思想中找到它吸收某些儒家思想的事实加以证实。例如关于"天地人三合一致太平"的思想，它表现了儒家强烈的关心现实政治的倾向和《易传》中关于"三才"的思想，可以说直接来源于纬书的关于世界创化的模式以及阴阳五行思想等等，这些都和两汉流行的儒家思想有密切关系。我们应该看到，一般研究道教史的学者往往只注意它和道家的渊源关系，而忽视了道教和儒家在思想上的联系，这是一种偏见。

　　道教的另一思想来源可以说是逐渐与神仙家思想相结合的道家思想。先秦道家与神仙家虽然有着某种联系，但它们毕竟是两种不同的思想体系。到西汉初年，当时流行的黄老之学仍属道家，它所注重的往往是君人南面之术，成为一种治国经世的工具，所以司马迁在他的《自序》中言，汉初黄老之学的要点在于"无为自化，清净自正"。

降至东汉，黄老道家之学为之一变，其一支走向祠祀求神而与神仙家合。桓帝祠祀老子，欲"存神养性，意在凌云"，故已见黄老道家之变化。而早在西汉末已有所谓"黄老道"，后又有"方仙道"等，实已是神仙家的流派。而神仙家的思想在于追求"长生不死""肉体成仙"。它一经与道家"清净无为，恬淡寡欲"的思想结合，更加为世人所重视，而在社会上发生影响。后来道教的基本信条"长生不死""肉体成仙"虽来自神仙家却和道家某些思想结成不解之缘了。所以道家思想的蜕变也是道教产生的一个重要原因。

从以上两方面看，道教作为一种宗教不同于作为一种学术流派的儒家和道家，但就其思想渊源说它却离不开儒道两家，因此它一开始就是以儒道互补为特征的宗教派别。这一以儒道互补为特征的宗教派别不能不在极大程度上表现着我们这个民族文化、心理和思维方式上的某些特色。

第三，佛教的传入大大地刺激了我国本民族宗教的建立。

佛教自西汉末传入中国，到东汉中叶以后它有了一定程度的流传。佛教如同催化剂，加快了道教建立的过程。本来，神仙家在西汉就很流行，而神仙家又往往托言黄老，例如原来就有所谓"黄老道"和"方仙道"等。前者把黄帝老子神化而礼拜祠祀；后者则言"长生不死"。《史记》载，河上丈人的老师乐臣公学黄帝老子，甚至在《封禅书》对记载着有所谓黄帝因封禅而得长生不死。道教经典《太平经》的编纂者于吉（或说应作"干吉"）托言此书得之于老君。汉明帝时，楚王英已对黄老和浮屠同样礼拜，"楚王英诵黄老之微言，尚浮屠之仁祠"，桓帝于宫中"立黄老浮屠之祠"。这种把黄老和浮屠同样礼拜，就说明当时把黄帝老子看成和佛一样的"神"。神仙家本来是一种方术，养生求成仙也只是个人修炼的事，并没有什么组织，特别是没有什么固定的组织形式，成为一种宗教团体。但佛教传入以后，佛教作为一种完整形态的宗教，它不仅有一套不同于中国传统思想的教义，而且是一个有教会组织的团体，还有一套教规教仪和礼拜祠祀的对象等等，这就给道教的创立提供了一个可以参考的样板。

佛教的传入对于道教的建立固然有着样板的作用，但更为重要的是，佛教作为一种外来文化进入中国传播和发生影响，必然引起华夏文化系统的反抗，这更是当时要求建立一种民族宗教的动力。一种民族文化在和传入的外来文化相遇时，往往同时产生吸收和排斥两种势力，这样一种情况对中华民族来说尤为明显。关于这点，我们可以从最早的道教经典《太平经》的内容所反映的情形得到证实。在《太平经》中，我们可以发现它一方面吸收了某些佛教思想，如"本起""三界"等即是采自佛教的名词；另一方面又批评了佛教，有所谓"四毁之行，共污辱皇天之神道"的说法。特别是道教一建立就提出"老子化胡"的故事，用以打击佛教，抬高道教，而表现了一种抗拒外来文化的民族心理。

从以上三方面看，在东汉末年出现一种为中华民族本民族所需要的宗教绝非偶然。而且出现的这种宗教又是来源于中国固有的神仙家、并以儒道互补为其思想基础的道教，则更非偶然了。这种宗教一经出现就表现了它的强烈的民族特色，而和外来的宗教——佛教相抗衡，这也正是中华民族的民族文化特性的一种表现。

二、道教发展成一种完整意义的有重大影响的宗教的过程表明了一种完整意义上的宗教团体发展的一般规律

宗教的本质是什么？大家都知道它有各种各样的定义，就是在马克思主义的经典著作中，在不同情况下对宗教也有不同的说法，马克思说"宗教是人民的鸦片"，这是就利用宗教对人民进行欺骗方面说的，而且这样的意思最早不是出自马克思，而是出自费尔巴哈，它的意思是说一些维护宗教的人说宗教可以安慰人是一种欺骗。列宁说"宗教是劳动者的呻吟"，则是就劳动者对自己命运的哀叹方面说的。普列汉诺夫说"什么是宗教？宗教有无数的定义。……把宗教理解为人用以实现其对超人的神秘力量——人认为自己就依赖于这些力量——的关系的形式"，普列汉诺夫这个定义也许比较切合实际。但是我们的问题是，有没有一种超人的神秘力量以及对此超人的神秘力量应如何理解？人们为什么要相信有一种超人的神秘力量？信仰一种超人的神秘力量是否即是迷信？在这里涉及一些有意义的哲学问题，即宗教与迷信同信仰的关系问题。

宗教是否就是迷信？我们是否可以这样说，"迷信"是已经被科学或可以被科学否定的；而信仰则是人为满足人们某种精神和心理上所需要，它不能为科学所否认，也不可能为科学所证实。而宗教是满足人们这种精神和心理上需要的一种形式。当然这样说也不一定能解决问题。因此，这个问题将可能长期争论下去，到什么时候能说这个问题已经解决了，我想是不得而知的。但是我们可以相当肯定地说，虔诚的宗教徒都不可能接受"宗教即迷信"的论断。为什么呢？我认为，某些虔诚的宗教徒往往是用一种理想主义的观点把所谓"超人的

神秘力量"看成超越性的"真、善、美"的化身，或者说他们往往把他们关于"真、善、美"的理想看成一种"超人的神秘力量"，他们真诚地相信是如此，并努力致力于把他们这种关于"真、善、美"的理想实现于社会生活中。信仰和依赖这种体现超越性的"真、善、美"的"超人的神秘力量"大概是人们在一定历史条件下的一种心理特性。然而信仰"超人的神秘力量"的虔诚的宗教徒认为，迷信和宗教不同，"迷信"只能是对缺乏科学知识者的愚弄，是没有"理想"的人精神贫乏的表现。虔诚地相信"超人的神秘力量"是"真、善、美"的化身的宗教徒也许可以接受"宗教是一种真诚的信仰"这个观点，而决不愿意接受"宗教即迷信"的论断。照他们看，人们总应该有个信仰，即使是最彻底的怀疑主义者，也信仰自己的"怀疑"。

宗教和信仰当然可以说有着必然的联系。宗教总是一种信仰，但是否信仰都是宗教，是否都属于古典意义上的宗教？那却并非如此。例如，我们可以说"我们信仰科学的无神论"，或者说"我们信仰儒家哲学"，这大概都是可以的。当然科学的无神论不是宗教，而是一种科学；就是儒家学说也最多只能说是带有某种宗教性的哲学思想体系，但它本身并非宗教。因此，我们不仅应把"信仰"和"宗教"区别开来，而且必须把带有某种宗教性的"学说"和"宗教"区别开来，否则几乎任何哲学学说都可以被说成宗教，这样也就等于取消了宗教。

我们是否能假设，就人类的心理特性看，人们确实要求有某种信仰。但问题在于是否要求有一种宗教信仰。如果说可以把信仰分成两大类，一类是理性主义的信仰（或者说是理性的信仰），一类是非理性主义的信仰（或者说是非理性的信仰），那么宗教从总体上说则是属于后一类。紧接着就会有这样的问题：人类的精神生活到底也是否必须从"非理性主义"方面得到某种自我满足，或者说在社会生活中对宗教的信仰也是人们的某种心理需要。这当然是个大问题，在这里我们不可能去讨论它。我们只想说明，非理性主义的信仰要想成为一种完备意义上的宗教信仰，必须用某种理论体系为它作论证，而其理论体系又必须是能反映当时时代精神的。如果没有一套对其宗教教义作论证的理论体系，这种非理性的信仰就不可能是一种完整意义上的宗教。不仅如此，作为一种完整意义上的，特别是对人类社会历史有着长期影响的宗教，还必须有固定的教会组织、教规教仪、礼拜的对象和传授的历史等等。

在历史上创立的所谓"宗教教派"何止千百万个，但并不是都可以称得上严格意义上的"宗教团体"，许多这种组织只能称为"迷信组织"。那么一种完整意义上的宗教团体应该是怎样的呢？我们这里将通过分析道教的发展来揭示一种完整意义上的宗教团体发展的一般规律。

完整意义的宗教必须有其宗教教义的理论体系，这个体系要有它的哲学基础，因而它的宗教教义的思想体系决不能是纯粹的胡说白道，而总是有某种对人生理解的深刻思想内容，有成系统的哲学理论。印度佛教之所以成为影响很大的世界性宗教，正因为它有一套相当深刻的对人生理解的理论体系。道教的教义如果只是停留在如《太平经》那样一些杂乱无章的内容上，就很难成为在中国较有影响的宗教团体。因此，从汉末经三国西晋到东晋以后，才有一些道教徒如葛洪、陆修静、寇谦之、陶弘景等，根据时代的需要把道家老子的思想和儒家的某些学说又吸收了佛教的一些内容，结合在一起创造了道教的理论思想体系。

一种完整意义上的、有影响的宗教团体必然有其较为严密的教会组织。秦汉时的神仙家讲"长生不死""肉体成仙"的思想尽管为后来的道教所继承，但是神仙家均以个人修炼为目的，而没有建立固定的教会组织，因此也没有成为一种宗教。东汉末年，道教已成为有教会组织的宗教团体，它有了固定的教徒和神职人员以及教会的领袖。三国和西晋政权对道教采取了取缔的政策，致使道教组织瓦解，至东晋才有杜子恭等把道教逐渐恢复和发展起来。

一种完整意义的宗教还必须有一套较为固定的教规教仪。在东汉末年，道教初创时虽也有一些教规教仪，但不仅简单，而且，也不固定。自东晋以后，在佛教的影响下，经过陆修静、寇谦之等人的炮制，道教的教规教仪日趋完善。

一种完整意义的宗教必定有其阐发其宗教教义的经典，以便使信奉者的信仰有所依托。在魏晋以前，虽然已经有若干道教经典，但严格地说，这些书实是为以后的道教徒所推崇才成为道教的经典的，如《老子》《庄子》等，这些书本来是先秦道家的著作，与道教无关，而道教徒为了从历史上和理论上找他们的根据，而把这类书推尊为经典，又如《太平经》，它本成书于道教正式成立之前，因此也只能说它为道教的建立作了若干思想上的准备。但到东晋南北朝时，由于道教理论体系的建立（葛洪：《抱朴子》）和道教教会组织的发展而出现了大量阐发道教教义的经典，这个时期出现了道教三个系统的经典，即《三皇经》系、《上清经》系、《灵宝经》系。这三个系列的道教经典以后就组成了"道藏"的"洞真""洞神""洞玄"的所谓"三洞"三大部。

一种完整意义的宗教必定有其固定的崇奉的神灵和其教派的传授史。道教初创时已承继神仙家的故技，说自己是神仙所传授，且多托言老君，至南北朝时，道教徒更根据当时门阀等级观念而创造了"真灵之阶位"。有陶弘景著《真灵位业图》把神仙分为七级，最高一级的三位神仙是居中的"元始天尊"，其左右为"高上道君"和"元皇道君"，自此以后在道观里大都以这三位尊神为最高崇拜对象。一种宗教必然要对其他宗教进行排斥，因而往往要创造自己的宗教历史，来抬高其地位。道教作为中华民族本民族创造的宗教，面对外来的佛教，除了利用"华夷之辨"等来打击外，还提出了所谓"老子化胡"的故事，把自己的教主老子抬高到佛教教主释迦牟尼的老师的地位，从而引起了佛道二教长期的争论。

道教成为一个完整意义上的宗教团体是在东晋南北朝时才最后完成的，它的发展完成过程大体如下：东晋以来，先是对已经涣散和不固定的道教组织进行重建和整顿，建立起了较为固定的教会组织；在此同时，为弥补其缺乏系统的宗教教义以及理论体系之不足，葛洪等创造了道教教义的理论体系；接着为巩固道教的教会组织而制定了一套教规教仪，为阐发其宗教教义而构造了相应的经典；最后为把道教建立成一个完备的宗教团体而编造了固定的神仙谱系和虚构的传授历史。道教这样一个发展过程或者可以说是一种完备意义上的宗教团体发展的一般情形。我们研究宗教史的目的之一就是要把它作为一种社会意识形态来揭示其发生发展的规律，以便我们更深刻地认识它在社会生活中的作用。

三、道教哲学作为一种宗教哲学有着它显明的特点，其特点只能在和其他宗教对比中加以揭示

一种完备意义的宗教必定有其不同于其他宗教的特点。它的特点

除了表现在某些外在的形式上，如教会的组织形式、教规教仪以及尊崇的神灵等等之外，更深刻地则应表现于其理论体系的层面，这是属于宗教内容的方面。而其理论体系往往是由若干基本命题和一系列的概念范畴所表现的。如佛教的理论体系最终要论证的是"诸行无常""诸法无我""涅槃寂静"等"三法印"，说这是佛教和其他教派的根本区别的标志。中世纪的基督教有所谓"上帝存在""灵魂不死"和"意志自由"等三大命题，围绕着这三大命题而有基督教宗教哲学和它的范畴体系。那么道教哲学有没有某些不同于其他宗教派别的基本命题以及构成其哲学体系的基本范畴呢？我们认为是有的，特别在早期道教中表现得更为明显。几乎所有宗教提出的都是"关于人死后如何"的问题，然而道教所要讨论的则是"人如何不死"的问题。道教的理论体系就是围绕着这个问题，从两个方面表现了它与其他宗教派别不同的特点。早期道教说它自己的思想体系是"三一为宗"，即"天、地、人三者合一以致太平""精、气、神三者混一而成神仙"，并从这里演变出"长生不死""肉体飞升""气化三清"等观念，而构成了道教的思想体系。

要了解佛教哲学的究极问题，从根本上说必须了解"涅槃"这个概念的含义，所以俄国的佛教学专家彻尔巴斯基写了一本书专门分析"涅槃"这个概念的含义；而牟宗三则写了《般若和涅槃》一书，结合中国佛教的特点解剖了"涅槃"这一概念。研究基督教一般说应从分析"上帝"这一概念着手，奥古斯丁（Aurelius Augustinus，354—430）作《上帝之城》（*City of God*）论证所谓"上帝"的"神性"；经院哲学的代表托马斯·阿奎那（Thomas Aquinas，约1225—1274）著《神学大全》对"上帝存在"这个命题作了五大论证，也就是所谓本体论的论证。道教哲学的基本概念可以说是"气"，对此能从下列几个方面得到明证：第一，所谓"三一为宗"，指的是"天、地、人三者合一"，而"天""地""人"之所以能"合一"就在于它们同为不同性质的"气"；"精、气、神三者混一"，而"精""气""神"之所以能"混一"，也在于它们同为不同性质的"气"。第二，所谓"一气化三清"，即认为道教的三位最高真神是由"气"变化而成，或者认为三重最高最神圣的"天"是由"气"变化而成，这也是以"气"作为道教的基本概念。第三，在道教中虽也有以"道"为最高范畴，但在早期道教讲到"道"与"气"的关系大体有三种情况：一种情况是认为"道"比"气"更根本，但"道"不能离"气"；另一种情况是"气"比"道"更根本，因为道教以"气"作为宗主，如刘勰《灭惑论》引《三破论》谓："道以气为宗"；第三种情况是认为"道"即是"气"，如陶弘景《养生延命录》引《服气经》说："道者，气也。"研究道教教义的哲学基础，如果能把它关于"气"的概念含义以及由"气"这一概念演变出来的概念范畴体系作出认真的分析，将会对道教的特殊本质有深入的了解。

黑格尔在《哲学史演讲录》中说："文化上的区别一般地基于思想范畴的区别，则哲学上的区别更是基于思想范畴的区别。"如果我们把道教和其他宗教相比较，从道教所使用的概念范畴方面、由概念范畴形成的命题方面以及由一系列命题形成的思想体系方面进行比较，我们就可以比较清楚地看到道教的特点。道教是中华民族本民族的宗教，但它的产生确受到佛教传入的刺激，因此我们可以通过早期道教的历史发展中佛道之争来看道教作为一种宗教的特点何在。

道教最早的经典《太平经》一方面表现了它受佛教某些方面的影响，如其中讲到"守一"的问题，"守一"一词虽在中国传统思想里已经有了，但在《太平经》中讲得那么多，那么突出，显然是受到汉时传入的小乘佛教禅法"安般守意"的影响。另一方面也表现了它对佛教的批判和排斥，例如《太平经》中所谓"四毁之行"，显然是针对佛教而发的；又提出"承负"的学说和佛教的"来世报应"相对立。到东晋以后，道教逐渐发展成为完备意义上的宗教，有了它的理论体系，因而和佛教的分歧就越来越明显了。那时佛教和道教的不同大体表现在三个问题上：即生死、神形问题；因果报应问题；出世、入世问题等。对这些问题加以分析，我们就可以认识到道教作为一种宗教的特点。

在我们把道教和佛教做比较时，还会遇到一个问题，即为什么道教没有像佛教那样成为世界性的宗教，而只是中华民族本民族的一种宗教呢？从道教的历史看，道教在南北朝末期或者已经传到朝鲜地区，在《三国史记》中记载有唐初道教传入朝鲜的情形。但不久之后，佛教在朝鲜更为流行而战胜了道教，从此道教在朝鲜几乎灭迹。这一时期，道教也经过朝鲜传入日本，它对日本原有的"神道"或者有些影响，但日本的"神道"绝不是因道教传入才有的，道教在日本也没有像佛教那样流传开来。道教在历史上对其他国家就更没有什么影响了。照我看，道教之所以没有能成为世界性的宗教，主要是由于它作为一种宗教，其理论和实践都有很大缺陷，且带有过于强烈的民族特色。道教作为一种宗教所追求的目标是"长生不死"和"肉体成仙"，这和其他宗教派别讲"灵魂不死"根本不同，而其宗教理论对"肉体成仙""长生不死"的论证，一方面说得太粗糙，很难令人相信，因此后来道教也不得不吸收佛教关于"形尽神不灭"和"三世轮回"等思想，这样道教的流传就大大受到限制，而佛教则可以在道教流传所到之处取而代之；另一方面，它又太接近科学，道教为了养生，要求"长生不死""肉体成仙"不得不注重身体的炼养，因而就把实质上是物质性的"气"抬到最高的地位，并加以神秘化，所以中国的科学技术特别是医药学的发展和道教结下了不解之缘，道教利用科学就必然限制它作为宗教可能发生的作用，因而在道教中"非科学""反科学"的成分和它中间的科学因素，就形成了一个极大的矛盾。宗教本应要求"出世"，而道教作为中华民族的一种民族的宗教却深深打上了"入世"的烙印，从每个道教徒个人说，他们要求"精、气、神"三者混一而成仙；但道教作为一个宗教团体来说又提倡"天、地、人"三者合一而"致太平"，所以它有着强烈地干预政治的愿望。道教在虚构了超现实的神仙世界的同时，又希望把现实世界变成为理想世界，这也不能不是一个极大的矛盾。

　　研究道教的特点十分重要，它不仅可以使我们了解它和其他宗教派别的不同所在，而且通过对其特点的分析，可以使我们了解中华民族的民族文化、民族心理和思维方式的特色，了解我们这个民族科学技术、医药卫生发展的道路及其缺陷所在。一个民族要得到发展，不仅要了解它的今天和明天，而且要了解它的昨天；不仅要了解它现实的政治、经济等方面的状况，还应了解这个民族的传统文化、传统的宗教信仰和思维方式以及它对今天的影响。对中国本民族的宗教道教应该进行认真的研究，其原因也就在于此了。

（1988年）

关于《太平经》成书问题

关于《太平经》成书的时间问题，最近王明先生《论〈太平经〉的成书时代和作者》①一文对汤用彤先生关于这一问题的考证作了非常有意义的发挥和有说服力的论证，这个问题可以不再作更多的讨论了。本文只想根据史料对《太平经》成书的过程作一综合性的考察。

一、《太平经》和《包元太平经》

最早记载《太平经》的书可以说是牟子的《理惑论》，在这篇文章中说：

> 问曰：王乔赤松，八仙之箓，神书百七十卷，长生之书，与佛经岂同乎？

牟子汉末灵帝时人，所言"神书百七十卷"当即指的是《太平

---

① 载《世界宗教研究》1982年1期。

经》，并且已把它视为讲"长生"的道教著作。而范晔《后汉书》虽较《理惑论》晚出，但在《襄楷传》中所载的襄楷上疏则早于《理惑论》。《襄楷传》中说：

> （桓帝延熹九年，襄楷上疏曰：）臣前上琅邪宫崇受于吉神书，不合明听。
>
> 复上书曰：……前者宫崇所献神书，专以奉天地、顺五行为本，亦有兴国广嗣之术，其文易晓，参同经典。而顺帝不行，故国胤不兴。

《襄楷传》又说：

> 初，顺帝时，琅邪宫崇诣阙，上其师于吉于曲阳泉水上所得神书百七十卷，皆缥白素，朱介、青首、朱目，号《太平清领书》。其言以阴阳五行为家，而多巫觋杂语。有司奏崇所上妖妄不经，乃收藏之。后张角颇有其书焉。

唐章怀太子李贤注说：

> 神书，即今道家《太平经》也。其经以甲乙丙丁戊己庚辛壬癸为部，每部一十七卷也。

这些记载和今本《太平经》（或《太平经钞》）本身关于此书的说明可以印证，《经钞》丁部中说：

> 吾书中善者，使青为下而丹字（按：《襄楷传》注引《太平
> 经》作"使青下而丹目"），何乎？吾道乃丹青之信也，青者生
> 仁而有心；赤者太阳，天之正色。

这部"神书"取青赤之色，是由于这两种颜色表现了天的"仁
爱"和天的正色。这种用颜色来表明事物的（自然界的和社会的）善
恶吉凶，正是汉朝五行学说的特点之一。《经钞》壬部对《太平经》
为什么是一百七十卷做了说明：

> 问：《太平经》何以百七十卷为意？曰：夫一者，乃数之始
> 起。故天地未分之时，积气都为一。……故数起于一，而止于
> 十二。干之本，五行之根也。故一以成十，百而备也。……阴阳
> 建破，以七往来，还复其故。随天斗所指以明事，故斗有七星，
> 以明阴阳之终始。故作《太平经》一百七十卷，象天地为数，应
> 阴阳为法，顺四时五行以为行，不敢失铢分也。

对《太平经》之所以为一百七十卷的解释，也是用的汉朝阴阳五
行学说，这些说法当然都是一些牵强附会之辞，没有必要去多做分
析。但这两段引文却说明史书上记载的《太平经》和《太平经》本身
的记载是相符的，并说明它的主要内容确实是一部讲阴阳五行、兴国
广嗣之术的巫觋杂语之书。这样一类的书在东汉出现并不是偶然的，
前此不仅已有作为《太平经》主要内容的思想广泛流行，而且西汉末
已有一种《太平经》出世，这就是甘忠可所造的《天官历》《包元太
平经》。《汉书》卷七十五《李寻传》中载：

成帝时，齐人甘忠可诈造《天官历》《包元太平经》十二卷，以言"汉家逢天地之大终，当更受命于天，天帝使真人赤精子下教我此道"。忠可以教重平夏贺良、容丘丁广世、东郡郭昌等。中垒校尉刘向奏忠可假鬼神罔上惑众，下狱治服，未断病死。贺良等坐挟学忠可书，以不敬论。后贺良等复私以相教。哀帝初立，司隶校尉解光亦以明经通灾异得幸，白贺良等所挟忠可书，事下奉车都尉刘歆。歆以为不合五经，不可施行。而李寻亦好之，光曰："前歆父向奏忠可下狱，歆安肯通此道？"时郭昌为长安令，劝寻宜助贺良等，寻遂白。贺良等皆待诏黄门，数召见，陈说"汉历中衰，当更受命。成帝不应天命，故绝嗣。今陛下久疾，变异屡数，天所以谴告人也。宜急改元易号，乃得延年益寿，皇子生，灾异息矣。得道不得行，咎殃且亡。不有洪水将出，灾火且起，涤荡民人"。哀帝久寝疾，几其有益，遂从贺良等议。……以建平二年为太初（元将）元年，号曰陈圣刘太平皇帝。……贺良等复欲妄变政事，大臣争以为不可许。……贺良等反道惑众……执左道乱朝政，倾覆国家，诬罔主上，不道，贺良等皆伏诛。

根据以上所引史料，可注意者有以下几点：

第一，甘忠可为齐人；"重平"，服虔注谓为"渤海县"；"容丘"，晋灼谓为"东海县"，甘忠可、夏贺良、丁广世等皆为山东沿海一带的人。而燕齐一带自战国后期以来是阴阳五行、神仙方术最为流行的地方。得神书（《太平经》）的于吉也是山东近渤海地方的人，他得神书的地点"曲阳"汉时属东海郡，也在齐地。我们虽不能据此就断定《太平经》是直接由《包元太平经》演变而成，但《太平经》成于燕齐神仙方术、阴阳五行流行的地域当非偶然。

　　第二，《包元太平经》内容虽不可详考，但据上引材料也可知个大概。《包元太平经》据五行相生相克的思想提出"汉家逢天地之大终，当更受命"；这类思想在汉朝本甚流行，其来源当自邹衍。《史记·封禅书》说："邹衍以阴阳主运，显于诸侯，而燕齐海上方士传其术，不能通。然则怪迂阿谀苟合之徒自此兴，不可胜数也。"而《太平经》，据《襄楷传》言"专以奉天地、顺五行为本"，"其言以阴阳五行为家"，亦为传邹衍之说者。又夏贺良等据《包元太平经》所陈于哀帝者除"汉历中衰，当更受命"外，尚有"成帝不应天命，故绝嗣。今陛下久疾，变异屡数"，故当"改元易号，乃得延年益寿，皇子生"，这也和《襄楷传》所说《太平经》"亦有兴国广嗣之术"相一致。

　　第三，《包元太平经》和《太平经》（或《太平清领书》）之所以都叫《太平经》者，盖均以"致太平"为目的。按《李寻传》谓哀帝从夏贺良等议下诏改元，并自号为"陈圣刘太平皇帝"，其欲"致太平"之意可想而知。哀帝改元之诏书中有"夫受天之元命，必与天下自新"之语。何谓"元命"，或与《春秋纬元命包》之名称有关。《后汉书·郅辉传》谓，辉曾上书王莽，书中有"含元包一，甄陶品类"一句，李贤注说："前书志曰：'太极元气，合三为一。'谓三才未分，包而为一。""三才"即天、地、人之谓，天、地、人包而为一，则可致太平也。宋张君房《云笈七签》卷六谓"第二太平者，三一为宗"，并引《太平经钞》甲部说："学士习用其书，寻得其根，根之本宗，三一为主"，"澄清大乱，功高德正，故号太平，若此法流行，即是太平之时"。《太平经》以三一为宗，其一意义就是使天、地、人三者合一，而据上引李贤注"包元"的意思也正是说

"三才未分，包而为一"，天、地、人三者合一就是太平之时了。

第四，《太平经》和养生成仙的神仙家思想有关（详后），而《包元太平经》是否也和神仙家思想有关呢？甘忠可齐人，是燕齐神仙家流行的地方的人。《史记·封禅书》谓，燕齐地方流行"方仙道"，"形解销化，依于鬼神之事"。《李寻传》谓"刘向奏忠可假鬼神罔上惑众"，忠可或与方仙道有关。又《李寻传》中说"甘忠可……言……天帝使真人赤精子下教我此道"云云。"赤精子"或即"赤松子"一类传说中的仙人。"真人赤精子"所教授之"道"为何？或即"方仙道"。又据《理惑论》言百七十卷神书似与"赤松子"有关。故今本《太平经》中之"真人纯"或即由"真人赤精子"演变而来？盖"赤精"者"纯"之谓也，重火德。

第五，《包元太平经》和《太平经》虽均言"奉天地，顺五行""兴国广嗣之术"，以"致太平"为主要内容，但为什么最高统治者开始都没有接受呢？这是否也说明两者之间的关系？成帝时刘向奏"忠可假鬼神罔上惑众"；哀帝谓贺良等言论"背经谊，违圣制"；顺帝时宫崇上《太平经》，"有司奏崇所上妖妄不经"；襄楷上《太平经》，尚书承旨谓"楷不正辞理，指陈要务而析言破律，违背经艺，假借星宿，伪托神灵，造合私意，诬上罔事"。可见这两部书都有些与汉朝当时统治思想不合之处，均罪以"罔上惑众""诬上罔事""假鬼神""托神灵""背经谊""违背经艺"等等。盖汉朝以儒家思想为正统，而此时之儒家思想虽已杂阴阳家之学说，但毕竟要以五经为依据。刘歆反对《包元太平经》即以其说"不合五经"，而《太平经》确也有"违背经艺"之处，所以二者最初都未被采用。

从以上五点看，可以说明《太平经》和《包元太平经》之间确有相当密切之关系。

二、《太平经》和《太平洞极经》

《太平经》这样一百多卷的大书是如何形成的呢？看来是经过相当一段时间才形成，并非最初就有一百七十卷。据《襄楷传》言，顺帝时琅邪宫崇上其师于吉于曲阳泉水上所得之神书一百七十卷，而于吉的这部书又是谁授的呢？葛洪《神仙传》说：

> 宫崇者，琅邪人也。有文才，著书百余卷。师事仙人于吉。汉元帝时，崇随吉于曲阳泉上遇天仙，授吉青缣朱字《太平经》十部。吉行之得道，以付崇。

这个说法当然是不可信的，但以后的很多书根据这个说法而言于吉所遇之"天仙"是"老君"或"太上"（太上老君）。《太平经》托"老君"所授，显然是以便使道教和道家联系起来，以提高道教的地位。这样做一方面可以和儒家、佛教相对抗，另一方面也是要使道教多少有点哲理的色彩。《太平经》是老君所授的说法虽不可信，但由此道教就和道家结上了不可解之缘。奇怪的是唐王悬河《三洞珠囊》卷一也引有葛洪《神仙传》，却与今本《神仙传》不同：

> 帛和以素书二卷授于吉，且诫之曰：卿归更写此书，使成百五十卷。

王松年《仙苑编珠》则说得更具体：

> 于吉……见市中有卖药公，姓帛名和，因往告之，乃授以

素书二卷，谓曰：此书不但愈疾，当得长生。吉受之，乃《太
平经》也。行之疾愈，乃于上虞钓台乡高峰之上，演此经成
一百七十卷。

而敦煌《太平经》残卷序引《百八十戒序》谓：

老子至琅邪，授与于君。于君得道，拜为真人，作《太平
经》。……帛君笃病，从于君受道，拜为真人。

这一说法和上面两段引文的说法又不同，不是帛和为于君师，而
是于君为帛和师。上引《太平经》的传授编撰史当然不会是真实的，
不过是否也可以从这些材料推测出这部书的成书过程呢？很可能《太
平经》最初只有很少几卷（也许就只有"二卷"），到顺帝时由于吉
把它扩充，由于吉传授给宫崇。顺帝时，宫崇曾向顺帝献过这部书。
桓帝时，襄楷得到这部书，又向皇帝上此书，桓帝也没有接受。襄楷
由何处得此书，史书虽无明确的说明，但据其上疏推测，他很可能得
自宫崇。楷疏中说"臣前上琅邪宫崇所受神书"云云。按宫崇在顺帝
时曾上此书，顺帝后冲帝、质帝均在位一年，后即为桓帝，故襄楷后
宫崇未久，很可能是直接从宫崇手中得到《太平经》。到灵帝时，据
《理惑论》载，《太平经》大概已有百七十卷了。据以上材料，我们
是否大体可以得到这样一个结论：《太平经》原来只有很少几卷，
帛和（？）传于吉，于吉传宫崇，襄楷又得自宫崇，不断扩充，成
一百七十卷。

由顺帝到灵、献之世百余年间，《太平经》经过于吉、宫崇、襄
楷等人之手，由于是不断扩充的，因此，以后就可能流传不同卷数的

《太平经》本。葛洪《抱朴子》中既著录有五十卷的《太平经》，又
著录有一百七十卷的《甲乙经》；《太平御览》卷六百七十三《像
天地品》说《太平经》"一百卷"；《三洞珠囊》引《神仙传》作
"一百五十卷"；唐法琳《辩正论》作"一百七十篇"；唐玄嶷《甄
正论》作"一百八十卷"；陈马枢《道学传》作"二百卷"；当然说
为"一百七十卷"的记载最多。这里需要特别提出的是自梁陈到隋唐
之际又出现了一种一百四十四卷的《太平洞极经》，这一《太平洞极
经》和《太平经》是什么关系，近年来中外学者多有研究。已故道教
协会会长陈樱宁在一篇文章中说：

> 张道陵的《太平洞极经》、于吉的《太平清领书》，都说是
> 老君所授，而且都在东汉顺帝时代出现，这两种书的名称和卷数
> 虽不一致，内容大概是相同的。
>
> 这两种书的名称虽然不同，卷数虽有多有少，实际上无甚区
> 别，既有卷数多的一种行世，那个卷数少的一种就渐渐地归于自
> 然淘汰了。

陈樱宁会长的这个看法是很深刻的，我们这里将对这个问题做进
一步的讨论。

最早著录《太平洞极经》的是孟安排的《道教义枢》。据唐杜光
庭《道德真经广圣义序》，谓孟安排为梁道士，号大孟。但今本《道
教义枢》序中引了《隋书·经籍志》中的话，故不可能是梁道士孟安
排撰写的。据1911年刊《湖北通志》卷九十六唐圣历（武则天年号）
二年陈子昂《荆州大崇福观记碑》载武则天时有道士孟安排，因此这
部书很可能是唐初的作品。《道教义枢·七部义》中说：

> 按《正一经》云：有太平洞极之经一百四十四卷，此经并
> 盛明治道，证果修因，禁恶众术也。其《洞极经》者，按《正
> 一经》，汉安元年（顺帝年号），太上亲授天师（按：指张道
> 陵），流传兹日。

　　说这部《太平洞极经》是由老君授天师张道陵的当然是不可靠
的，但是不是在南北朝末期至隋唐之际除了一百七十卷的《太平经》
外尚有一种百四十四卷的《太平洞极经》呢？我看是很可能有这样一
部一百四十四卷的《太平洞极经》的。但这部《太平洞极经》并不是
一部不同于《太平经》的著作，而是在东汉末年经过长期编撰的《太
平经》的一种。这部经一直流传到宋朝后才消失，所以张君房说：
"今此经流亡，殆将欲尽。"（《云笈七签》卷六）作为单独存在的
《太平洞极经》虽已散失，由于它本来就是在梁陈至隋唐之际发现的
《太平经》的一种本子，所以实际上已经包含在一百七十卷的《太平
经》中了。陈撄宁会长说"既有卷数多的一种行世，那个卷数少的一
种就渐渐地归于自然淘汰了"，是很合理的。
　　为什么会出现这样一种和《太平经》没有什么区别的《太平洞极
经》呢？这个问题可以从今本《太平经》中找到答案，《太平经》卷
四十一《件古文名书诀》（按：敦煌遗书《太平经》目录作《救古文
名书诀》）中说：

> ……实过在先生贤圣，各长于一，而俱有不达，俱有所失。
> 天知其不具足，故时出河洛文图及其他神书，亦复不同辞也。夫
> 大贤圣异世而出，各作一事，亦复不同辞，是故各有不及，各
> 有长短也。是也明其俱不能尽悉知究洞极之意。……然大者，大

也，行此者，其治最优大无上。洞者，其道德善恶，洞洽天地阴
阳，表里六方，莫不响应也。皆为慎善，凡物莫不各得其所者。
其为道乃拘校天地开辟以来，天文地文人文神文皆撰简得其善
者，以为洞极之经，帝王案用之，使众贤共乃力行之，四海四境
之内，灾害都扫地除去，其治洞清明，状与天地神灵相似，故名
为大洞极天之政事也。

这段引文说得很明白，它的意思是说，其他各种书都各有长
短，而"洞极之经"才是把天地开辟以来的"天文""地文""人
文""神文"中最好的部分挑选出来编在一起，而且所谓"洞极之
经"又可以名为《皇天洞极政事之文》（见卷九十一），此恰合《襄
楷传》所说《太平经》的性质。今本《太平经》中有这样的话，当然
不会是说在《太平经》之外另有一种比《太平经》更好的《太平洞
极经》了。所以把《太平经》称为《太平洞极经》本也是可以的。同
时，今本《太平经》中有一段话说明《洞极经》编撰的过程，这点和
我们提出的《太平经》编撰的过程也是一致的，也可以从一个侧面
说明所谓《太平洞极经》就是今本《太平经》的一个本子，卷八十八
中说：

然，子已觉矣，于其宅中文太多者，主者更开其宅户，收其
中书文，持入与长吏众贤共次，其中善者，以类相从，除其恶
者，去其复重，因事前后，赍而上付帝王；帝王复使众贤共次，
去其中复重及恶不正者，以类相从，而置一闲处，复令须四方书
来，前后次之，复以类相从，复令须后书至也；其四方来善宅，
已出中奇文殊方善策者，复善闭之，于其畜积多者复出次之，复

贵上之，于四方辞旦日少毕竟也。所上略同，使众贤明共集次之，编以为洞极之经。因以为大觉贤者，乃以下付归民间，百姓万民，一旦俱化为善，不复知为恶之数也。

这段话正说明，《太平经》是一次又一次不断扩充又删去其重复不必要部分而编撰出来的，不过这段话把这一过程神秘化一番，以惑世欺人。至于这部书为什么可以称为《太平洞极经》呢，在今本《太平经》中也有解释，卷七十一《真道九首得失文诀》中说：

今天师为太平之气出授道德，以兴无上之皇，上有好道德之君，乃下及愚贱小民，其为恩乃洞于六合，洽于八极，无不包裹。

这段话的意思是说，太平气出，就可以有好的道德君主使愚贱的人民蒙受其恩，因为太平之气能"洞（按：'洞'即'通'义）于六合，洽于八极"，"故施洞极之经，名曰太平，能行者得其福"（《太平经》卷一百十二）。在今本《太平经》中，"洞极"是"洞于六合，洽于八极"的意思，即是说"无不包裹"。"六合"者，天地四方也；"八极"者，八方远极之处，《后汉书·明帝纪》注引《淮南子》曰："九州之外有八寅，八寅之外有八纮，八纮之外有八极。"而所谓"太平"本也有此意。《太平经钞》癸部解释《太平经》时说：

太者，大也；大者，天也，天能覆育万物，其功最大。平者，地也，地平，然能养育万物。经者，常也，天以日月五星为经，地以岳渎山川为经。

"太平"是"天地"，无所不覆、无所不载，故广大无边，无不包裹也。因此《太平经》的作者把这部书看成是"精一不离，实守本根，与阴阳合，与神明同"的"神道书"。

《襄楷传》中说"神书百七十卷"，"神书"是"神道书"的简称。在《太平经》中也往往把"神道书"简称为"神书"或"道书"。卷四十一中说："此道道（按：后一'道'字应为'书'字之误）者，名为洞极天地阴阳之经，万万世不可复易也。"最高的"道书"是"洞极之经"。同卷又说："时出河洛及其他神书……其为道乃拘校天地开辟以来，天文地文人文神文皆撰简得其善者，以为洞极之经"，而所谓最善的"神书"也是"洞极之经"，可见《太平经》的作者并没有把"道书"和"神书"加以区别，因此有"神道书"这个名称。

《太平经》自东汉顺帝后不断扩充为一百七十卷，以后史书、道书、佛书均有著录和引用。但这样一部一百七十卷的大书在漫长的历史中要完整地保存下来是很困难的，保存下来不经篡改也是很困难的，所以到明朝正统年间编《道藏》时只剩下五十七卷了，而且剩下的五十七卷也有不少是首尾不全的。另外有《太平经钞》十卷，是唐闾丘方远节抄自《太平经》的；《太平经圣君秘旨》据王明先生考证也可能出自闾丘方远之手。《太平经钞》甲部王明先生已证明其为伪作，而《太平经钞》癸部才是甲部之钞。至于残存的五十七卷《太平经》中是否有后人篡改之处，不可详考，但可以说大体上保存了汉朝的原样。

三、史书中和道书中的《太平经》

　　《太平经》是一内容十分庞杂的书，这是由于它是经过相当长的一个时期不断扩大而成所致，这种庞杂的情况在《太平经》本身中就可以找到说明，卷九十一中说：

> 天师之书，乃拘校天地开辟以来，前后贤圣之文，河洛图书神文之属，下及凡民之辞语，下及奴婢，远及夷狄，皆受其奇辞殊策，合以为一语，以明天道。

卷八十八中也说：

> 今四境之界内外，或去帝王万万里，或有善书，其文少不足，乃远持往到京师；或有奇文殊方妙术，大儒穴处之士，义不远万里，往诣帝王，衔卖道德。……或有四境夷狄隐人胡貊之属，其善人深知秘道者，虽知中国有大明道德之君，不能远□□（疑有脱误）故赍其奇文善策殊方往也。

　　可见，《太平经》所包含的内容十分庞杂，有河洛图书之类，夷狄胡貊之语；有圣贤之辞，奴婢之文；善文奇策，殊方秘道，真可谓一大杂烩。但《太平经》这部一百七十卷的大杂烩是否也有一主旨呢？看来，它还是有个中心思想的。

　　秦汉以后，中国进入了一个封建社会发展的新时期，从那以后中国大一统的封建帝国的规模已经基本确立。这时有两件大事为最高统治者所要求，一是巩固其封建专制统治，即所谓"致太平"；二是如何延长自己的寿命和有子孙嗣续，以保证其统治的延续，所以秦始皇和汉武帝都希求长生不死。然而在西汉，巩固封建统治的三纲五常、君权神授等思想，并没有和求长生不死的神仙之术结合起来，虽然当时的许多皇帝对这两个方面都同时提倡，虽然董仲舒提倡的天人感应目的论和神仙方术都很流行。但到东汉顺帝以后，这两方面渐有结合的趋势，而这两者的结合最可能由一种宗教来实现，实现这种结合的就是原始道教，而集中地表现了这两个方面结合的又正是道教经典《太平经》。

　　关于《太平经》内容主旨的记载，从史书方面说最早的是包含在《后汉书·襄楷传》襄楷所上的疏里。襄楷认为，《太平经》是一部"奉天地，顺五行"以求"致太平"的书，又是一部"兴国广嗣"求长生有后嗣的书。稍后《理惑论》又说明这部书的性质是"长生之书"。再后有葛洪的《神仙传》。今本《神仙传》虽为人怀疑为后人所伪托，但也不失可作为参考。《神仙传》说《太平经》"多论阴阳否泰灾眚之事，有天道，有地道，有人道，云治国用之，可以长生，此其旨也"，这和《襄楷传》中所说的《太平经》的主旨是一致的。对《太平经》的主旨最简明最概括的最早论述的则是《道教义枢》。《道教义枢》卷二中说："太平者，此经以三一为宗，"接着引用了《太平经》甲部第一的话以证明。《太平经》甲部已佚，今本《太平经钞》甲部又是伪作，而据敦煌本《太平经》目录可知今本《太平经钞》癸部恰是甲部之钞，而《太平经》甲部第一篇的基本内容又包含在敦煌本《太平经》前面的序中。据日本学者考证，敦煌本《太平经》残卷（斯4226）是六朝末的写本，前有残缺的序，后有后记（引《经》及《纬》），中为《太平经》一百七十卷三百六十六篇的目录，其目录和今本《太平经》及《钞》的篇目基本相同。现抄敦煌本前序中所包含的甲部第一的全文于下，以便展开说明《太平经》内容主旨的问题：

　　□（按：当为"甲"字）第一云：诵读吾书者之灾害不得复起，此上古圣贤所以候得失之本也。书有三等，一曰神道书，二曰核事文，三曰浮华记。神道书者，不离实，守本根，与阴阳合，与神同门。核事文者，考核异同，疑误不实。浮华记者，离本已远，错乱不可常用，时时可记，故名浮华记。然则精学之士，务存神道，习用其书，守得其根。根之本宗，三一为主。一以化三，左无上，右玄老，中太上。太上统和，无上摄阳，玄老总阴。阴合地，阳合天，和均人。人、天及地，号为三才。各有五德，五德伦分。修事毕（按：疑"修"字前脱一字），三才后一。得一者生，失一者死。能遵上古之道，则到太平之辰，故曰三老相应。三五气和，和生生气，气行无死名也。和则温清调适，适则日月光明。人功既建，天地顺之，故曰先安中五，乃选仙士，贤者心贤，必到圣治。

　　所谓"三一为宗"是说：天、地、人三者合一以致太平；神、气、精三者混一而长生。"天""地""人"者即"阳（太阳）""阴（太阴）""和（中和）"；"神""气""精"者亦即"阳""阴""和"，所以这两个"三合一"实际上是一致的。关于"天、地、人"三者合一的思想，本来在《周易·系辞传》中就有类似的观点，《周易·系辞传下》中说：

　　《易》之为书也，广大悉备，有天道焉，有人道焉，有地道焉，兼三才而两之，故六，六者非它也，三才之道也。

《说卦传》中也说：

> 昔者圣人之作易也，将以顺性命之理，是以立天之道，曰阴与阳；立地之道，曰柔曰刚；立人之道，曰仁曰义，兼三才而两之，故《易》六画而成卦。分阴分阳，迭用柔刚，故《易》六位而成章。

这种把"天""地""人"称为三才，并要求统一起来的思想对中国传统哲学有着很大影响，到汉朝这一观点则服务于天人感应目的论。董仲舒《春秋繁露·天地阴阳》中说：

> ……人之超然万物之上，而最为天下贵也。人下长万物，上参天地，故其治乱之故，动静顺逆之气，乃损益阴阳之化，而摇荡四海之内。……是故人言既曰王者参天地矣。苟参天地，则是化矣，岂独天地之精哉？王者亦参而渚之。

圣人参天地，赞化育，而能致太平者也，其所以然之故，即在于与天地相通而为参。而《太平经》就是沿着这种思想发展而有"三一为宗"的思想。《太平经钞》乙部（《襄楷传》注引同）中说：

> 大顺天地，不失铢分，立致太平，瑞应并兴。元气有三名，太阳、太阴、中和；形体有三名，天、地、人……此三者常当腹心，不失铢分，使同一忧，合成一家，立致太平，延年不疑也。

《襄楷传》注谓这段话出自《太平经·典帝王》（按："典"当为"兴"字之误），《经钞》篇目题为《和三气兴帝王法》，敦煌本作"和三五与帝王法"（按："与"当为"兴"字之误）。据篇目题及所引内容看，帝王所要求的恰是"致太平"和"延年长生"。而"致太平"和"延年长生"的方法就是要使"天、地、人三者合一"，"神、气、精三者混一"，或者说"致太平"之所以可能在于"天、地、人三者合一"，"延年长生"之所以可能在于"神、气、精三者混一"。

盖"气"或"元气"这一概念在《太平经》中至关重要，它构成天地万物。汉朝关于宇宙构成的学说，一般均以为宇宙是由元气构成，如《孝经纬·钩命诀》中说：

> 天地未分之前，有太易，有太初，有太始，有太素，有太极，是为五运。形象未分，谓之太易。元气始萌，谓之太初。气形之端，谓之太始。形变有质，谓之太素。质形已具，谓之太极。五气渐变，谓之五运。

所谓"五运"者，是说"元气"变化的五个阶段，所以"天、地、人"都是由"元气"构成，"元气无形，匈匈隆隆，偃者为地，伏者为天"（《河图括地象》），"正气为帝""间气为臣""秀气为人"（《春秋演孔图》）。要使天、地、人相通就得找出一种东西能把它们联系起来，而"气"这种东西无形无象、不可捉摸，在当时条件下是最理想的把天、地、人三者统一起来的东西。如果天、地、人统一起来，这样自然界和社会就成一和谐无矛盾的统一体，亦即国泰民安的太平世了。而"天、地、人"之所以为三气，照《太平经》

看是由于"天"为"阳气"（"太阳"），"地"为"阴气"（"太阴"），"人"为"中和之气"，所以《太平经》说：

> ……三气合并为太和也。太和即出太平之气。断绝此三气，一气绝不达，太和不至，太平不出。阴阳者，要在中和。中和气得，万物滋生，人民和调，王治太平。

天、地、人三者能否合一，主要在"中和之气"方面，即在人的方面，所以"人"（这里主要指的是"人君"）如果能"以道德化万物，令各得其所"，则"民气上达"，"天人一体矣"。

天、地、人的合一是就自然和社会的合一说的，如果实现了这三者的合一则太平气至，"太平气至，阳德君治，当得长久"，这样封建的专制统治就得到巩固了。但对帝王本身说，他不仅要求国泰民安的太平世，而且要求自己可以永远统治这个所谓的"太平世"的社会，因此也要追求长生不死。我们可以看到，在《太平经》中包含了大量关于个人如何长生不死、成仙度世的内容。个人长生不死如何可能？这就要求创造一种可能"长生不死"的"理论"，亦即要找到一种"成仙度世"的"解释"。本来在汉朝对人的生命现象的了解，一般都认为"神"现于人间社会，或者说把"神"和"形"结合在一起就是"生"，"神"和"形"分离则是"死"。并且认为，不仅"形"是由"气"构成，"精神"也是由"气"构成，《淮南子·精神训》高诱注："精者，人之气"；《白虎通义·性情》："精神者何谓也？精者，太阴施化之气也；神者，恍惚太阳之气也"；《大戴礼·曾子天圆》："阳之精气曰神"；《礼记·聘义》郑玄注："精神亦谓精气"。《太平经》也是这样认为，不仅"形"是"气"，而且"神""精"都是"气"，如果三气结合则人能长生久视。《太平经钞》癸部中说：

> 三气共一，为神根也，一为精，一为神，一为气。此三者，共一位也。本天地人之气，神者受于天，精者受于地，气者受之于中和（按：同卷有"神者主生，精者主养，形者主成"，此处之"气"即是"形气"），相与共为一道。故神者乘气而行，精者居其中也。三者相助为治，故人欲寿者，乃当爱气尊神重精也。

"神者受之于天"，即受之于"阳气"；"精者受之于地"，即受之于"阴气"。"阳气""阴气""中和之气"三者混一名为"守一"。"守一"者守"气"也，"一者，其元气纯纯之时也"。

"古今要道，皆言守一，可长存而不死。"由于人的"神""精""气"本为"阳""阴""和"，而"天""地""人"亦为"阳""阴""和"，所以这两种三合一是统一的。《太平经圣君秘旨》中说：

> 夫守一者，可以度世，可以消灾，可以事君，可以不死，可以理家，可以事神明，可以不穷困，可以理病，可以长生，可以久视。……子知一，万事毕矣。

能做到"守一"当然就是无所不能的神仙了。《太平经》内容主旨中的所谓"三一为宗"，当然是荒诞的无稽之谈，但是这种荒诞的无稽之谈正是适应汉王朝最高统治者的需要的。自汉武帝以后，董仲舒提出"罢黜百家，独尊儒术"，此后沿着董仲舒天人感应目的论的神学发展而有神学意味越来越浓厚的谶纬迷信之类。宗教必定是有神论，但是否任何有神论都能成为宗教呢？那却不一定。因为一种完整意义上的宗教（这是指阶级社会中的宗教），它不仅有对神灵的崇拜，而且还应有固定的教会组织和一整套教规教仪以及教会传授历史等等。一般地说，宗教总是要把世界二重化为现实世界和超现实世界，其教义认为人们只有在超现实的世界里才能永远地摆脱现实社会中存在的种种苦难，人们的美好的、幸福的生活最后只能在那超现实的彼岸世界中实现。中国的儒家思想特别是两汉的儒家思想尽管也承认有神，但它并不认为必须在现实世界之外去实现其理想，而是力图在现实社会中实现其"治国平天下"的理想，虽然这只是幻想和欺骗。在我国宗教虽然有过很大影响，但始终没有能成为独占的统治思想，并且常常居于次要地位，这和作为正统思想的儒家思想这一特点有关。儒家思想到东汉以后，从发展上看也很有可能成为一种宗教，因为从有神论，谶纬迷信发展成一种宗教并非很困难。但儒家在汉朝终究也没有成为一种宗教，这和它只要求在现实社会中实现其"治国平天下"的理想，而并不要求在超现实世界中去实现有着直接联系。因此随着汉王朝衰落，在这个经济、政治、精神和道德普遍瓦解的时候，儒家思想既然不能成为一种宗教，而其统治地位又走了下坡路，于是儒家思想的衰落，就为一种宗教的产生提供了条件。道教正是这种我国本民族适应当时社会的需要，表现了我国古代本民族思想文化的某些特点的一种宗教。它作为一种宗教虚构了一个神仙世界，告诉人们可以通过道德的修养、身心的修炼而得以成神成仙，在那超现实的世界里永远摆脱现实社会中的种种苦难。另一方面，它又有强烈地干预政治的愿望，说帝王可以通过"奉天地，顺五行"而"致太平"，把天上的千年王国实现于现实社会中，又把现实社会变成理想的超现实世界，使现实世界和虚幻的神仙世界合二为一，而这两个方面的结合构成了中国道教的特色。然而，成神成仙固然是虚妄的，就是"致太平"在过去的社会里也从未实现。宗教包括道教并未给人们带来任何幸福，只能给人们以精神上的某种安慰和麻醉。

（1984年）

论魏晋玄学到初唐重玄学

如果我们把先秦道家看成是道家思想的第一期发展，把魏晋玄学看作道家思想的第二期发展，那么我们能否说初唐重玄学为道家思想发展的一个新阶段呢？如果说中国本民族的宗教道教在初唐以前还没有较为系统和完善的道教哲学理论，那么能否说重玄学是道教的一种较为系统和完善的哲学理论，并为后来的内丹心性学奠定了基础呢？本文试图讨论上述两个问题。

一、魏晋玄学是先秦老庄思想的新发展

首先说明魏晋玄学所讨论的主要是本体论问题，而汉朝哲学主要是讨论宇宙生成论问题，以体现玄学发展的特点，应是有意义的。

汉朝哲学讲宇宙生成论问题大体有两类。一是讲宇宙如何由原始状态（最初状态）自然演化而有天地万物等等，例如《淮南子·天文训》中说："太始生虚霩，虚霩生宇宙，宇宙生元气，元气有涯垠，清阳者薄靡而为天，重浊者凝滞而为地。"宇宙在开始产生时呈现为全无规定性的无所不包的存在状态；从这种未分的状态分化出时间和

空间，有了时间和空间之后才有其中的未分的实体（元气），有元气就有一定的界限了（即可产生有规定性的东西），其轻清的上扬而为天，重滞的凝结而为地。这是《淮南子》所描述的宇宙生成的过程，汉朝许多著作大体上都有相类似的关于宇宙生成的说法，如《孝经纬·钩命诀》中说："天地未分之前，有太易，有太初，有太始，有太素，有太极，是为五运。形象未分，谓之太易。元气始萌，谓之太初。气形之端，谓之太始。形变有质，谓之太素。质形已具，谓之太极。五气渐变，谓之五运。"所谓"五运"是说"元气"变化发展的五个阶段；由未分到开始发生，再发展到形成一定的形状，而后有固定的质体，最后形成具体的事物。又如王充也有类似观点，他说："天地合气，物偶自生"（《论衡·物势》），"天地合气，万物自生"（《论衡·自然》）。这都是说，天地之气相互交合，万物就自然而然地产生了。在这里王充主要是为反目的论而说的，但它都说明万物皆由元气的相互作用而生成。这是汉朝哲学对宇宙生成发展的一种理论。另外还有一种宇宙生成论的理论认为，万物是由"天"有目的产生的，如董仲舒的《春秋繁露》中说："天者，百神之太君也"，"父者子之天，天者父之天。无天而生，未之有也。天者，万物之祖，万物非天不生"。又如《易纬·乾凿度》开头借黄帝之口说：太古之时，百皇开辟宇宙，拓破洪蒙（使天地有分），这样就有了伏羲氏，伏羲知道天有好生之德，从而造化百源，如此等等。这都是说，天地万物是由天神有目的造就的。

　　魏晋玄学作为一种哲学在基本形态上和汉朝的哲学很不相同，它主要不是讨论宇宙如何生成的问题，而是讨论宇宙的本体问题，即天地万物存在的根据问题。魏晋玄学如何产生，其原因是多方面的，例如时代的变迁、儒学的衰落、学风的转变等等都会影响一种新的思潮的产生，在这里不必多讨论①，这里只讨论魏晋玄学作为一种本体之学的理论问题。

《晋书·王衍传》谓："魏正始中，何晏、王弼等祖述老庄，立论以为：天地万物皆以无为本。"就此可知，何晏、王弼的哲学是由先秦老庄思想发展而来，其基本命题是"以无为本"，即"有"（天地万物）以"无"为本。为什么说他们的哲学的基本命题是"以无为本"呢？王弼说："道者，无之称也，无不通也，无不由也，况之曰道，寂然无体，不可为象。""道"是没有办法说的，只能用"无"来说明，但是它贯通在一切事物之中，没有不是由它而成就，所以只能比方着把它叫作"道"，它恒常不变而不是实体，所以没有形象。因此，王弼认为只能用"无"来规定"道"。那么王弼是如何论证"以无为本"这个命题呢？王弼有一篇《老子指略》，他通过对《老子》这部书的总体分析来阐明其"以无为本"的思想。在这篇文章中，王弼提出：声音有宫、商、角、羽、徵等等，声音，如果是"宫"就不能同时又是"商"，是"角"就不能同时是"羽"；形状，如果是"方"就不能同时又是"圆"。只有"无声"才可以成就一切声音，"无形"才可以做成一切形状。因此无规定性的"无"才可以成就一切有规定性的"有"。"无规定性的无"是什么意思，就像金岳霖先生说老子的"道"是"不存乎而有"。也就是说，王弼的"以无为本"是说"无"是本而"有"是"末"，这就是魏晋玄学的"本末有无"问题的讨论。

为什么说魏晋玄学是先秦老庄思想的新发展？我认为主要之点是，在王弼注解《老子》时，对《老子》中可以被解释为"宇宙生成

---

① 参见汤一介：《郭象与魏晋玄学》第一章，湖北人民出版社1983年版。

论"的思想，他往往给以本体论的解释，如《老子》第四十章："天下万物生于有，有生于无"，王弼注说：

> 天下之物皆以有为生，有之所始，以无为本，将欲全有，必反于无也。

意思是说，天下之物都是以"有"（有形有象的）而存在，万有之所以始成为万有，是以（无规定性的或无形无象的）"无"作为其存在的根据。如果要成全"有"，就要返回到它的根本"无"。又如王弼对《老子》"道生一，一生二，二生三，三生万物"的解释是："万物万形，其归一也，何由致一，由于无也。"万物万形总得有个统一性，如何能使千差万别的万物统一呢，只能是由"无形无象"的"无"来统一。照王弼看，从众多的有形有象的事物中应该找一个统一性，然而统一不可能由某种具体的有形有象的东西来实现，只能由抽象的无规定性的"无"来实现，即由抽象的"一般"（共相）来统一具体的"个别"（殊相）。具体的事物（有）是经验中的，而无形无象的"无"是超于经验的。这样，王弼就把《老子》中原来具有某种生成论的因素转化而解释为本体论，这种例子很多，如对《周易·复卦》的注，《老子》第三十八章注等等，兹不赘述。由于王弼哲学是讨论"无"和"有"的关系，并认为"无"是"有"存在的根据（究极原因），因此被称为"贵无"派。不仅如此，王弼还提出，抽象的一般"无"是要由具体的"有"来体现的，他说："夫无不可以无明，必因于有，故常于有物之极，而必明其所由之宗也。"这就是说，"无"不可能由无形无象的"无"本身来表现，是必须要通过有形有象的"有"来表现，所以要常常在有形有象的事物上，指示出它所根据的是本体之"无"。从这里看，王弼哲学已经意识到"无"（一般）和"有"（个别）之间的辩证统一关系，即"无"作为"体""本"，"有"作为"用""末"之间的辩证统一关系。因此，我们往往说王弼哲学是"体用一如""本末不二"的哲学。据此，我们可以看到在王弼的著作中常常用"崇本举末""守母存子"来说明"无"和"有"之间的关系。

然而王弼的哲学体系并不周全，在他的论述中（注《老子》和《周易》）仍然有"生成论"的因素，例如《老子注》第一章对"两者同出异名"一段的注说：

> 两者，始与母也。同出者，同出于玄也。……玄者，冥也，默然，无有也，始母之所出也。

按："玄"即"道"，即本体之"无"，或曰"无有"（不是"有"）。"天地之始"和"万物之母"同出于"玄"，则"本体"又在"万有"之先，且成为万有之所由生者，所以第三十七章注说："万物皆由道生"，这就是说，王弼仍和老子一样未能完全把生成论的因素排除掉。从这个观点出发，就会导致在王弼哲学中包含有"崇本息末"的观点。这是因为，在"道"产生万物之后，万物渐渐远离"道"，例如人就产生了种种"私欲""巧利"之类，而背离了"道"，因此要"崇本息末"，以达到"反本"。

从这里我们可以看到，在王弼哲学中存在着矛盾，根据他的本体论"体用一如"的要求，得出的应是"崇本举末"；而根据他的生成论"万物皆由道生"的要求，可以导致本末为二，而有"崇本息末"的结论。当然从总体上看，王弼哲学虽有矛盾，而"以无为本"的本体论仍是其思想的核心，是王弼哲学对老子思想的新发展。由于王弼的"贵无"思想强调的是"体用一如""崇本举末"，比较注意的是事物的统一性方面，即共相方面，而相对地说对事物的特殊性方面，即殊相方面则较为忽视，因此玄学由正始时期王何的"贵无"发展到竹林时期的玄学则分为两支：一支是更加崇尚自然，强调事物的统一性，主张"崇本息末"，这就是嵇康、阮籍的哲学；另一支则是向秀的哲学，向秀强调的是万物"自生"，这说明他注意到事物的特性。

王弼主张"体用一如"，故可要求不废名教而任自然，而嵇康、阮籍提倡废末归本，故要求"越名教而任自然"。照嵇康、阮籍看，"自然"是一有序的和谐的整体，而人类社会开始时也是和谐的，但"名教"这类人为的东西破坏了"自然"的和谐。如嵇康在《太师箴》中所说：

> 浩浩太素，阳曜阴凝。二仪陶化，人伦肇兴。厥初冥昧，不虑不营。……茫茫在昔，罔或不宁。赫胥既往，绍以皇羲，默静无文，大朴未亏，万物熙熙，不夭不离。……下逮德衰，大道沉沦。智惠日用，渐私其亲。惧物乖离，攘臂立仁，利巧愈竞，繁礼屡陈，刑教争施，天性丧真。季世陵迟，继体承资。凭尊恃势，不友不师。宰割天下，以奉其私。

这就是说，社会由于各种智巧、争夺、自私的产生而离和谐的"自然"越来越远了，因此应破除那些违背"自然"的"名教"，使人类社会返回到符合"自然"要求的和谐统一的社会中去，即万物应回到那种无分别的状态（无）中去。故嵇康、阮籍提出"越名教而任自然"，这正是沿着王弼"崇本息末"的思路发展的。嵇康、阮籍这一"越名教而任自然"的思想正是以他们的宇宙生成论为理论前提的。上引《太师箴》"浩浩太素，阳曜阴凝"一段正是说的宇宙由自然到社会的演化过程，又如《声无哀乐论》中说的"天地合德，万物资生，寒暑代往，五行以成"，《达庄论》中说的"自然一体……一气盛衰，变化而不伤"，都说明嵇康、阮籍的哲学是一种宇宙构成论。因此，可以说他们的思想是对王弼思想中由宇宙构成论因素导致主张"崇本息末"而发展成的。

向秀主张"以儒道为一"（谢灵运《辨宗论》），认为"自然"与"名教"并不对立，这就是说，他的思路沿着王弼"崇本举末"发展而成的。在向秀的《难养生论》中，他从批评嵇康《养生论》的观点出发，提出"自然之理"和"人为之礼"并不矛盾，因为"实由文显，道以事彰。有道而无事，犹有雌无雄耳"（《列子注》引向秀语）。从这里看，向秀是以"道"和"事"为相连的两面，"自然"和"名教"自不相矛盾。为了强调事物的合理性，向秀提出"万物自生"的观点，这显然是针对"万物皆由道生"的观点而发的，即是对王弼"贵无论"中生成论方面的批评。但向秀对王弼的批评似乎并没有涉及其本体论方面，甚至可以说他在某一方面仍然受到"贵无"思想的影响。在张湛的《列子注》中引有几十条向秀的话，其中《列子·天瑞》"故生物者不生，化物者不化"句，张湛注说：

　　《庄子》亦有此言。向秀注曰：吾之生也，非吾之所生，则生自生耳。生生者岂有物哉？（无物也），故不生也。吾之化也，非物之所化，则化自化耳。化化者岂有物哉？无物也，故不化焉。若使生物者亦生，化物者亦化，则与物俱化，亦奚异于物？明夫不生不化者，然后能为生化之本也。

　　盖"生生者"不能是"物"，它必定是与"物"不同的东西。因为只要是"物"，它就有生有化，只有不是"物"而超越"物"者，才可以不生不化，这种不生不化的超越物者才能是生化之本。向秀一方面主张"万物自生"，另一方面又认为还有一不生不化的"生化之本"，这样在他的体系中就形成了矛盾。

　　稍后于向秀的有裴頠，裴頠著《崇有论》"疾世俗尚虚无之理"，据《晋书》所载《崇有论》，裴頠和向秀一样，主张"万物自生"，反对"有生于无"，并且提出一比向秀更为明确的命题："自生而必体有"，万物的自生是以其自身的存在为本体，这可以说《崇有论》既否定了王弼的"以无为本"，又抛弃了向秀的不生不化的"生化之本"。为了强调每个事物都有其规定性（有其特性），《崇有论》中说："方以族异，庶类之品也。形象著分，有生之体也。"而且裴頠还提出来"理之所体，所谓有也"，"理"（规律）是以"有"（事物的存在）为其实体，即规律是存在的规律。从这些地方看，可以说裴頠较好地解释了"万物自生"的观点。但在他的《崇有论》中仍然存在一个问题，论中说："夫至无者，无以能生，故始生者，自生也。"这就是说，事物虽然不是由"无"产生的，而是"自生"的，但它还有一个"始生"（开始产生之时），这就会被提出一个问题：在事物开始产生之前又如何呢？这个问题在另一种版本的《崇有论》就发生了，即在《资治通鉴》卷八十二中所引《崇有论》中有一段与《晋书》所录的很不相同。《晋书》中的"夫至无者，无以能生，故始生者，自生也。自生而必体有，则有遗而生亏矣。生以有为已分，则虚无是有之所谓遗者也"，然而在《资治通鉴》中则作："夫万物之有形者，虽生于无，然生以有为已分（原注：物之未生则有无未分；既生而有，则与无已分矣），则无是有之所遗者也

（原注：遗，弃也）。"如果照《资治通鉴》所载，则"始生"问题或可较好解释：宇宙在有形之物产生之前，是有无未分的状态；有形者虽然生于无形者，但在有形者产生之后，它就与无形者分开了，于是无形者就为有形者抛弃。从这里看，万物之有形者当然有一个"始生"之时，而在万物之有形者始生之前，宇宙为一有无未分状态，而这种状态应是无始的。不过如果照《资治通鉴》所载之文，裴頠又会陷入与向秀同样的矛盾，即在"万物自生"（有）和生万物之"无"（此"无"或为无形者）之间形成矛盾。所以在魏晋玄学的发展过程中，"有"和"无"始终是诸玄学家讨论的一个中心问题。

郭象的《庄子序》中提出，他注《庄子》是为了"明内圣外王之道"和"上知造物无物，下知有物之自造"。后面一个问题是讨论有无"造物主"的问题，它涉及"有"和"无"的关系问题。前面一个问题是讨论"名教"和"自然"的关系问题。郭象哲学也是由反对"有生于无"入手，他不仅认为万物都是"自生"的，而且认为万物之"自生"是因为他们都各有各自的"自性"，他说："物各有性，性各有极"（《逍遥游注》），每个事物都有其自身存在的内在根据，这就是其"自性"；而且其"自性"都有一个极限，"有极限"是说有其自身规定性的极限。这说明郭象强调的是事物的特殊性（个性）。既然万物是由其"自性"作为其存在的根据，那么万物（有）就不是由什么别的东西生成的，所以《齐物论注》中说："造物无主，而物各自造"。特别是"无"不能生"有"，如《齐物论注》中说："请问夫造物者，有邪无邪？无邪，则胡能造物哉？"照郭象看"无"就是"无"，就是什么都没有；什么都没有怎么能产生"有"呢，"无则无矣，则不能生有"（《齐物论注》）。因此，郭象认为万物的生成没有一个开始的问题，他说：

> 谁得先物者乎哉？吾以为阴阳为先物，而阴阳者即所谓物耳。谁又先阴阳者乎？吾以自然为先之，而自然即物之自尔耳。吾以为至道为先之矣，而至道者乃至无也。既以无矣，又奚为先？然则先物者谁乎哉？而犹有物，无已。明物之自然，有使之然也。（《知北游注》）

一切都是物，没有先于物而存在的东西，"物"（有）是无始的，是自然而然存在的，没有什么东西使它如此存在。郭象的这一观点是对裴頠"始生"思想的否定。不仅如此，郭象还认为，既然万物是"自生"的，那么它的发展变化只能是由其自身内在的"自性"决定，因此它是独立自足生生化化的，这叫"独化"，如他说：

> 凡得之者，外不资于道，内不由于己，掘然自得而独化也。夫生之难也，犹独化而自得之矣。既得其生，又何患于生之不得而为之哉？（《大宗师注》）

"凡得之者"云云是说凡得自性而为生者，从外面说不是由于"道"所给予的，从自身说也不是自己所能求得的，而是没有什么原因突然自己得以如此地独立自足地存在着。"自得"是说"道"不能使之得而自得为生（"自生"）。既然是"自得为生"，那就根本用不着自己去考虑自身的存在而去追求之。"自得为生"则任何事物都应是独立自足的，如果不是独立自足的，那或是"外资于道"，或是"内由于己之为"，这样就要否定"自生"了。前面谈到裴頠认为，事物的存在要靠一定的条件："有之所须，所谓资也。"而郭象认为，任何事物的存在从原则上说都是"无待"（无条件），不需要靠外在的条件，他说：

> 若责其所待，而寻其所由，则寻责无极，卒乎无待，而独化
> 之理明矣。（《齐物论注》）

如果找事物存在的外在根据，那么可以一直找寻下去，最后得出的结果只能是"无待"，所以事物独立自足生生化化的道理很明白的。从这里我们可以看出，郭象不仅以"万物自生"反对"有生于无"的宇宙生成论，而且以"独化"思想反对"以无为本"的本体论。所以我们可以说郭象的哲学是"无无论"。郭象哲学的特点与王弼不同，他只肯定万物（有）独立自足的存在，所寻求的不是万物的统一性（共性），而是寻求万物的特殊性（个性）。那么，郭象哲学是不是也给我们留下两个问题呢？一是万物是否有统一性？另一是万物的存在是否果真由其"自性"所决定？

上面我们主要讨论的是"上知造物无物，下知有物之自造"和"无则无矣，则不能生有"；下面再讨论"内圣外王之道"的问题。在《齐物论注》中，郭象说："有无而未知无无也，则是非好恶犹未离怀。"意谓，如果知"无无"，则是非、好恶皆可无措于心。这从方法论上说是一种取消矛盾的方法。而在当时玄学家们所要讨论的重要问题之一就是"自然"和"名教"的关系问题。照上引郭象的观点看，知"无无"才可以取消"自然"和"名教"的矛盾。庄子认为，崇尚自然的为"游于方之外者"，而提倡"名教"故为"游于方之内者"，而"外内不相及"（《大宗师》）。而郭象则认为，"未有极

游外之致而不冥于内者，未有能冥于内而不游于外者也"。他企图冥合"游内"与"游外"之间的界限，以调和"自然"与"名教"，而"明内圣外王之道"。因此，郭象的"崇有""无无"思想又是调和"自然"与"名教"的理论基础。故郭象的《应帝王》解题说："夫无心而任乎自化者应为帝王。"

以上是对魏晋玄学发展的一简略分析，从上述分析，我们可以讨论两个问题：

（1）现在中国哲学史的研究似乎有一个问题，即阐述某一哲学家的思想往往设法把其思想体系说成没有矛盾的，我认为这是不符合实际的。在历史上的哲学家的哲学思想中都会包含着某些矛盾，或者说存在着他们没有解决的问题，这样才有哲学的发展。魏晋玄学作为一种哲学思潮就是在解决"有"和"无"的讨论中不断发展的。其发展的过程就是在不断地解决矛盾的过程。

（2）每个时代的哲学往往都有其讨论的共同哲学问题，魏晋玄学作为一种哲学自然也有它讨论的中心哲学问题。这就是"有""无"本末问题，存在与所以存在的关系问题，其他问题大体上都是围绕着这个中心问题展开的，例如王弼"贵无"，提出"以无为本"，并用"执一统众"来论证，以强调万物的统一性（共性）；而郭象"崇有"，以"万物自生"来论证，以强调事物的特殊性（个性）。因此，我认为研究哲学史应抓住每个时代哲学思想的中心问题来展开。不能把哲学史的研究等同于"思想史""学术史"或"文化史"。

二、重玄学的产生和完成

"重玄"是根据《老子》第一章"玄之又玄"提出来的。据现有史料，"重玄"这一概念到南北朝时已较为普遍地使用。有东晋孙登"托重玄以寄宗"（成玄英：《道德经序决开题》引孙登《老子注》语），佛教徒支道林和僧肇也都使用过"重玄"这一概念，至于道教使用这一概念就更为广泛。由于孙登的《老子注》已散佚，他的"重玄"思想故难以讨论。孙登为著《老聃非大贤论》孙盛之族侄，在该论中有一段话，可看出东晋时对前此"贵无"和"崇有"的看法，文谓：

> 昔裴逸民作《崇有》《贵无》二论，时谈者，或以为不达虚胜之道者，或以为矫时流遁者。余以为尚无既失之矣，道之为物，惟恍与惚，因应无方，唯变所适。……是以洞鉴虽同，有无之教异陈；圣教虽一，而称谓之名殊。…而伯阳欲执古之道，以御今之有；逸民欲执今之有，以绝古之风。吾故以为彼二子者，不达圆化之道，各矜其一方者耳。（《广弘明集》卷五）

孙盛批评"贵无""崇有"两派，认为他们都"不达圆化之道"而"各矜一方"。这是否意谓应超出"有""无"之对立，而达"非有非无"呢？孙登之"重玄"或已包含"非有非无"的意思？这是有待新材料之发现，方可解决。然有僧肇作《不真空论》，则旨在破"贵无"与"崇有"，以明"非有非无"之中道。王弼"贵无"，郭象"崇有"，一执着于"无"，一执着于"有"，各有所偏，僧肇用《不真空论》虽直接批评的是当时三种对般若学的错误理解，但实亦是在解决魏晋玄学"贵无""崇有"各执一偏的。僧肇认为，一切事物（物理的、心理的）的存在都是不真实的，所以是"非有"；一切事物都可以因因缘合和而成，故是"非无"；就像幻化人一样，幻化人不是真实的人，但仍可有非真实的幻化人。僧肇就是用这种方法来建立其"不真"则"空"的理论。这种把"非有非无"作为一种方法就是既否定"有"又否定"无"的"损之又损"的双遣法。只有把一切否定了，才可以证得"诸法本无自性"的道理。由此，僧肇在《涅槃无名论》中说：

> 夫群有虽众，然其量有涯。正使智犹身子，辩若满愿，穷才极虑，莫窥其畔。况乎虚无之数，重玄之域，其道无涯，欲之顿尽耶？书不云乎，为学者日益，为道者日损。为道者，为于无为者也。为于无为而日日损，此岂顿得之谓？要损之又损之，以至于无损耳。

按："涅槃，秦言无为"，"虚无之数""重玄之域"均指佛教之"涅槃"境界。这段话的意思是说："群有"虽然众多，但总还是有限的；即使"群有"是有限的，要用才智去穷尽它，也是很难做到。何况"虚无之数""重玄之域"，它的道理是无穷无尽的，怎么能用顿悟的方法一下子就得到呢？因此，要达到涅槃境界只能用渐修的方法，即通过"损之又损"而达到"无损"，直至涅槃境界。涅槃境界是损无所损了，也就是说通过"损之又损"的否定而必达到有所肯定的涅槃境界。这里或许给我们揭示了一重要思想，即僧肇的《涅槃无名论》是用"损之又损"（亦即"非有非无"）的方法以达到重玄之域。看来，僧肇要求在破相之后，应有所建立。这在陈慧达的

《肇论序》和元康对此序的疏中均有所透露。慧达《肇论序》中说：

> ……但圆正之因，无上般若；至极之果，唯有涅槃。故末启重玄，明众圣之所宅……

元康疏谓：

> "但圆正之因，无上般若"者，此谓《般若无知论》也。涅槃正因，无有尚于般若者也。至极之果，唯有涅槃耳。般若极果，唯有涅槃之法也。故"末启重玄"者，以此因果更无，加上"故末"，后明此两重玄法。般若为一本玄，涅槃为一玄也。前言真俗，指前两论；后言重玄，指后两论，此是必然，不劳别释。重玄者，老子云"玄之又玄，众妙之门"。今借此语，以目涅槃般若，谓一切圣人，皆住于此，故名为"宅"也。

如果说前引《涅槃无名论》中之"重玄之域"是指一种境界，则此处"重玄"兼有方法义。这中间重要的意思是"般若"为一玄，"涅槃"为一玄，故曰"重玄"。元康的意思是说，《肇论》四篇有前后演进关系，前两论《物不迁论》《不真空论》是讨论"真谛""俗谛"问题；后两论《般若无知论》《涅槃无名论》则是讨论成佛之因果问题。后两论之论因果，般若为因，涅槃为果；般若为一玄，涅槃为一玄，此即"重玄"。只讲般若一玄，未达极故，必有涅槃之"又玄"，至"重玄"方可彰圣。

从以上的材料和我们的分析，是否能说，僧肇的学说中，在借老子"玄之又玄"的"重玄"思想，来表示般若破相为"一玄"，之后必以涅槃彰圣为"又玄"，"此是必然，不劳别释"也。如果我们从南北朝佛教在中国发展的情况看，东晋时般若学极盛，而宋齐之后有涅槃学之兴起，至梁大盛，这也正说明般若学与涅槃学前后相继之关系。在破除一切世间虚幻的假象后，"佛性"才得以彰显，而通过修行达到"涅槃"才有可能。破除对世俗之一切执着（包括对"有"和"无"之执着），即"破相显性"，"重玄"就成为达到"涅槃"境界的方法。至于"什么是佛性"，当时有各种各样的说法，梁宝亮《涅槃集解》列为十种，此非与本题有关，故阙而不论。但此时期佛教在中国之发展及其所讨论的问题，必对道教（道家）有所启发，而影响着隋唐道教（道家）重玄学之建立。

　　南北朝之道教学者的著作亦多释"重玄"，有释"重玄"为"重天"者；有释"重玄"为至善境界者；有释"重玄"为"道"者；有释"重玄"为"穷理尽性"者，如此等等。有《玄门大论》未详作者，但早于《本际经》，用精气神三者合一况"重玄之道"（《玄门大论·三一诀序》）。于此始把道教之"三一为宗"与"重玄"思想结合；而《本际经》则宣称其宗旨为"最深最妙无上要术，开秘密藏重玄之门"（卷一）。而"重玄"者"遣一切相"，以至于"遣无所遣"（卷八），"于空于有，无所滞着，名之曰玄。又遣此玄，都无所得，故名重玄众妙之门"（卷八）。《玄门大论》与《本际经》或均受佛教之影响，此当另文详论。然这两种著作对成玄英、李荣的"重玄学"之建立则有直接影响。

　　"重玄"者，取之《老子》第一章"玄之又玄，众妙之门"。照《老子》第一章中说，"常道"虽不可道，但仍可由"有"和"无"两方面来把握，故曰："此两者同出，异名同谓，玄之又玄，众妙之门"（据马王堆帛书本）。因此，要了解"有"和"无"之间的关系必须对"道"有深刻之体会。王弼"贵无",以"无"释"道",以"无"为无规定性之"有"(being),故"无"为"有"之体,为"有"存在之根据。郭象"崇有",以"有"自生,故否定"有"另有一存在之根据,"无"是"虚无"(non-being),故不能生"有"。僧肇既否定"贵无",又否定"崇有",提出"非有非无"之命题。僧肇阐发"非有非无"的《不真空论》,根据般若学之"诸法本无自性"之理论所建立。若万物无自性,则存在有何根据?成佛有何可能?故于般若破相之后,而有涅槃佛性学说出。唐初道教学者成玄英、李荣运用南北朝以来佛道二教"有""无"双遣之"重玄"思想资源,于双遣"有""无"之后,以"理"释"道",实为道教(道家)理论上之一大突破。

成玄英、李荣以及后来的道教学者(如杜光庭等)均以"重玄"作为其学说之特征,如成玄英说,他的学说"宜以重玄为宗"。那么成玄英如何解释"重玄"呢?他说:"深远之玄,理归无滞,既不滞有,亦不滞无,二俱不滞,故谓之玄。"(《道德经义疏》第一章)此谓"一玄"。又说:"有欲之人,唯滞于有;无欲之士,又滞于无。故说一玄,以遣双执。又恐行者,滞于此玄,今说又玄,更祛后病,既而非但不滞于滞,亦乃不滞于不滞,此则遣之又遣,故曰玄之又玄。"(《道德经义疏》第一章)此说"重玄"。"一玄"是否定"贵无"和"崇有",而达到"非有非无";"重玄"进而要否定"非有非无",以致"不滞于不滞"。盖因为如果执着僧肇"非有非无"的"不真则空"的理论,那么从一方面说,它也是一种执着;从另一方面看,在破除了一切之后,必须仍有所立,如佛教在中国,于般若学流行之后,又有涅槃佛性学说之兴起。成玄英的"重玄学",无论其理路或思维方式无疑都是受南北朝佛教的启示而有的。

　　成玄英、李荣在破除了对"有"和"无"的执着之后，他们是如何建立他们的"重玄"理论呢？王弼以"无"释"道"，郭象以"有"释"物"，而成玄英以"理"释"道"。他说："道者，理也。"并且成玄英用"重玄妙理""自然之理""虚通之妙理""实理"（真常之理）等等来对"理"加以规定和说明。从"理"是"重玄妙理"说，此"理"是在破除以"道"为"有"（实在的事物）和"无"（本无）之后的有所肯定的"理"。"自然之理"是说"理"不是人为的，"天道，自然之理也"（《老子》第四十七章注），"真实之道，则自然之理也"（《天道疏》），"玄道至极，自然之理，欲不从顺，其可得乎？"（《大宗师疏》）按："自然之理"或有规律的必然性义。他主要用"虚通之理"和"真常之理"来说明"道"。"虚通之理"是说"理"不是具体实在的事物，但它无所不在、无所不通，故亦非"虚无"，"夫知虚通之道者，必达深玄之实理"，此"虚通之理"必为"实理"，"实理"即"真常之理"，真实无妄而常存。成玄英用"理"来说"道"，此实为理论上之一大飞跃。"理"为虚通之实理，从而排除了"道"的物质之"实体性"，而"道"为"非有"；又排除了"道"的外在于物之"虚妄性"，而"道"又"非无"；进而又排除了"道"的"非有非无"之"无自性性"，而使"道"具有常存的真实无妄性之意义。这说明"重玄"（重玄之妙理）不仅是一种方法，而且是作为天地万物之所以存在之本体（宇宙本体）。

　　成玄英的本体论与王弼有同有异：其所同者，都认为天地万物有其所以存在之根据，即本体；且都用"体"和"用"来说明其所以存在之根据。王弼说："以无为用，不能舍无以为体。"他注重的是"无"的"即体即用"。成玄英用"理本"来说明"理"是天地万物之本体，用"妙用"来说明"理"的"用"的奥妙。而成玄英的本体论与王弼的本体论最为显著的不同在于，王弼以无规定性的"无"作为天地万物的本体，而成玄英以有规定性的"理"（虚通之实理）作为天地万物之本体，这或是在南北朝经过佛道发展之后而出现之结果乎？

　　《天地疏》中说："虚通之道，包罗无外，二仪待之以覆载，万物得之以化生，何莫由斯，最为物本。""虚通之道"（"虚通之理"）为天地万物存在之根本，天地得到它就有覆载的功能，万物得到了它就得以存在，所以它是一切事物的本体。成玄英进而提出"道"（或"理"）落实到众生，则为众生之性分，成玄英说："道者虚通之妙理，众生之正性也。""道"是天地万物存在之"理"，即宇宙存在之根据，人和其他众生从"道"所得为其"正性"，即完善之性分，是人存在之根据，这就是说"性"是人得之于"道"（"理"）而存在的内在本质，"性者，禀生之理"（《在宥疏》），"苍生皆有真常之性，而不假于物也"（《马蹄疏》）。人如何实现其"正性"（真常之性）而通向"虚通之妙理"，即由个体之存在通向宇宙全体之存在？成玄英认为要靠"心"的作用。"心"（真常之心）是人的精神活动之主体，"夫心者，五脏之主，神灵之宅"（《达生疏》），"灵府者，精神之宅，所谓心也"（《德充符疏》），故"聪明之用，本乎心灵"（《大宗师疏》）。通过"心"的作用，进行自我修养，"穷理尽性"，这样一方面可以清除"违理""失性"的欲望，即如成玄英说："夫苍生所以失性者，皆由滞欲故也。既而无欲素朴，真性不丧，故称得也"（《马蹄疏》），"夫耽嗜诸尘而情欲深重者，其天然机神浅钝故也。若使智照深远，岂其然乎！"（《大宗师疏》）另一方面，通过心神之修炼，恢复

"正性"，"心神凝寂，故复于真性"，达到同一宇宙本体，这就是"境智冥合"（天人合一）而至于"重玄之乡"。"六合之外，谓众生性分之表，重玄至道之乡也"（《齐物论疏》）。盖所谓"重玄之乡"即是超越自我与世俗之精神境界也。为此，成玄英提出"穷理尽性"作为达到超越境界之途径。从这里看，成玄英提出"重玄之理"通过"真常之性"（正性）而引出"真常之心"（《德充符疏》："若能虚忘平淡，得真常之心"），即由本体论问题引向心性论之讨论。同样，成玄英又从"真常之心"的"穷理尽性"，通过"重玄"的"双遣有无""超兹四句""离彼百非"，以实现"真常之性"，而通于"重玄之理"，而达到"重玄之乡"，企图解决本体（重玄之理）与境界之统一问题。"重玄之域"，《徐无鬼疏》谓："夫至道之境，重玄之域，圣心所不能知，神口所不能辩，若以言知索真，失之远矣。"这说明，"重玄"不仅是方法、是理论，而且是境界。据以上所论，我们可以看出，成玄英的哲学是由"理""性""心"三个概念所构成的一相当圆通之体系。

如果成玄英的"重玄学"只是由本体论引向心性论，这作为一种哲学说，无疑是很有意义的。就这点说，成玄英哲学的路数大体和宋明理学有相似之处，即由本体哲学向心性哲学发展。从魏晋玄学的本体哲学到唐初重玄学的心性哲学，从中国哲学发展的理路看，是否有着某种内在的必然性？这大概和中国哲学重视精神境界之提高和以"内在超越"为特征有关，此非本题应讨论者，兹不赘述。但是，成玄英的"重玄学"如果只是这样一个理路，它并没有解决"道教"作为一种宗教所要达到的目标，它还不是一种宗教哲学。我们知道，道教所追求的目标与佛教不同，佛教追求的是"涅槃"，道教追求的是"成仙"，即长生不死。如果成玄英的"重玄学"不仅是一种哲学，而且是一种宗教哲学（道教哲学），那么他的哲学就必须为道教追求的"长生不死"做理论上的论证。我们知道，道教的"长生不死"是与"气化"理论有着密切关系的。它以"精气神"三者的结合作为达到长生不死的途径。那么成玄英的"重玄学"是如何处理这个问题的呢？

为了适应道教终极目标的要求，成玄英把"气"的概念引入他的体系。成玄英对《老子》第四十二章"道生一，一生二，二生三"的注释说：

> 至道妙本，体绝形名，从本降迹，肇生元气，又从元气变生阴阳，于是阳气清浮升而为天，阴气沉浊降而为地，二气升降，和气为人，□有三才，次生万物。

这条注的意思是说："道"作为天地万物微妙的本体，无形无名，从"道"这个无形无名的本体演化出有形迹的东西，开始产生未分化的元气，然后分化为阴阳二气，阳气清轻上升为天，阴气重浊下沉为地，阴阳二气相互作用而生人，有天地人而后有万物。这里成玄英把"道"（理）看成是生"物"之本（本体），"自然之理，通生万物"（《齐物论疏》），而"气"是生"物"之元素，"气是生物之元"（《在宥疏》）。天地万物是据"道"（理）由"气"而生成，"妙本一气，通生万物"（《齐物论疏》）。人得"正性"于"道"，由"精""气""神"三者结合而为具体的人，如果人能修心养气而志于"道"，就能反本归源，与"道"合一而长生。所以道教提出所谓"性命双修"，性功修心，命功养气。如何反本归源？照成玄英看，就要"宝神，惜气，固精，志道，不轻此生，故云自爱"。而"宝神""惜气""固精"是要通过"修道"（志于道）达到，而"修道"主要在"修心"，使"心"无执着，如"道"一样虚通，以得长生。故成玄英《老子》第十六章注说："不知性修反德，而会于真常之道者，则恒起妄心，随境造业，动之死地。"而"心神凝寂，故复于真性，反于惠命"。

就上所论，成玄英的哲学体系又包容着一宇宙生成论的架构，从而使他的道教哲学得以成立。当然以这种道教哲学体系能否实现道教的终极目标——长生不死，仍是一大问题。因为成玄英还只是为道教创建了一套通向其终极目标的理论，并没有建构一套实现其理论的修持方法。到唐末五代兴起的"内丹心性学"才提出一套"性命双修"的修持方法，从而又把道教的宗教理论和方法向前推进了。至于"内丹心性学"的学理意思又当别论，此非本文所讨论，当对五代两宋金元之"内丹心性学"做进一步之研究。

成玄英等所建立的"重玄学"有什么意义？我认为可归为三点：

（1）如果说先秦道家（老子、庄子等）是道家思想的第一期发展，魏晋玄学为道家思想的第二期发展，意欲在道家思想的基础上调和儒道两家思想，那么唐初重玄学或可以被视为道家思想的第三期发展，它是在魏晋玄学的基础上吸收当时在中国有影响的佛教般若学和涅槃佛性学以及南北朝道教理论所建的新的道家（道教）学说。

（2）道教自东汉建立以来，不少学者（如葛洪、寇谦之、顾欢、陶弘景等等）都在努力为道教建立哲学理论，但似乎都不成功，因此无法在哲学理论上与当时流行的玄学和佛教理论相匹敌。究其原因或有两点可注意：第一，没有特别注意通过注解《老子》《庄子》，并在继承和发展魏晋玄学理论的基础上，来为道教建立哲学理论体系；第二，没有特别注意参与当时哲学发展所讨论的问题中去，因此在"重玄学"建立之前道教哲学的理论水平不高。但"重玄学"或多或少地克服了上述两个缺点。"重玄学"通过吸收和融化某些玄学和佛教哲学理论，并吸收南北朝时期之道教理想，在注解《老子》和《庄子》的基础上为建立道教哲学提供了有意义的路径。唐宋以后的"内丹心性学"就是在此基础上发展起来的。因此，注重历代对《老子》《庄子》注释，是全面了解中国哲学发展的至关重要问题（当然对儒家和佛教的注疏同样也应注意）。

（3）我们常说，宋明理学一方面批判佛道二教，另一方面又吸收和改造了佛教和道教。但在中国哲学史的研究中对宋明理学吸收佛教（禅宗、华严宗）论述较多，而说到对道教的吸收则很笼统。"重玄学"以"理"释"道"，又提出"道者，虚通之理，众生之正性"，而"心"为精神之主体，"夫心者，五脏之主，神灵之宅"，通过"穷理尽性"，而实现与道合一。这与宋明理学（特别是程朱派）的路数极为相近。因此我们似应更注意研究宋明理学与唐朝以来"重玄学"的关系，以便我们可以更好地理清隋唐以后儒道释三家之间的纷纭复杂的关系。

（不详）

郭象哲学中的理论问题

照我看魏晋玄学所讨论的主要问题可以归为以下四个相互联系的问题：（1）"有"与"无"；（2）"动"与"静"；（3）"知"与"无知"（圣智）；（4）圣人境界。如果说王弼、何晏是魏晋玄学的创始者，那么郭象则是魏晋玄学发展的高峰，而僧肇则是魏晋玄学的终结者，同时又开创了中国的佛教哲学。僧肇的《肇论》正是对上述四个玄学问题依据佛教般若学所作的哲学理论上的发挥。他的《不真空论》讨论了"有""无"问题；《物不迁论》讨论了"动""静"问题；《般若无知论》讨论了"知"与"无知"问题；《涅槃无名论》讨论了圣人境界问题。本文将集中讨论郭象对这四问题的看法。

一、关于"有"与"无"的问题

王弼提出"以无为本"的"贵无"思想体系，郭象提出"有物自造"的"崇有"思想体系，僧肇提出既反对"贵无"，又反对"崇有"的"非有非无"的"中道观"。这一思想的演进过程，在中国哲学发展史上无疑有着一定的典型意义。而郭象哲学正是处在这个发展过程中的中间环节，因此解剖他对"有"和"无"关系的看法，对了解魏晋玄学作为一种哲学思潮发展的进程是非常有意义的。

王弼的"以无为本"的"无"不是"虚无"的意思，金岳霖先生说老子的"道"可以了解为"不存在而有"，我想用"不存在而有"来说明王弼的"无"或者更为恰当。王弼的"无"实际上是指抽掉一切具体规定性的"有"（pure being），即最抽象的"一般"。如果说，任何具体的事物都有其具体的规定性，即以某种规定性为"性"，那么王弼的"无"，它不是什么具体的东西，它是无规定性的，即以"无规定性"为"性"。无规定性的"无"是不存在的，但它又是一切存在的根据，是"纯有"（pure being）。这个问题，王弼在他的《老子指略》中有明确的说明：

> 夫物之所以生，功之所以成，必生乎无形，由乎无名。无形无名者，万物之宗也；不温不凉，不宫不商。听之不可得而闻，视之不可得而彰，体之不可得而知，味之不可得而尝，故其为物也则混成，为象也则无形，为音也则希声，为味也则无呈。故能为品物之宗主，包通天地，靡使不经也。

这里王弼要说明的是"有名""有形"的是生乎"无名""无形"的。为什么是这样呢？照王弼看，是方形则不能同时是圆形，是"宫"则不能同时是"商"。只有"无形"才可以成就任何形，"无声"才可以成就任何声。因此，只有"无"才可以成就任何的"有"。但"无形""无声"等都不能是具体的"存在"，可是它即是"无形"，这"无形"之"形"，就是所有"形"的抽象，是包括了任何"形"，所以它是"不存在而有"。准此，"无"当然不能是具体的存在物，我们可以说它不是"有"，即是说它是"无有"之"有"。"无有"之"有"就是所有"有"的抽象，是"纯有"。它"包通天地，靡使不经"，所以它是"不存在而有"。因此我们说王弼哲学的基本命题是"以无为本"，把"无"作为"万有"存在的本体。为什么王弼要为"万物"找一它存在的本体呢？因为他要寻找宇宙的统一性，所以他说："万物万形，其归一也。何由致一？由于无也。由无乃一，一可谓无。"（《老子》第四十二章注）

　　郭象关于"有""无"问题在前面已讨论过，现在需要提出的是"有"和"物"是个什么关系。郭象的"物"是指具体存在物，如说"物各有性，性各有极"。那么"有"是不是也指具体存在物呢？据他的《庄子注》看，"有"也可以说具有具体存在物的意思，如他说："此所以明有之不能为有，而自有耳。"又说："明物物者无物，而物自物耳。"（《知北游》注）如说："夫有不得变而为无，一受成形，则化尽无期。"（《田子方》注）"成形"之"有"当是具体存在物。但这里的"有"也可以了解为存在物之全体。然"物"有时也是指"任何一物"或"全体之物"。看来，郭象往往是把"有"看成是"存在物之全体"，这有点像他给"天"下的定义那样，作为"万物之总名"。如果要分，"物"和"有"有什么区别，那么我们可以说，郭象的"物"较多的指"具体的存在物"，或者说是指一个体，是"别名"；而他的"有"多指"存在物之全体"，是一"总名"，是个集合名词。但郭象的"有"则不是一抽象的概念，不是"殊相"之"共相"。"有"（或"物"）是指"个体存在物"或"存在物之总合"，都不是"共相"。"存在物之总合"不过是一个一个物的相加，虽然可以加到无限，但仍然是"量"的问题，这样就可以排除了在"有"（或"物"）之外还有什么造物主或另一性质之"本体"。

郭象建立其"崇有"体系看来并不是要讨论"殊相"和"共相"，虽然我们可以说他不可避免地接触到这一问题。但他主要是要论证"上知造物无物，下知有物之自造也"。如果，"物各自造"，这就是说"物"各有各的"自性"，而"自性"是"自生"的。就这点看，郭象注意的是事物的"个别性"。而且每个事物的存在又是不依赖于外在条件的。因此，我们说郭象注意的是每个具体事物自身的统一。

僧肇的《不真空论》既批评了"本无"，又批评了"即色"，而提出"非有非无"的"中道观"。僧肇据般若学"诸法本无自性"的观点，批评"本无"说：

> 本无者，情尚于无多，触言以宾无。故非有，有即无；非无，无亦无。寻夫立文之本旨者，直以非有非真有，非无非真无耳。何必非有无此有，非无无彼无？此直好无之谈，岂谓顺通事实，即物之情哉！

僧肇的意思是说，"本无"太偏好"无"了，因此他们说"非有"，把"有"说成"无"；说"非无"又把"无"说成"无"。但是"非有"，只是说"有"非真有；"非无"也只是说"无"非真无。为什么说"非有"就认为无此"有"呢？说"非无"就认为无此"无"呢？这不过是本无宗偏好"无"的观点，和事情的真实情况并不相符。僧肇这一观点，虽然是批评东晋时般若学的"本无宗"的，但实际上也批评了王弼的"贵无"学说。因为王弼"贵无"说也是"情尚于无多，触言以宾无"的（按：关于这一问题，尚可做进一步研究，此不赘述）。僧肇对"即色"的批评说：

> 即色者，明色不自色，故虽色而非色也。夫言色者，但当色即色，岂待色色而后为色哉？此直语色不自色，未领色之非色也。

这里僧肇的意思是说，即色论认为色（"有"）不是自己成为"有"的，万物的存在都要依靠一定条件，所以它并不是真实的存在。真实的存在应该是它本来就存在着，不需要任何条件而成为存在。僧肇批评说，即色的这种观点，仅仅是以事物不能独立自存为理由来否定事物的存在，但还没有了解到存在着的事物本身就是"非色"（空）。即色论认为，一切事物都要依靠一定条件而存在，这点与郭象的"崇有"思想不同。郭象认为"物各有性"也和即色论认为事物并没有自身存在的"自性"也不相同。但即色论并不了解"色本是空，犹存假有"（见元康《肇论疏》对即色论的批评）。这就是说即色论对事物存在的这一现象和"性空"本来是一回事，因此也就是说对"诸法本无自性"还没有正确的了解。僧肇在这里虽不能说也直接批评了郭象，但他的"不真空论"的"诸法本无自性"却不能不说是也涉及郭象的"物各有性"这一命题了。因此，我们可以说僧肇也间接地批评了"崇有论"。

由王弼到郭象再到僧肇可以说关于"有"和"无"的讨论是一个问题深化的过程，就这个意义上说僧肇的《不真空论》是对魏晋玄学的一个总结。

二、关于"动"与"静"的问题

王弼《老子》第十六章注说："凡有起于虚,动起于静,故万物虽并动作,卒复归于虚静,是物之极笃也。""虚"即"无"也,"有"的起因在于"无","动"的起因在于"静",所以万物的种种活动虽一起发生,从根本上说是要回到虚静的,这是事物的最终极的道理。由这里可以看出,王弼讨论"动""静"问题是和他讨论"有""无"问题相联系的。为什么"动""静"问题和"有""无"问题是相联系的问题呢?王弼在《周易·复卦》注中说:

> 复者,反本之谓也。天地以本为心者也。凡动息则静,静非对动者也;语息则默,默非对语者也。然则天地虽大,富有万物,雷动风行,运化万变,寂然至无,是其本矣。……冬至,阴之复也;夏至,阳之复也,故为复则至于寂然大静。……

王弼的意思是说,"复"是万物(万有)返回到本体之无的状态。天地万物是以至无的"本体"作为其核心。"本体"既然是寂然"至无"的,因此它也是"寂然大静"的。这"寂然大静"之"静"不是和"动"相对的"静"。这种"静"是常态之静,是"本体"的绝对的"静"。而现象界中的天地万物,"雷动风行,运化万变",那只是变态,是暂时的现象,"寂然至无"才是那些变动的现象的本体。王弼把"本体之无"描绘成是"寂然大静",这也是不得已而为之。因"本体之无"本来是不可言说的,只能勉强这样说罢了。为什么"寂然至无"是"寂然大静"的呢?盖因"本体之无"不是任何具体事物,也不是一个一个事物相加的事物之全体,它只是一超越时空的抽象概念，而此抽象之概念是抽掉了一切性质的"无规定性"之最空之概念。作为一抽象概念说，它是不可能有运动变化的；作为一无规定性的最空之抽象概念，它只能是"常静"，这"常静"并不是与"动"相对的"静"，而是"寂然大静"。因此，我们说，王弼的"以无为本"的哲学系统在动静问题上，是以"静"为"常（态）"，以"动"为"变（态）"，"静"是"本"，而"动"是"末"，这与他的"无"是"本"，而"有"是"末"相一致。"反本"是返回到"寂然大静"的"寂然至无"。

郭象的"崇有""独化"学说则与王弼不同，他认为"运动变化"是事物存在的状态，而且是绝对如此的状态，《齐物论》注中说：

> 日夜相代，代故以新也。夫天地万物变化日新，与时俱往，何物萌之哉！自然而然耳。

按："萌"或作"明"。"萌"有"使之发生"义。郭象认为，事物每时每刻都在变化之中，新的总是代替旧的，事物和时间俱往，哪里有什么东西使它如此呢！这是事物自然而然的状态。这里郭象把事物的运动变化和它的自生自化联系在一起，这是他"崇有""独化"体系的合理要求。为了进一步论证他的观点，郭象提出不仅个别事物是处在运动变化之中，而且整个宇宙（事物之全体）也是处在运动变化之中，运动变化是绝对的，他说：

> 夫无力之力，莫大于变化者也；故乃揭天地以趋新，负山岳以舍故。故不暂停，忽已涉新，则天地万物无时而不移也。世皆

新矣，而自以为故；舟日易矣，而视之若旧；山日更矣，而视之若前。今交一臂而失之，皆在冥中去矣。故向者之我，非复今我也。我与今俱往，岂常守故哉！而世莫之觉，横谓今之所遇可系而在，岂不昧哉！（《大宗师》注）

在宇宙间什么力量最大，照郭象看，"变化"的力量最大，所有的东西都由这种力量推动着，而以新代故。如果没有这样的认知，而认为有什么不变的东西，是一种愚昧的想法。郭象之所以要否定在不断变化着的事物之外还有什么永远不变的东西，这正是他"崇有""独化"思想所要求的。照王弼看，现象界的一切事物都是在变动之中，但支持现象界存在的本体则是不运动的，而且是"寂然大静"（即不是与"动"相对应的"静"）；郭象认为除了存在着的种种运动着的事物之外，再没有什么不运动的"造物主"或另一事物的本体。为否定"造物主"或"本体之无"，在他的体系中必须排除"寂然大静"之类，所以他说："以变化为常，则所常者无穷也。"（《天运》注）

在讨论生死问题中，郭象认为，从一个人说，"生"和"死"可以说是其最大的变化，《德充符》注中说："人虽日变，然死生之变，变之大也。"但"生"和"死"只有相对的意义，都是事物存在的一种状态，他在《齐物论》注中说：

夫死生之变，犹春秋冬夏四时行耳。故死生之状虽异，其于各安所遇，一也。今生者方自谓生为生，而死者方自谓生为死，则无生矣。生者方自谓死为死，而死者方自谓死为生，则无死矣。

郭象的这一看法是基于他认为一事物存在了，那么它的生生化化是没有穷尽的，"一受成形，则化尽无期"。此事之"生"是此事物之"生"，此事物之"死"是此事物之"死"，这不过是存在的状态不同，其主体仍是此事物，"虽变化相代，原其气则一"（《寓言》注）；无论是"生"，无论是"死"，仍都为此"有"，"更相为始，则未知孰死孰生也"（《知北游》注）。据此，郭象认为，人应生时安生，死时安死，他说："齐死生者，无死无生者也；苟有乎死生，则虽大椿之与蟪蛄，彭祖之与朝菌，均于短折耳。故游于无小无大者，无穷者也；冥乎不死不生者，无极者也。"（《逍遥游》注）"忘年故玄同死生。"（《齐物论》注）这就是说，对人的"生死"这样最大的变化问题，如果了解了"生"和"死"只是存在的状态不同，那么人才可以真正地逍遥放达，而游于无何有之乡了。

如果从郭象对历史的看法方面来看，他认为社会是在不断的变化之中，《天道》注中说："当古之事，已灭于古矣。虽或传之，岂能使古在今哉？古不在今，今事已变，故绝学任性，与时变化而后至焉。"事物及其活动随着时间的变化而变化，已变化了的事情虽然可以留传下来，但是并不能使已变化了的事情再回来。所以一切在变化中，能够与时俱变的才是最为高超的人。据此，郭象分别了"迹"与"所以迹"的问题。他认为，无论什么样的圣人，他所做的事都是他活动留下来的痕迹，这无非是"陈迹"，效法它是无意义的，他说："时移世异，礼亦宜变，故因物而无所系焉，斯不劳而有功也。"（《天运》注）故游于变化之途者，"以变化为常，则所常者无穷也"（《天运》注）。郭象看到事物（无论自然界或人类社会）是永远处在变动之中，这一观点是很有意义的。但他据此而认为对一事物说"生"和"死"只是状态的不同，则有混同"生"和"死"的质的不同的问题，这样就导致相对主义，而陷入片面性。特别是，他把运动变化绝对化，而否定了相对的静止状态，这从一个方面说，会导致对事物无法认识；从另一个方面说，又可以否定历史经验的意义。这是应为我们注意的。

王弼认为"本体之无"为"寂然大静"，郭象认为一切之"有"以变化为常，而僧肇之《物不迁论》则认为事物的动静是没差别的，是非动非静，动静皆空，该文引《放光般若经》云："法无去来，无动转者。寻夫不动之作，岂释动以求静？必求静于诸动。必求静于诸动，故虽动而常静。不释动以求静，故虽静而不离动。"接着他说："然则动静未始异，而惑者不同，缘使真言滞于竞辩，宗途屈于好异，所以静躁之极，未易言也。"《放光般若经》的意思是说，一切事物都是没有什么运动变化的。但佛经中说的事物无运动变化，并不是离开运动去追求静止。而是说要于动中看到静。在动中看到静，因此虽动而常静。不离开动去求静，那么虽然是静，但并非离开动的静。据此，僧肇得出结论说：其实动静没有什么差异，只是迷惑的人的不同看法。把动和静看成是不同的人因不明佛教的真理而有的无休止的争辩，于是佛教真理在人们的争论中得不到彰明。因此，关于动静不异的道理，也就不容易说清了。如果说，王弼的"以无为本"，是以"本无"为"寂然大静"，是主张"非动"；郭象"崇有""独化"，是"万有"以"变化为常"，是主张"非静"；那么僧肇则以"非有非无"的中道观立论，而证之以"非动非静""动静皆空"。看起来僧肇解决了王弼和郭象各执一偏之弊，但僧肇的"物不迁"理论根据"诸法本无自性"这个命题，假使我们追问如果"诸法本无自性"，"佛性"如何安置，可能是一问题。从而"非动非静"之"动静不异"的命题能否成立，也是一个需待证实的命题，这里只能存而不论。

三、关于"知"与"无知"的问题

王弼在《周易略例·明象》中提出"得意忘言"的方法，盖因"道"是"不可道，不可名"的。这就是说，"本体之无"超言绝象，非"知"之对象。如果把"本体之无"看作"知"之对象，那么"本体之无"则非"大全"；但"本体之无"是不可分割的，故人们虽可通过现象以观其"本体"，但现象并非"本体"，故不能执着现象以为"本体"，而必须超越现象以达本体，此即谓"得意"须"忘言"也。故《老子指略》中说："道"，"体之不可得而知。"《老子》第二十五章注中说："自然者，无称之言，穷极之辞也。用智不及无知。"何劭《王弼传》中记载说：

> 时裴徽为吏部郎，弼未弱冠，往造焉。徽一见而异之，问弼曰："夫无者诚万物之所资也。然圣人莫肯致言，而老子申之无已者何？"弼曰："圣人体无，无又不可以训，故不说也。老子是有者也，故恒言无所不足。"

王弼认为，因为"本体"即是万物之本体，非为另一物，对它只能通过"有"来体会，而不能用语言来说。又韩康伯《周易·系辞》注引王弼言，其言曰："夫无不可以无明，必因于有，故常于有物之极，而必明其所由之宗也。""无"是不能说的，要靠"有"来证明"有"必有一其存在之根据。所以"本体之无"只是能从"有"必有其存在根据推而知之，而不是直接识知之对象。这里王弼虽未明确讨论"知"与"无知"的问题，但其对《老子》第一章注所说："可道之道，可名之名，指事造形，非其常也。故不可道，不可名也。"已可说明，王弼实以对"道"只能是"无知"的，故曰："是道不可体，故但志慕而已。"（《论语释疑》）

郭象的《庄子·大宗师》注中说："天者，自然之谓也。夫为为者，不能为而为，自为耳；为知者，不能知而知，自知耳。自知耳，不知也，不知也则知出于不知矣；自为耳，不为也，不为也则为出于不为矣。为出于不为，故以不为为主；知出于不知，故以不知为宗。是故真人遗知而知，不为而为，门然而生，坐忘而得，故知称绝而为名去也。"郭象关于"知"与"无知"的问题是和他所讨论的"为"与"无为"的问题相一致的，都是其"崇有""独化"体系所要求的。照郭象看，任何事物就其"自性"说都是独立自足地生生化化的，因此，此一事物对彼一事物是无能为力的，任何事物都只能是"自为"，而"自为"即是"无为"。因为，"物各有性"，而不能知其他事物之"性"，只能知其"迹"，而不能知其"所以迹"。所以它不能知其他事物之"性"；只能知自己之"性"，知自己之"自性"，实际上是"不知"。《齐物论》注中说："知无无矣，而犹未能无知。"如果只知道没有"本体之无"还不能达到"苊然无知而直往之貌"。盖"知无无"尚有一知之对象，只有"无知"才可"彼我玄同""化尽无期"。故郭象注"俄而有无矣，而未知有无之果孰有孰无也"一句说："此都忘其知也。尔乃俄然始了无耳。了无则天地万物，彼我是非，豁然确斯也。"只有忘"知"才可以把一切都看成自然而生，原来如此，任之自尔，"故天下莫不芒也"（按：简文曰：芒，同茫也）。无论是执着"外物"或执着"自我"，皆为所累，而不得逍遥游放，故必不为"知"所累，才可以"出处常通"，应物无累于物，故曰"知出于不知，故以不知为宗，是故真人遗知而知"（《大宗师》注）。

僧肇的《般若无知论》也是讨论"知"与"无知"的问题，他把般若空宗的观点概括为"以无知之般若，照彼无相之真谛"。他认为，般若圣智和世俗的"惑取之知"全然不同，它是超越世俗的所谓能知与所知之上的一种特殊的智慧，这种智慧能照见"诸法性空"之真谛。僧肇说："夫有所知，则有所不知。以圣心无知，故无所不知，不知之知，乃曰一切知。"盖有所知，则有所蔽；无所知，则无所蔽。般若空宗认为，万法性空，真谛无相，如认识到万法之假有，排除了一切世俗之认识，这样才是洞照了性空之真谛。这就是说，对一切世俗之认识必须不断排除，不断否定，排除到无所排除之域，否定到无可否定之境，境照双泯，而至圣心无知。僧肇的《般若无知论》实际上是用一种否定的方法来排除一切世俗的执着，从而以达到"破相显性"之结果。般若空宗把一切破除了，如《大般若经》卷五五六中说："时诸天子问善现言：岂可涅槃亦复如幻？善现答言：设有法更胜涅槃者亦复如幻，何况涅槃？"般若空宗在破除一切之后，是否尚有建立？此是《涅槃无名论》应讨论之问题。

由王弼经郭象而僧肇，可以看出他们都是在否定对现象界认识的执着，而主张要排除这些对外在现象界的知识，这样才可以认识"真理"，而对"真理"的认识只能是用"无知"之"知"，即僧肇所谓的"圣智"。

四、圣人"可学致"与"不可学致"的问题

何劭《王弼传》中说："何晏以为圣人无喜怒哀乐，其论甚精。钟会等述之。弼与不同，以为圣人茂于人者神明也，同于人者五情也。神明茂，故能体冲和以通无；五情同，故不能无哀乐以应物。然则圣人之情，应物而无累于物者也。今以其无累，便谓不复应物，失之多矣。"何晏的"圣人无情"说已不可详考，但根据一些材料大体可知，何晏以为圣人纯乎天道，未尝有情，故《老子》曰："人道无情。"贤人以情当理，而未尝无情，至若众庶固亦有情，然违理而任情，为喜怒所役使而不能自拔，何晏说："凡人任情，喜怒违理，颜回任道，怒不过分。"（《论语集解》卷三）照王弼看，因为情乃人之"自然之性"，"自然之性"怎么能去掉呢？圣人只能做到"动不违理"，"应物而无累于物"。那么为什么圣人可以做到"动不违理"，"应物而无累于物"呢？这是由于圣人"茂于人者神明"的缘故。"圣人茂于人者神明"的意思说是，圣人"智慧自备""自然已足"，所谓"自备"则非所得，也就是说出自"自然"，所以"圣人天成"。由于圣人"智慧自备"，则可无为无造，德合自然，而"体冲和以通无"，"与道同体"。圣人"智慧自备"，故非学所得；圣人天成，故非养成所致，故圣人不可学、不可致也。

郭象同样认为圣人不可学、不可致。《德充符》注中说："言特受自然之正气者至希也，下首则惟有松柏，上首则惟有圣人"；"夫松柏特禀自然之钟气，故能为众木之杰耳，非能为而得之也"。郭象这一观点或受嵇康之影响，《养生论》中说："神仙禀之自然，非积学所致。"盖郭象之"崇有""独化"以"物各有性"，且"性"不能易，"性各有分……岂有能中易其性者"（《齐物论》注）。故臣

妾有臣妾之性，众庶有众庶之性，圣人有圣人之性，"天性所受，各有本分，不可逃，亦不可加"（《养生主》注）。故郭象提出"学圣人者，学圣人之迹"，"法圣人者，法其迹耳"（《胠箧》注）。而圣人之"迹"亦实无可效法，《让王》注中说："夫圣人因物之自行，故无迹。然则所谓圣者，我本无迹，故物得其迹，迹得而强名圣，则圣者乃无迹之名也。"既然圣人无迹，故其"迹"也只是人们所认为的是圣人之迹，但其是否为圣人之"迹"亦不可知。故郭象虽立论与王弼不同，而却都认为圣人不可学，亦不可致也。这种观点可以说是许多魏晋玄学家的共同看法。

我们还可讨论与圣人学致有关的另一问题，即圣人的境界问题。照郭象看："夫小大虽殊而放于自得之场，则物任其性，事称其能，各当其分，逍遥一也。岂容胜负于其间哉。"（《逍遥游》注）照郭象看，任何事物只要是各任其性，各当其分，同样都可以是逍遥的。就这点看，似乎臣妾、从庶、圣人的逍遥都是一样的。但实际上，圣人之逍遥与一般人之逍遥并不相同。一般人是以"适性"为"逍遥"，而圣人不仅以"适性"为"逍遥"，而且是"玄同彼我"为其逍遥之境界。郭象不承认在现实世界之上还有一造物主或"本体之无"，但他却认为圣人在精神境界上可以超越现实。郭象说："物各有性，性各有极。"任何事物都有其规定性，其规定性的发挥都是有其极限的。但是郭象给圣人的规定性是"游外以宏内"，故可以"同大人，均彼我"，"忘天地，遗万物"（《齐物论》注），"此乃至德之人，玄同彼我者之逍遥"（《逍遥游》注）。这就是说，圣人之所以为圣人，他的精神境界是没有什么极限的，他能与万物一起变化，"能无待而常通"。故郭象说："夫体神居灵而穷理极妙者，虽静默闲堂之里，而玄同四海之表，故乘两仪而御六气，同人群而驰万物。苟无物而不顺，则浮云斯乘矣。……"（《逍遥游》注）这就是说，郭象的圣人是"即世间而出世间"的。但照郭象的"崇有""独化"理论则无"世间"之外的"世间"，故其"出世间"只能是一种圣人的精神境界。而这种精神境界只是圣人的精神境界，非一般人所能有。就此亦可知郭象是认为圣人是不可学、不可致的。

僧肇是否著有《涅槃无名论》尚无定论，兹非本文所要讨论之问题，但《涅槃无名论》为当时著名之佛教论文则无可疑处。"涅槃"即"灭度"之义，此与得道成佛有关。该论中有云："经曰：涅槃非众生，亦不异众生。维摩诘言：若弥勒得灭度者，一切众生亦当灭度。"这意思是说，不觉悟的众生当然不可能得道成佛，而觉悟的众生就和弥勒一样可以得道成佛。佛教作为一种宗教需要给人们指示一条得道成佛之路，否则其意义将会落空，而得不到人们之信仰。故必主张"圣人"（佛）可学可致。《涅槃无名论》中还有如下一段："夫群有虽众，然其量有涯，正使智犹身子，辩若满愿，穷才极虑，莫窥其畔。况乎虚无之数，重玄之域，其道无涯，欲之顿尽耶？"宇宙万物虽然很多很多，但它的数量总还是有个极限，即使智慧之高如舍利佛，辩才之强如富楼那，也很难穷尽宇宙万物的边畔；更何况虚无之数、重玄之域，它的道理是无穷无尽的，想要顿悟就达到，那怎么可能呢？这就是说，得道成佛应靠渐修，不可能一下子"径登十地"。陈慧达《肇论序》中说："但圆正之因，无上般若；至极之果，惟有涅槃，故末启重玄，明众圣之所宅。"元康疏谓："'但圆正之因，无上般若'者，此《般若无知论》也。涅槃正因，无有尚于般若者也，'至极之果，惟有涅槃'耳。般若极果，惟有涅槃之法。'故末启重玄'者，以此因果更无，加上'故末'，后明此两重玄法。般若为一玄，涅槃为一玄也。前言真俗，指前两论；后言重玄，指后两论。此是必然，不劳别释。重玄者，老子云：'玄之又玄，众妙之门。'今借此语，以目涅槃般若，谓一切圣人，皆住于此，故名为'宅'也。"如果前引《涅槃无名论》中之"重玄之域"是指一种境界，这种境界是可学可致的，则此处"重玄"者，兼有达到得道成佛之方法义。意谓"般若"为一玄，"涅槃"为一玄，故曰"重玄"。元康的意思是说，《肇论》四篇有前后演进的关系，前两论《不真空论》和《物不迁论》是讨论"真谛""俗谛"问题；后两论《般若无知论》和《涅槃无名论》则是讨论成佛之因果问题。后两论之论因果，般若为因，涅槃为果；般若为一玄，涅槃为一玄，此即"重玄"。只讲般若一玄，未达极致，必有涅槃之"又玄"，至"重玄"方可彰圣。达到"涅槃境界"才是佛教之目标，故圣人（佛）可学可致明矣。据此，我们可知魏晋玄学家多主"圣人不可学致"，而僧肇、慧达、元康等佛教高僧大德均主"圣人可学可致"①。

　　以上所讨论的四个问题正是魏晋玄学所讨论的主要问题。问题自王弼始，中经郭象而展开，至僧肇而达到一较有意义之解决，这在中国哲学史上无疑是颇重要的一页。

（不详）

---

① 参见汤用彤：《谢灵运〈辨宗论〉书后》，载《汤用彤选集》，天津人民出版社1995年版。

论魏晋南北朝时期的文学理论

　　美国加州大学比较文学教授叶维廉在北京大学做过一次关于比较文学的讲演，讲到中西山水诗的问题，引起了我的兴趣，之后我又读他的一两本书，觉得他对中西诗的比较分析，很有意思。他对中国古诗——主要是说山水诗和英美的山水诗（如华兹华斯［Wordsworth］的山水诗）做了对比，说中国山水诗和英美山水诗很不一样。照他看，英美的山水诗是"以我观物"，所以多半在说明"外物"如何影响人的"心智"，或者说明人的精神如何和"外物"交往感应，如何和自然互相补充。而中国古诗常是"以物观物"，故无物我之分别。叶维廉教授举例说一些中国的山水诗被译成英文，就完全无中国诗的意味。因中国诗中往往无主语、无时态，而译成英文时往往有主语、有时态，这就失去诗的原来意味了。"以物观物"既不需要一个"我"，也不需要一规定的时间。不仅作诗如此，读诗也应如此。由于中国诗和英美诗有这样的不同，就应对它们做些比较分析，因此近年来海内外对中国文学理论和西方文学理论的比较研究渐渐多起来，成为热门。例如叶维廉教授在他的一本书中说：

　　　　司空表圣（图）提出"韵外之致"后，"弦外之音""意在言外"赫然为宋明以来最常见的论诗的标准。连理学家朱熹也说："疏影横斜水清浅，暗香浮动月黄昏"，这十四个字谁人不晓，然而前辈真那么地称叹，说他形容得好。是如何好，这个便难说，须要得他言外之意方好。

我们知道，读中国古诗，意境高的诗，确实应求领会其"言外之意"，这个思想中国古人有，西方的一些文学批评家也常谈，如20世纪40年代英国著名文学批评家T.S.艾略特的文学理论现在影响仍然很大，他说：

> 读诗时应专心一致于诗之所指，非诗之本身，这似乎是我们应该经营的。要超出诗之外，一如贝多芬后期作品之超出音乐之外。

现代西方重要文学批评家W.K.文萨特（W.K.Winsatt）也说：

> 诗的意义就是文字的意义，但它并不存在于文字里……它存在于文字之外。

可见读诗、听音乐要求得"言外之意""弦外之音"是中外的一些文艺批评家、文学理论家常常谈到的。但中国的文学理论家讲"韵外之致"，认为文学、艺术当求"言外之意""弦外之音"是否开始于司空图？照我看，不是这样的。并不像叶维廉教授所说是司空图提出"韵外之致"以后，"言外之意""弦外之音"才是宋明以后论诗的标准，而由魏晋以来就有不少文学理论家把它作为论诗的标准了，如陆机的《文赋》、刘勰的《文心雕龙》、钟嵘的《诗品》都有这方面的言论，如《文赋》中的"课虚无以责有，叩寂寞以求音"，在无言中领会无言之美，在无声中求得美妙之音。刘勰认为，文章要求"文外曲致"。所以应该看到在魏晋时期，由于魏晋玄学的影响，一些文学批评家已讲到文学艺术要求"言外之意""弦外之音""画外之景"了。

在魏晋南北朝时，对于"言"（语言）和"意"（语言所表达者）的讨论，是玄学家们讨论的一个重要问题，当时大体可分三派：一是"言不尽意"派，如张韩作《不用舌论》，以为可以废言；二是"言尽意"派，如欧阳建作《言尽意论》，以为语言为社会约定而成，可以尽意；三是"得意忘言"派，如王弼根据《庄子·外物》篇的意思解释《周易·系辞》的"书不尽言，言不尽意"，作《周易略例·明象》。

《庄子·外物》篇已提出语言如同工具一样，在领会了所表达的内容之后，就不应再执着语言了，文中说："筌者所以在鱼，得鱼而忘筌；蹄者所以在兔，得兔而忘蹄；言者所以在意，得意而忘言。"近代西方哲学家维特根斯坦（Wittgenstein）在他的《逻辑哲学论》中也有类似的思想。他认为，了解一个哲学命题的意思是要通过语言，但了解之后，就无须语言了，就如同爬梯子，已经从梯子爬上去了，就无须梯子了，所以他说："对于人们不能说者，必须沉默。"王弼《周易略例·明象》发挥了《庄子·外物》篇的意思，并且明确地说这是体证事物本体的方法，他的意思大体可分为三点：

（1）"言"生于"意"，故可根据"言"以求其"意"；

（2）"言"虽为"意"之代表，但并非"意"之本身，故不能以"言"为"意"；

（3）如果执着"言"，以"言"为"意"，那就得不到"意"，"存言，非得意者也"，所以"得意而忘言"，也就是说"得意"需忘言，以求"言外之意"。

王弼这一"得意忘言"的新思想是起于"言不尽意"已流行之后，然二者实互有异同。"言不尽意"注重的是"意会"（可以意会，不可以言传）；"得意忘言"所注重的在"得意"。这两种说法都是重意而轻言。但"言不尽意"则言语几乎等于无用，而王弼的"得意忘言"则认为言语乃用以"得意"。这一"得意忘言"的方法在魏晋南北朝时用得很广泛，可以用来解释经典；调和儒道两家，建立哲学体系，达到理想的人生境界，等等。这些都不能详论。这里只讨论一下这种"得意忘言"的方法对文学、艺术理论的影响。

照魏晋人看，文学要用语言，音乐表现为音符，绘画要用颜色或线条等，但语言、音符、线条等都是工具，只是表示事物的标识，而并非所表现的事物本身，更非宇宙本体之本身，就像傅玄《相风赋》所说："昔之造相风者，其知自然之极乎？其达变通之理乎？"制造测量天气变化的器具的人，他难道真能了解天象变化的奥妙吗？能认识天道变化的根本原因吗？看来是不能够的。所以庾阐的《蓍龟论》中说："蓍者寻数之主，非神明之所存；龟者启兆之质，非灵之所生。"算卦的蓍草和龟甲虽然占卜时必须使用它们，但是人生的吉凶祸福、宇宙的奇妙变化并不在它们之中。"神通之主，自有妙会，不由形器；寻理之器，或因他方，不系蓍龟。"虽然如此，然而语言终究出于宇宙本体，如果有充足的认识宇宙本体的媒介或充足的语言，那么这表现宇宙本体的媒介或语言本身虽然是寻常的，但又是不寻常的。寻常的语言（音乐、绘画）指示而无余，意在言内；充足的语言（音乐、绘画）指示而有余，意在言外。本来语言等媒介都是工具，是有限的，如执着此有限的事物以为其是宇宙本体，那么就会失去宇宙本体，也丧失语言的真正作用，佛经《楞严经》中有段话：

> 如人以手指月示人，彼人因指当应看月。若复观指以为月体，此人岂唯亡失月轮，亦亡其指。

然从另一方面说，虽媒介、语言是有限的，如果能当其是无限宇宙之体现，而忘其所限，则可不为形器所限，而通于超形器之域。因此，想要通于超形器之域，那么就必须寻求充足的媒介或语言，而善于运用它。魏晋南北朝时期的文学理论家、文学艺术家大都在探讨这个问题，探求怎样能达到运用充足的媒介、语言而通于超形器的领域（宇宙之本体）。

魏晋南北朝人很重视文章，陆机《文赋》认为，好的诗文（或称之为"至文"）可以使自然造化体现于其中，把万物的生化捕捉于笔端，"笼天地于形内，挫万物于笔端"；刘勰更认为，"至文"可以与"天地并生"，传"自然之道"，并且他把"文"分为三类：

一类叫"形文"，"五色是也"，指绘画；

一类叫"声文"，"五音是也"，指音乐；

一类叫"情文"，"五性是也"，指文学（诗）。

这三种"文章"如何才能成为"至文"（最高超的文），照他们看都必须用"得意忘言"的方法才能达到，下面我们分别就"音乐""绘画""文学"（诗文）做一些分析。

（一）音乐

音乐在中国古代很受重视，其原因之一就因为《乐》是六经之一，这部所谓"乐"的经典早已不传，最早比较系统讲音乐的是荀子的《乐论》，稍后有《乐记》，它是《礼记》中的一篇。

从荀子的《乐论》中看，他对音乐的看法仍是偏重于道德教化的作用，所以他说："乐者治人之盛"，音乐是治理人民的大事，它具有使人们"耳目聪明，血气平和"的作用，以达到"移风易俗，天下皆宁"的目的。为什么能做到这一点呢？原因就在于，由"金石丝竹"等乐器所做成的乐章能把人们的思想感情引向道德的方面，"金石丝竹，所以异德也"。因此，"乐"和"礼"具有同样的意义，"仁义礼乐，其致一也"。但荀子还认识到"音乐"除了道德教化的作用之外，还有它的特殊作用，即认为"音乐"也是要引起人们的喜乐之情的，他说：

> 乐者，乐也，人情之所必不免也，故人不能无乐。

前面一"乐"字是指"音乐"，后面一"乐"字是指"喜乐"。对于人说"喜乐之情"总是人们所要求的，所以不能没有"音乐"来满足人们这方面的要求。为什么音乐有上述两方面的作用？荀子认为，"琴瑟乐心"，音乐使人们喜乐，在于"其清明象天，其广大象地，其俯仰周旋，有似于四时"。荀子这个看法应说是很有意义的，说明他注意到"音乐"和"大自然"的关系，能使人心喜乐的音乐应是反映大自然的清明广大和变化莫测。当然，在荀子的《乐论》中注重的还是"音乐"的社会道德教化作用。

到魏晋南北朝时，对"音乐"的看法有了很大变化，许多玄学家、文学家都把"音乐"看成是"自然"（天道）的表现。嵇康说音乐是表现大自然的和谐的："声音有自然之和，无系于人情"，即把音乐看成是纯自然的，而与社会无关。陆机认为，"音乐"是来自

"常音"，而"常音"即"无音"。照他看，只有无音之常音才能成就任何曲调，就像无影的镜子一样，正因为镜中本无影，才可能显现任何形影。陆机的弟弟陆云说："挥天籁而兴音"，所谓"天籁"就是指"自然的音乐"（宇宙的乐章），把握住宇宙的乐章才可以做成真正美妙的音乐。所以阮籍作《乐论》，他认为音乐应该表现天地的根本、万物的本性。能表现天地之根本、万物之本性的音乐才是和谐的传自然造化之工的"妙音"。而圣人之所以要作"乐"，也只是为了"顺天地之本，成万物之性"，再没有其他目的。由于阮籍认为宇宙是一和谐的有秩序的整体，因而圣人制作乐章应是"立调适之音，建和平之声"。嵇康作《声无哀乐论》，主张音乐本身无哀乐之情，他的理论也是以"得意忘言"为根据。声音本无哀乐，故为"无名"，无以名之为哀，无以名之为乐，而听的人"欢戚自见"，是哀是乐在乎人自身的感情。

照魏晋南北朝人看，音乐既为人类采用表现"自然"的一种媒介，"自然"可以借助它表现自己，美好的音乐是宇宙本体、自然造化的体现，通过这种媒介，宇宙的和谐得以表现。音乐，正因为是音乐的，必再现宇宙之和谐，盖音乐曲调之取得来自宇宙之度量。故如不执着其有限、不执着那些具体的音符，忘言忘象，而通于言外，达于象表，则可以"得意"，得到"言外之意""弦外之音"。音乐是时间的艺术，因此是一种流动的艺术，但音乐必有停顿、必有终止，应于有音处听到"无音"，而领会"无言之美"，于"无音"处听到"妙音"，而捕捉宇宙之奥秘。

（二）绘画

照魏晋南北朝人看，如果说音乐是表现宇宙和谐的（自然之音、天籁），而不限于人们的哀乐之情，那么绘画则是表现自然造化的，是传"天工"的，也不限于有形有象的形体。

原来汉朝人观察人的主要方法是"骨相"，由外貌的差别推知其体内才性之不同。王充《论衡》中有《骨相》一篇，认为不仅人的贫富贵贱是由骨相决定，而且人的"操行清浊"（性）也是由骨相决定。汉末，王符《潜夫论·相列》中也说："人身体形貌，皆有象类；骨法角肉，各有分部，以著性命之期，显贵贱之表。"时有所谓"月旦评"者，也是多由外貌评论人物之优劣，对人物才性之高下也往往用形象来说明，如郭林宗评黄宪，形容他"汪汪如万顷之波，澄之不清，扰之不浊"；而评袁宏则说"譬诸泛滥，虽清易挹"，这样黄宪与袁宏高下自见。汉魏之际，这种风气仍很流行，如刘劭《人物志》认为："人禀阴阳以立性，体五行而著形"，禀受阴阳而有不同的性情，根据五行而有不同的形体，因此鉴别认识人物的品德和才能，是"相其外而知其中，察其章以推其微"，观察人的外貌就可以知道他内在的才性，考察人表现出来的行为就可以知道他内在的品质。而稍后，对人物的鉴别和认识逐渐注重人的"神气"（即内在的精神方面），但形体是可以认识的，而"神气"则难言。这样对人物的鉴识就由骨相进入虚无难言之域。东晋葛洪《抱朴子》中就记有观察认识人最为困难的议论，因为人物的内在精神不容易被了解。大画家顾恺之说"凡画人物最难"，因为"神气难知"。《世说新语·巧艺》篇中说：

　　顾长乐画人，或数年不点目精。人问其故，顾曰：四体妍蚩，本无关妙处，传神写照正在阿堵之中。

顾恺之画人"数年不点目精"，可见画人物传神是非常困难的。

因此，这时期的人物画原理已不在画"四体妍媸"，而在传神写照了。顾恺之的这一画法理论，也是来源于"得意忘言"的学说。

绘画重"传神写照"，这样就接触到人物的内在精神、生命本体、自然之美、造化之工的方面了。原来人物的品评多半用山水字眼来表示其精神面貌，据《世说新语·赏誉》篇记载当时人对其时名士的评论，如说李元礼（膺）如"劲松下风"，以说明他的精神面貌是刚毅不拔；邴原如"云中白鹤"，以说明他的精神高超远逸；和峤"森森如千丈松"，以说明他正直高大。所以在此之前描写人物的"神气"向以山水字眼来表示，以探求生命之本源，写自然之造化。而后晋人们渐渐觉悟到既然写造化自然用人物画，如当时谢鲲自比庾亮，认为他自己更高大渊深，因此顾恺之画谢鲲在岩石里，盖因谢自谓"胸中有丘壑"也。既然用人物画来表现自然的伟大，那么何必不直接画山水，这样岂不更能写造化自然，更接近造化自然。这样到东晋以后山水画法就产生了，绘画人物画转向重视山水画。晋末宋初宗炳作《画山水序》，文中谓：

> 夫理绝于中古之上者，可意求于千载之下；旨征于言象之外
> 者，可心取于书策之内。

意思是说：有些道理虽然没有传下来，但是仍然可以在后世求得，盖因"人同此心，心同此理"也；而超于言象之外的思想，也可以通过文字而心领神会。画山水，也是要通过形象而领会"自然之美""造化之工"，如果能不执着形象，不为形象所限，就可以得到超于形象的"画外之景"。

晋宋人从人物画进到了山水画可以说为写自然造化找到了一较充

足的媒介。他们觉悟到揭发生命的源泉、宇宙的奥秘，山水画比人物画是更好的媒介，所以刘勰在《文心雕龙·明诗》篇中说："老庄告退，山水方滋。"刘勰这里虽然说的是魏晋南北朝诗的发展变化，但也适用于绘画。魏晋南北朝的绘画从画人物，使人物的神气表现为超世之想，虽可用山水来比喻，如前所说顾恺之画谢鲲在岩石里，用这种方法表现人的"崇尚自然""师法老庄"，当人们一旦发现直接画山水，更接近"自然"，于是"老庄告退"，而"山水方滋"了。山水画是"以物观物"，则没有"我"，没有主体，没有时空限制，可更好地得"画外之景"，而领会宇宙造化之奥妙。

（三）文学

魏晋人认为，万物万形均为宇宙本体之表现，而宇宙本体无名无形不可言说。文人如何用语言来表现宇宙本体、自然造化？陆机《文赋》说：当"伫立中区以玄览"。"玄览"见于《老子》，这里是说直接观察得到的总体把握，或说如镜子一样直观而得到的总体认识。要对天地万物有一个直观的总体把握，才能做成"至文"。照魏晋人看，做成文章不是容易的事，需要把握生命而与自然造化接近，能"笼天地于形内，挫万物于笔端"。而这样的文章必须是"课虚无以责有，叩寂寞以求音"。因为"有形"要以"无形"才能显现出"有形"；"声音"（音乐）必以"无声"才能做成乐章。绘画的画面是有形的，但绘画之所以成为"画"必定有其不画之处，而于"无形"处更可得"画外之景"。音乐必有停顿、休止，而于停顿处才可回味，而得"弦外之音"。"文章"（"至文"）必定是宇宙本体、造化自然之再现，只有善为文者，能找到充足的媒介，则可做成笼天地之"至文"。"至文"不能限于"有"，不可囿于音，不可拘于形。应当是即"有"而超出"有"，于"音"而超出"音"，在"形"超出"形"，这样才可以得"言外之意""弦外之音""画外之景"。照魏晋人看，文章的最上乘，乃"虚无之有""寂寞之音"，不如此则不足以为"至文"。陆机《文赋》的这种理论实际上是本之于王弼的"得意忘言"。就文章说，它只是为了"得意"，不必执着文字；故如能"得意"则必"忘言"，正如司空图说："不著一字，尽得风流。"王弼的"得意忘言"是总天地自然说的，《文赋》是就文章说的，但它们所据的理论、所用的方法，则是一致的。陆机的《演连珠》中说：

> 臣闻弦有常音，故曲终则改；镜无畜影，故触形则照。是以虚己以应物，必究千变之容；挟情适事，不观万殊之妙。

所谓"常音"实指"无音"，正因为是"无声"才可以成就任何声音；这就像镜子一样，镜子本无形无影，因此才可以什么形影都照见。如果自己不执着什么，就什么都可以反映；如果有所执着，就不能反映千变万化的自然造化，刘勰说："文之为德，大矣，与天地并生者……夫岂外饰，盖自然耳。"文章虽非天地自然本身，然文章"与天地并生"，为"天地之心"。而文章之所以为"天地之心"者，盖因"至文"成之"自然"，故宇宙本体得因文显，可以由文章来表现。刘勰又说"文章之成亦因自然"，故文章当表现人与自然合为一体。就文章说，如有"我"则人与物成为对立；则天人不能贯通；只有人物一体，人和自然打成一片，才成"至文"。造成人与物的对立是由于"以我观物"，如人与自然打成一片，则当"以物观物"。"以我观物"则文章容易概念化；"以物观物"则文章形象化，故说文章当以"天地为心"（不以"我"为心），如达到物我两忘，则成"神品"。

　　陆机在《文赋》中提出，文章必须有深厚的感情，它的目的只能是"情趣的"，而"情趣的"是从文学活动本身引出的自满自足，而非达到某种目的的手段，所以刘勰也说："心生而言立，言立而文明，自然之道。"有深刻的感情才可以发为至妙的文章，这是自然之道。既然人生为"自然"（天道）的表现，是宇宙本体的表现，而人生天地之中，自有其不可违抗之命运，那么人何以"自遣"，照魏晋南北朝的人看，就文章方面说，文章本为"遣怀"，陆机《文赋》对此有如下说法：

　　　　遵四时以叹逝，瞻万物而思纷。悲落叶于劲秋，喜柔条于芳春。……慨投篇而援笔，聊宣之乎斯文！

　　看到四时的更替而感到时光的流逝，觉察到万物的变化而思绪万千，秋风劲劲而悲落叶，春气芬芳而喜柔条，因心有所感而提笔发为文章。陆机在《愍思赋》中说他自己之所以要作此赋，为的是"以纾惨恻之感"。然而文章为何可以抒发怀抱，这因为它本来是一种精神作用而通乎自然，所以刘勰说："在心为志，发言为诗。"这里"在心为志"的"志"不同于孔子说的"诗言志"的"志"，而是说的"发之自然"。诗文虽成之寸心，而实发自自然，故可"观古今于须臾，抚四海于一瞬"，把无穷的时间和广大的空间都再现于笔墨之间。《文心雕龙·神思》篇中说："文之思也，其神远矣。"而此神思即生命之本源、宇宙之本体，它不可言说而为情趣之根源。盖因宇宙本体是难以言说、难以形容的，而表现宇宙本体之种种现象是可以把握、可以形容的；宇宙本体是一统一整体，而表现宇宙本体的种种现象是多种多样的；宇宙本体是无形无象的，表现宇宙本体的种种现象是有形有象的。好的诗文虽言浅而意深，言有尽而意无穷。我们所寻找的充足的媒介，一定是通过诗文以达宇宙之本体、造化之自然，而不是执着诗文、把诗文的字句就当成宇宙之本体。于是刘勰《文心雕龙·隐秀》篇中提出，诗文应该既有生动鲜明的立体感、意在言内的一面，又应有深沉、含蓄、通于言外的一面，这两面结合得好，才是好诗文，他说：

隐也者，文外之重旨者也；秀也者，篇中之独拔者也。

"重旨"是说"旨外之旨"，即"言外之意"也。又宋张戒《岁寒堂诗话》引《隐秀》篇："情在词外曰隐，状溢目前曰秀。"也是同一意思。对于诗文的"言外之意"，刘勰说："文外曲致，言所不追，笔固知止。"文外的那些意思是语言所不能表现的，因而于此处应无言。

魏晋南北朝的文学理论从陆机《文赋》的"课虚无以责有，叩寂寞以求音"到刘勰的"文外曲致"实是其时讨论的核心问题，而刘勰的《隐秀》篇为此作了一总结。这一理论影响着中国文学理论甚巨，唐朝的司空图、宋朝的严羽，一直到近代的王国维无不受到此种理论的影响。

附记：此文是我根据汤用彤先生《魏晋玄学与文学理论》加以补充写成。汤用彤先生的那篇文章则是由我根据他的提纲整理成文载于《中国哲学史研究》1980年第1期上。

（1991年）

文化的双向选择

——印度佛教输入中国的考察

一种外来文化传到另外一种文化环境中，往往一方面需要适应原有文化的某些要求而有所变形；另外一方面也会使原有文化因受外来文化的刺激而发生变化。因此，在两种不同传统的文化相遇过程中，文化的发展有一个双向选择的问题。这种文化的双向选择，对于有较长历史、较高水平独立发展起来的民族文化或者表现得更为明显。

从中国历史上看，外来文化的传入最重要有两次：一次是公元1世纪前后开始传入的印度佛教；另一次是16世纪以来西方文化的输入。现在我想就印度佛教的传入来讨论两种不同传统文化的冲突与调和，以说明中国文化对印度文化的选择和印度佛教在中国的变化。印度佛教传入中国的历史大体经过如下的过程：

（一）由西汉末至东晋，印度佛教开始传入中国时首先是依附于汉代的方术（又称"道术"），到魏晋又依附于魏晋玄学。在汉朝，那时佛教所讲的内容大体上是"神不灭"（精灵不灭）和"因果报应"等，袁宏《后汉纪》中说佛教"又以为人死精神不死，随复受形，生时所行善恶皆有报应"。在中国原来就有这些类似的思想，如各种各样的"有鬼论"和"神不灭"思想，在《淮南子·精神训》中说"形有摩而神未尝化"，形体虽可消失，而精神仍可存在。在王充《论衡》中曾批评"世谓死人为鬼，有知，能害人"的"有鬼论"。至于"因果报应"，佛教与中国本土原有的说法不尽相同，但汉时佛教所传播的"因果报应"思想实与中国原有的"福善祸淫"相贯通。如《易·坤卦·文言》中所说："积善之家，必有余庆；积不善之家，必有余殃。"魏晋时期，以老庄思想为骨架的玄学大为流行。玄学讨论的中心问题为"有"和"无"的关系问题，而这时佛教的般若学传入中国，般若学所讨论的"空"和"有"的关系问题与玄学比较接近。到东晋，般若学分成若干派，而他们往往用所谓"格义"或"连类"的方法来解释佛教思想。所谓"格义"就是观念的比配，用中国的观念比配印度的观念；所谓"连类"也就是用佛教比附老庄思想。这都是用中国思想来解释印度佛教。例如当时般若学"六家七宗"中的"本无义"实是王弼、何晏"贵无"思想在佛教般若学中的表现；"心无义"则多与嵇康、阮籍的"无心"思想相接近；而"即色义"又与郭象的"崇有"思想不无关系。到东晋末，有僧肇据佛教般若学批评了"心无""本无""即色"三家，虽然是批评东晋般若学各派，同时也是批评了玄学的各个流派。不过在僧肇的著作中我们仍然可以看出，他所讨论的问题也还是玄学问题，所用名词概念也多为玄学家原来所使用的，所以我们可把僧肇的思想看成是魏晋玄学的终结和中国佛学的开始。

从这一段历史我们可以看出，任何一种文化都会有其保守的一面，对外来文化总有某种抗拒性。因此外来文化往往首先要适应原有文化的某些要求，依附于原有文化，其中与原有文化相近的部分比较容易传播，然后不同的部分逐渐渗透到原有文化中起作用，而对原有文化发生影响。

（二）东晋后，印度佛教在中国的广泛传播，引起了中国传统文化与外来的印度文化的矛盾与冲突，并在矛盾冲突中推进了中国文化的发展。东晋之末、刘宋之初，佛教大小乘各派学说均有输入，佛经翻译日多，从而兴起了对佛教经典的各种解释，而有所谓"经师讲论"的兴起，这就帮助了僧人对佛教各派理论的深入了解。但印度文化与中国原有文化毕竟是两种不同传统的文化，它不可能永远依附于中国文化，所以自东晋以后，由于佛经翻译多起来，而且越来越系统和准确，并且可以看出它的理论在某些方面有胜过中国传统文化之处，因而在两种不同传统的文化中不可避免地会发生矛盾和冲突。

在南北朝时期，印度佛教与中国原有文化的冲突表现在各个方面，有政治和经济利益方面的问题，也有哲学和宗教伦理方面的问题。从现存的一部著作《弘明集》中，我们可以看出当时两种文化矛盾冲突的若干问题：有关于"沙门应否向帝王致敬"的问题，这涉及"出世"和"入世"，"忠君"和"孝父母"等等问题；有关于"神灭与神不灭"问题的争论；有关于"因果报应有无"问题的争论，它涉及"因果"和"自然"（性命自然）这样的哲学问题；有关于"人和众生"问题的争论，何承天根据《周易》认为"人"与"天""地"并列为"三才"，批驳佛教把"人"与"众生"同列，这自然和维护儒家传统有关；还有所谓"夷夏之争"，何承天的《答宗炳》谓"华戎自有不同"，在于其性，"中国之人，禀气清和，含仁抱义，故周孔明性习之教；外国之徒，受性刚强，贪欲忿戾，故释氏严五戒之科"（《弘明集》卷三），道士顾欢著《夷夏论》谓，华夏为礼仪之邦，故不当舍华效夷。这一时期还发生了北魏太武帝和北周武帝的灭佛事件。但有一点似可注意，即帝王企图用政治力量来消灭佛教，都不成功，相反当情况一变，佛教就有更大的发展。

从以上情况可以看出，两种不同传统的文化在接触一段时间之后必然要发生矛盾与冲突，问题是如何对待这个问题，是用政治力量来排斥外来文化，还是在两种不同文化的矛盾和冲突中善于吸收和融合外来文化，这是个大问题。从总体上说，在这个时期由于中华民族对外来文化采取了欢迎的态度，从而能在两种文化的矛盾冲突中不断吸收印度文化，大大推动了中国文化的发展。这一时期，中国文化无论在哲学思想、文学艺术、建筑雕刻，还是在科学技术乃至医药学方面，都表现出生气勃勃的姿态。

（三）印度文化到隋唐以后逐渐为中国文化所吸收，首先出现了中国化的佛教宗派，到宋朝以后佛教则成为中国文化的一部分而融合于中国文化之中，形成了宋明理学，即新儒家学说。

隋唐时期可以说是佛教在中国的鼎盛时期，在中国出现了若干极有影响的佛教宗派，并由中国传播到朝鲜、日本等地，而在那些地方发生了极大影响。在当时众多的佛教宗派中，天台、华严和禅宗实是中国化的佛教宗派。另外还有较为印度式的唯识宗，这派虽有玄奘大师提倡，但经短短三十年就不大流行了，而中国化的佛教宗派却大大盛行。中国化的三个佛教宗派讨论的最重要问题是心性问题。

"心性问题"本来是中国传统哲学中的重要问题，可以向上追溯到孔孟，特别是《孟子》《中庸》一系，孟子的"尽心、知性、知天"为中国心性学说奠定了基础。天台宗有所谓"一念三千"；华严宗有融"佛性"于"真心"之说；禅宗则更认为"佛性"即人之"本心"（本性）。原来关于"佛性"问题在南北朝晚期就有讨论，据梁宝亮《涅槃集解》谓，当时言"佛性"者有十家，加上宝亮自己一家则有十一家之多，而自禅宗以后均以"佛性"为人之"本心"。华严宗还提出"理事无碍""事事无碍"的理论以证"佛性"的普遍存在，而这方面正是吸收了中国"体用如一"的思维方式。佛教的中国化，使得中国化的佛教宗派，特别是禅宗大大改变了印度佛教的原貌；佛教在中国从"出世"走向世俗化，认为在日常生活中就可以成佛，因而原来被佛教排斥的"忠君""孝父母"等等思想也可以被容纳在佛教之中。成佛全靠自己"心"的觉性，"一念觉，即佛；一念迷，即众生"。

到宋朝，理学兴起，它一方面批评佛教，另一方面也吸收了佛教的思想。本来中国传统思想的主流是"入世"的，重视现实社会生活，这点和印度佛教的"出世"思想很不相同。理学批判了佛教的"出世"思想，但却吸收了佛教的心性学说和理事理论。程朱理学主要吸收了华严宗"理事无碍"的思想，而有"人人一太极，物物一太极"和"理一分殊"等思想，建立了以"理"为本的形而上学体系；陆王心学主要吸收了禅宗的心性学说，而有"吾心便是宇宙"和"心外无物"等思想，建立了以"心"为本的形而上学体系。程朱的"性即理"和陆王的"心即性"说法虽不同，但都是要为他们"治国平天下"的理想找一形而上学的根据，这样就使宋明理学（新儒学）较之先秦儒学成为一更加完善的理论体系。这一发展正是得力于隋唐以来中国化的佛教宗派。

如果我们从禅宗方面看，这种中国化的佛教宗派从唐到宋也发生了很大变化。在今本《坛经》中有一首《无相颂》，文曰："心平何劳持戒，行直何用修禅；恩则孝养父母，义则上下相怜。让则尊卑和睦，忍则众恶无喧，若能钻木取火，淤泥定生红莲。苦口的是良药，逆耳必是忠言，改过必生智慧，护短心内非贤；日用常行饶益，成道非由施钱。菩提只向心觅，何劳向外求玄，听说依此修行，天堂只在眼前。"此颂本为唐敦煌写本所无，而为宋契嵩本所有。从这种变化可以说明，禅宗越来越向世俗化发展，也就是说它越来越向中国传统思想靠拢。宋大慧宗杲禅师说得更明白，他说："世间法即佛法，佛法即世间法。"又说："予虽学佛者，然爱君忧国之心，与忠义士大夫等。"这就是说，禅宗说到底可以"忠君"，可以"孝父"，可以"治身"，也可以"治国"。因此，照禅宗看，人生活在世俗之中，就不应去故意违背世俗的道理，当然也不要为世俗的道理所牵累。既要不离世间，又应超世间，这一观念其实也不能不说是一种中国传统的"极高明而道中庸"的模式。

从印度佛教这种外来文化传入中国的历史过程，我们大体可以得出以下看法，以说明"文化的双向选择"：

第一，一种文化总有其不同于其他文化的特点，如果它作为一种独特的文化存在着，它的最基本的特征就需要保存；如果它失去了它的基本特征，那么它将成为历史上的文化陈迹，是一种博物馆中的文化，而不能作为现实的文化在现实社会生活中起推动社会发展的作用。中国文化与印度文化相比较，它最显著的特征就是教人如何在现实生活中实现其"治国平天下"的理想，这种"入世"精神和印度佛教的"出世"思想大相径庭。在印度佛教传入中国后，它虽然对中国人的社会生活起着深刻的影响，但中国文化的这种"入世"的基本精神却没有被外来文化所改变。相反，佛教在中国的发展却越来越世俗化，认为在日常生活中就可以实现成佛的理想，"挑水砍柴，无非妙道"。因此，只要前进一步，"事君事父"也可以成圣成贤，这正是宋明理学（儒学的发展）可以在中国取代佛教的根本原因。这就说明，印度佛教传入中国后，在长期的历史发展过程中，为适应中国社会和中国文化的要求而不得不变形。

第二，任何一种文化在与其他文化相比中，都可以发现这种文化总有其不足的方面，因此在它的发展过程中如果要保持其活力，必须不断吸收外来文化以滋养自己，从而使自己的文化得到丰富。中国文化从汉到唐，正是不断吸收了印度佛教文化而有长足发展的。从哲学上看，宋明理学正是吸收了印度佛教文化而使中国哲学有一更为完善的本体论、价值论和人生哲学的体系。由此可见，吸收外来文化以滋养本民族原有文化是十分必要的。中国文化充分地吸收了印度文化，使中国文化大大丰富了。我们知道外来文化对原有文化的发展是一种新的刺激因素，一种有生命力的文化在受到外来文化的挑战时，不仅不会拒绝外来文化，而是欢迎它，以便使自身文化更快、更健康地发展。因此，所谓"本位文化"，或"国粹主义"不仅有害于民族文化的发展，而且正是一种民族文化衰落的表现。

　　第三，中国传统文化吸收印度文化使之融合于中国文化之中，经历了长达几百年的时间（甚至可以说近千年的时间），这就说明一种文化传统吸收和融合另外一种外来文化绝不是一朝一夕可以完成的，它需要一定的时间和条件。印度佛教传入中国大体经历了如下过程：首先依附于中国传统文化，然后与中国文化发生矛盾和冲突，最后融合于中国文化之中。这一过程也许是一种文化吸收另外一种文化的一般规律。明清之际中国传统文化与西方文化相遇后，最初也存在着某种西方文化依附于中国文化的状况，后来因种种原因而中断。19世纪中叶后，由于西方文化在一种特殊情况下再度传入，即在西方列强用大炮打开中国大门的情况下，西方文化也就跟着进入。自那以后，在中国一直存在着"古今中外"之争，到今天这个问题仍然在继续着。如果我们希望中国文化得到健康发展，如果我们希望中国文化仍然能对人类文明有所贡献，就必须以"多元开放"的胸怀来对待西方文化，充分地吸收西方文化，更新自己的传统文化，创造适应现代社会生活的新文化。

现今世界文化发展的总趋势可以说是在全球意识下的多元发展。我们如何使中国文化的发展适应这一总趋势？我想在让中国文化走向世界的同时，更重要的是让世界文化走向中国，这就是如何使中国文化现代化和世界化的问题。由此可见，文化的发展始终存在着一个双向选择的问题。我们选择外来文化，外来文化也在选择我们。因此，我们必须全方位地吸收外来文化，同时还应积极地向外介绍和传播中国文化，促使东西方文化健康会合，以利于世界文化的发展。

（1993年）

论禅宗思想中的内在性与超越性问题

佛教传入中国至隋唐分成若干宗派：天台、唯识、律、净土、华严、禅等。至唐以后，其他宗派均先后衰落，而禅宗的影响越来越大，终至一家独秀，究其原因或有许多方面，但就禅宗更能体现中国哲学以"内在超越"为特征来说，似应为研究者所注意。

佛教作为一种宗教有其宣扬教义的经典、一套固定的仪式、需要遵守的戒律和礼拜的对象等等，但自慧能以后，中国禅宗把上述一切都抛弃了，既不要求念经，也不要求持戒，没有什么仪式需要遵守，更不要去礼拜什么偶像，甚至连出家也没有必要了，成佛达到涅槃境界只靠自己一心的觉悟，即所谓"一念觉，即佛；一念迷，即众生"。这就是说，人成佛达到超越的境界完全在其内在本心的作用。

一、中国禅宗不重经典，不立文字，一切自任本心

中国禅宗有一个"释迦拈花，迦叶微笑"的故事，据《指月录》载：

　　世尊在灵山会上，拈花示众。是时众皆默然，唯迦叶尊者，破颜微笑。世尊曰：吾有正法眼藏，涅槃妙心，实相无相，微妙法门，不立文字，教外别传，付嘱摩诃迦叶。

　　禅宗自称其宗门为"教外别传"即依此类故事，亦以此说明他们和佛教其他宗派的不同。印度佛教开始在释迦牟尼时也比较简单，本是一种人生哲学，对一些与人生实际无关的理论往往避而不论，如当时印度讨论的"宇宙是常还是无常""宇宙有边还是无边""生命死后是有还是无""生命与身体是一还是异"等等，均少论及。但印度佛教在发展过程中越来越烦琐，越来越远离实际人生，体系越来越庞大，礼拜的对象越来越多，名词概念也多如牛毛，这与中国传统思想全然不相合。隋唐以后，中国的一些佛教宗派都已在想方设法克服印度佛教的这种烦琐，例如天台宗纳三千于一念，华严宗融理事于真心，都强调人的本心的作用，这一趋势到禅宗慧能以后更是变本加厉了，遂有不立文字，废除经典之说。

　　慧能本人还没有简单地否定经典和倡导不立文字，据《坛经》记载，慧能曾为门人说《金刚经》《法华经》，但他认为"一切经书，因人有说"，经书只是引导人们的工具，不能执着，解脱只能靠自己的本心，并非靠诵读经典。这是因为：一方面，成佛得解脱的道理和路径本来就在你自己的本心之中，"三世诸佛，十二部经，亦在人性中本自具有"（《坛经》），不必外求，不必到心外觅佛，成佛的觉悟全在自己，外在的文字是没有用处的；另一方面，文字是一种外在的东西，如果执着了外在的东西就是"着相"，"本性自有般若之智，自用智慧观照，不假文字"（《坛经》）。慧能以后的禅宗大师为破除经典的束缚，干脆反对念经，反对一切语言文字。沩山灵祐问仰山慧寂："《涅槃经》四十卷，多少是佛说？多少是魔说？"仰山回答说："总是魔说。"（《五灯会元》卷九《沩山灵祐禅师》）如果把佛经执着为佛法本身，这本身就是着了魔，为魔所蒙蔽，所以《古尊宿语录》卷二说："只如今作佛见，作佛解，但有所见所求所著，尽名戏论之粪，亦名粗言，亦名死语。"《景德传灯录》卷十二记义玄"因半夏上黄檗山，见和尚看经。曰：'我将谓是个人，元来是唵黑豆老和尚。'"一切经典全是废话，执着这些废话，人如何得以解脱，如何得以成佛？既然佛教经典为"死语""魔说"，非悟道的工具，那么自然不能靠它来达到成佛的目的。《古尊宿语录》卷十三说："（南）泉（普愿）云：'道不属知不知，知是妄觉，不知是无记，若真达不疑之道，犹如太虚，廓然荡豁，岂可强是非也。'"道不属知识，知识有主体和对象即有分别心，悟道在心之自觉；悟道既在自觉，自不能是不自觉的，如为不自觉，既是"无明"，故"不知是无记"。①

　　禅宗的大师们不仅认为文字不必要，而且认为语言对得道成佛也是无益的。语言并不能使人了解佛法，有人问文益禅师："如何是第一义？"文益回答说："我向汝道，是第二义。"（《文益禅师语录》）佛法是不可说的，说出的已非佛法本身。那么用什么方法引导人们觉悟呢？照禅宗看，几乎没有什么方法使人悟道，只能靠自己的觉悟。不过禅宗也常用一些特殊的方法，如棒喝之类。《五灯会元》卷七《德山宣鉴禅师》中载：

　　　　僧问："如何是菩提？"师打曰："出去，莫向这里屙。"

---

① 参见冯友兰：《中国哲学史新编》（第4册），人民出版社1984年版，第270页。

问："如何是佛？"师曰："佛是西天老比丘。"雪峰问："从上宗乘，学人还有分别也无？"师打一棒曰："道什么？"曰："不会。"至明日请益，师曰："我宗无语句，实无一法与人。"峰因此有省。

《古尊宿语录》卷五载：

（临济义玄）见径山，径山方举头，师便喝；径山拟开口，师拂袖便行。

这就是所谓"德山棒，临济喝"。这种方法是破除执着的特殊方法，目的是要打断人们的执着，一任自心。照禅宗看，人们常因有所执着而迷失本性，必须对之大喝一声，当头一棒，使之幡然觉悟，自证佛道，故佛果禅师说："德山棒，临济喝，并是透顶透底，直截剪断葛藤，大机大用，千差万别，会归一源，可以与人解粘去缚。"（《佛果禅师语录》）义玄的老师希运在其《传心法要》中说：

此灵觉性……不可以智识解，不可以言语取，不可以景物会，不可以功用到，诸佛菩萨与一切蠢动众生同大涅槃性，性即是心，心即是佛，佛即是法。

人所具有的这一灵觉性，既然不是能用知识、语言等使之得到发挥，那只能用一棒一喝（当然不一定必须用棒喝，其他任何方法都可以，只要能打断执着即可）打破执着，使心默然无对，而达到心境两忘的超越境界。

二、中国禅宗破去陈规，废去坐禅，唯论见性成佛

坐禅本是原来佛教一切派别所必需的一种修持法门，释迦牟尼在菩提树下证道，一坐四十九天；达摩东来，仍有三年面壁，都是坐禅。但到慧能以后，中国禅宗起了很大变化，《坛经》记载慧能说："惟论见性，不论禅定解脱。"盖慧能主张"见性成佛"，认为靠禅定并不能得到解脱，所以他说：

> 迷人著法相，执一行三昧，直言坐不动，除妄心不起，即是一行三昧。若如是，此法同无情，却是障道因缘，道须通流，何以却滞？心不住法即通流，住即被缚，若坐不动是，维摩诘不合呵舍利弗宴坐林中。（《坛经》）

执着坐禅，以为可以妄心不起，这实是把人看成死物，而不知"道须通流"，心不能住而不动，住而不动就是心被束缚住了，那怎么能得到解脱呢？《古尊宿语录》卷一记马祖道一"居南岳传法院，独处一庵，惟习坐禅，凡有来访者都不顾……（怀让）一日将砖于庵前磨，马祖亦不顾，时既久，及问曰：'作什么？'师云：'磨作镜。'马祖云：'磨砖岂能成镜？'师云：'磨砖不能成镜，坐禅岂能成佛？'"马祖坐禅，被坐禅所束缚，怀让用"磨砖作镜"这种比喻的方法启发他使之觉悟，这叫作依他人为之"解缚"。又有长庆慧稜禅师，二十余年来坐破了七个蒲团，仍然未能见性，直到有一天，偶然卷帘时，才忽然大悟，便作颂说："也大差，也大差，卷起帘来见天下，有人问我解何宗，拈起拂子劈口打。"（《五灯会元》卷七）慧稜偶然卷帘见得三千大千世界原来如此，而得"识心见性"，

解去坐禅的束缚，靠自己豁然贯通，而觉悟了。《坛经》说："不能自悟，须得善知识示道见性；若自悟者，不假外善知识。"马祖道一是靠怀让的启发，慧棱是靠自悟，但无论前者还是后者都必须是"识自心内善知识"，也就是说必须靠自己的内在本心才可以达到超越境界。慧棱颂中"卷起帘来见天下"是他悟道的关键，因照禅宗看，悟道成佛不要去故意做着，要在平常生活中自然见道，就像"云在青天水在瓶"那样，自自然然，平平常常。无门和尚有颂说：

> 春有百花秋有月，夏有凉风冬有雪。
> 若无闲事挂心头，便是人间好时节。

禅宗的这种精神境界正是一种顺乎自然的境界：春天看百花开放，秋天赏月色美景，夏天享凉风暂至，冬天观大雪纷飞，一切听其自然，自在无碍，便"日日是好日""夜夜是良宵"。[①]如果执着坐禅，那就是为自己所运用的方法所障，不得解脱。临济义玄说："佛法无用功处，只是平常无事，屙屎送尿，着衣吃饭，困来即卧，愚人笑我，智乃知焉。"（《古尊宿语录》卷四）要成佛达到涅槃境界，不是靠那些外在的修行，而是得如慧棱那样忽然顿悟。有僧问马祖："如何修道？"马祖说："道不属修，言修得，修成还坏。"（《古尊宿语录》卷一）道如何能修得，靠所谓的"修"就是要勉强自己，这种不自然的做法，当然会"修成还坏"。所以修道不能在平常生活之外去刻意追求。有源律师问大珠慧海禅师："和尚修道还用功否？"慧海说："用功。"源律师问："如何用功？"慧海回答

[①] 参见吴怡：《禅与老庄》，台北三民书局1976年版，第21—22页。

说："饥来吃饭，困来即眠。"源律师又问："一切人总如是，同师用功否？"慧海说："不同。"源律师问："如何不同？"慧海说："他吃饭时，不肯吃饭，百般须索；睡时不肯睡，千般计较，所以不同也。"（《景德传灯录》卷六）平常人吃饭，挑肥拣瘦；睡觉胡思乱想，自是有所取舍、执着，不得解脱。真正懂得禅的人"要眠即眠，要坐即坐"，"热即取凉，寒即向火"。有僧问赵州从谂："学人乍入丛林，乞师指示。"从谂说："吃饭也未？"僧曰："吃粥了也。"从谂说："洗钵去。""其僧因此大悟。"（《指月录》卷十一）吃过饭自然应洗碗，这是平平常常的，唯有如此，才能坐亦禅，卧亦禅，静亦禅，动亦禅，吃饭拉屎，莫非妙道。禅定既非必要，一切戒律更不必修持了，陈希声问仰山："和尚还持戒否？"仰山说："不持戒。"（《五灯会元》卷九）李翱问药山："如何是戒、定、慧？"药山说："这里无此闲家俱。"（《景德传灯录》卷十四）戒、定、慧本是佛教"三学"，学佛者必须之门径，但照禅宗大师看这些都是无用的东西。禅宗的这一否定，似乎所有的修持方法全无必要，从而把一切外在的形式的东西都否定了。禅宗如是看是基于"平常心是道心"，在平常心外再无什么"道心"，在平常生活外再无须有什么特殊的生活，如有此觉悟，内在的平常心即可成为超越的道心，正如印顺法师的《中国禅宗史》中所说："性是超越的（离一切相，性体清净），又是内在的（一切法不异于此），从当前一切而悟入超越的，还要不异一切，圆悟一切无非性之妙用。这才能入能出，有体有用，事理如一，脚跟落地。"①

---

① 印顺：《中国禅宗史》，台北正闻出版社1987年版，第375页。

三、中国禅宗不拜偶像，呵佛骂祖，一念悟即成佛

印度文化中颇多神秘主义色彩，印度佛教也不能不受此影响，特别是释迦牟尼以后更是如此。例如在佛教中有所谓二十八重天，十八层地狱，每个层次又有无数天堂和地狱，以及众多的具有超自然伟力的佛和菩萨，这些当然都是受印度传统文化的影响。即使是比较平实的"教外别传"的印度禅也有不少神秘色彩，传说印度禅的二十八祖都有所谓六神通：天耳通、天眼通、他心通、宿命通、神足通、漏尽通等。就是印度禅修行的四种境界"四禅天"也颇具神秘性。而中国禅自慧能以后却不如此。慧能说："我心自有佛，自佛是真佛。"基于此，禅宗反对神通和偶像崇拜。《五灯会元》卷十三载，有云居道膺禅师"结庐于三峰，经旬不赴堂。洞山（良价）问：'子近日何不赴斋？'师曰：'每日自有天神送食。'山曰：'我将谓汝是个人，犹作这个见解在。汝晚间来。'师晚至。山曰：'膺庵主。'师应诺。山曰：'不思善，不思恶，是什么？'师回庵，寂然宴坐，天神自此觅寻不见，如是三日乃绝。"良价批评道膺的基本点，就在于道膺是个人，怎么会相信那些神秘的神通呢？"不思善，不思恶"是什么意思？这正是慧能叫人不要持着那些自己想象出来的莫须有的东西。《禅宗传》载："明上坐向六祖求法。六祖云：'汝暂时敛欲念，善恶都莫思量。'明上坐乃禀言。六祖云：'不思善，不思恶，正当与时么，还我明上坐父母未生时面目。'明上坐于言下，忽然默契，便拜云：'如人饮水，冷暖自知。'"所谓"天神送食"，只是道膺的幻想，当他一旦觉悟，幻想尽除，再无天神可寻觅了。人本来应是人，有人之本来面目，一切全靠自己觉悟，根本不需要外在的超越力量的帮助。契嵩本《坛经》有《无相颂》一首：

心平何劳持戒，行真何用修禅，

恩则孝养父母，义则上下相怜。

让则尊卑和睦，忍则众恶无喧。

若能钻木取火，淤泥定生红莲。

苦口的是良药，逆耳必是忠言。

改过必生智慧，护短心内非贤。

日用常行饶益，成道非由施钱。

菩提只向心觅，何劳向外求玄，

听说依此修行，天堂只在眼前。

这首颂不仅否定了外在的神秘力量的存在，而且否定了所谓的天堂和地狱的存在，认为人们只是要在现实生活中平平常常地尽职尽责地生活，在眼前生活中靠自己所具有的佛性（即内在的本性）即可以成佛。大慧宗杲禅师说："世间法则佛法，佛法则世间法。"①

《五灯会元》卷五载：天然禅师"于慧林寺遇天大寒，取木佛烧火，院主诃曰：'何得烧我木佛。'师以杖子拨灰曰：'吾烧取舍利。'主曰：'木佛何有舍利？'师曰：'既无舍利，更取两尊烧。'"木佛本是偶像，哪会有佛舍利，烧木佛无非烧木制之像而已，否定了自己心中的偶像，正是对"我心自有佛，自佛是真佛"的体证。临济义玄到熊耳塔头，塔主问："先礼佛，先礼祖？"义玄曰："祖佛俱不礼。"（《景德传灯录》卷十二）禅宗对佛祖不仅全无敬意，还可以呵佛骂祖，德山宣鉴说："这里无祖无佛，达摩是老臊胡，释迦老子是干屎橛，文殊普贤是担屎汉。"（《五灯会元》卷

---

① 参见吴怡：《禅与老庄》，台北三民书局1976年版，第12—13页。

七）照禅宗看，自己本来就是佛，哪里另外还有佛？他们所呵所骂的无非是人们心中的偶像，对偶像的崇拜只能障碍其自性的发挥。《景德传灯录》卷七载："问：'如何是佛？'师云：'汝是阿谁？'"卷十载："灵训禅师初参归宗，问：'如何是佛？'……宗曰：'即汝便是。'"每个人自己就是佛，哪能问"如何是佛"，问"如何是佛"就是向心外求佛了。而且对自身成佛也不能执着不放。黄檗说："才作佛见，便被佛障。"一个人念念不忘要成佛，那就不能自自然然地生活，而有所求，这样反而成为成佛的障碍。有僧问洞山良价："如何是佛？"答曰："麻三斤。"（《五灯会元》卷十五）或问马祖："如何是西来意？"师便打，乃云："我若不打汝，诸方笑我也。"（《景德传灯录》卷六）良价所答非所问，目的是要打破对佛的执着；马祖更是要打断对外在佛祖的追求，因为照马祖看："汝等诸人，各信自心是佛，此心即是佛心。"（《景德传灯录》卷六）这正是禅宗的基本精神，正如《坛经》中说："佛是自性作，莫向身外求。自性迷，佛即众生；自性悟，众生即佛。"

据以上所述，可知中国禅宗的中心思想或基本命题是"识心见性""见性成佛"。在《坛经》中应用基本概念是"心"和"性"。"心"或叫"自心""本心""自本心"等；"性"或叫"自性""本性""法性""自法性"等。"心"和"性"大体是一个意思，都是指每个人的内在生命的主体，它本来清净、空寂，又是超越于现象界的，但它的活动可变现为种种不同的事物，如《坛经》说："心量广大，犹如虚空……虚空能含日月星辰，大地山河，一切草木，恶人善人，恶法善法，天堂地狱，尽在空中，世人性空亦复如是。"又说："世人性本自净，万法在自性，思量一切恶事，即行于恶；思量一切善事，便修于善行。知如是一切法尽在自性，自性常清净。"善与恶、天堂与地狱、山河大地、草木虫鱼等都是因"心"之"思量"作用而从自性中变现出来的。一切事物的出现，都不能离开"自性"，就像万物在虚空中一样。如果人的"心"迷悟了，就不能见自性，只能是凡夫俗子；如果人的自心常清净，就是"见性"，就是佛菩萨。《坛经》说："我心自有佛，自佛是真佛；自若无佛心，向何处求佛。"

　　照禅宗看，人的自性（或本心）本来是广大虚空一无所有，但它并不是死寂的，而是能"思量"的，一切事物皆由"思量"出。如果这些"思量"活动一过不留，那么对自己的自性就无任何影响，则自性常处于清净状态。"自性常清净"，就好像日月常明一样，只是有时为云雾覆盖，在上面的日月虽明，但在下面看到的则是一片昏暗，致使看不到日月的本来面目。如果能遇到惠风（按：指大善知识的指点和启发）把云雾吹散卷尽，那么常明之日月等等自然显现。《坛经》中说："世人性净犹如青天，惠如日，智如月，智慧常明。于外着境，妄念浮云盖覆，自性不明，故遇善知识开真法，吹却迷妄，内外明彻，于自性中，万法皆见。"善知识只能对人们有启发作用，觉悟不觉悟还在自己。"自有本觉性，将正见度，般若之智，除却愚痴迷妄，各各自度。"（《坛经》）

　　敦煌本《坛经》"佛性"一词很少见，但元宗宝本"佛性"则多见。《坛经》有两处说到"佛性"较重要：一是慧能在黄梅五祖处所作的偈有"佛性常清净"；另一处是答韦使君问，说"造寺、布施、供养"等"实无功德"时提到，"功德在法身，非在福田；自法是功德，平直是德。内见佛性，外行恭敬"。前一条说明"佛性"的本质是"常清净"，这与"自性"一样，所以所谓"佛性"即"自性"，亦即为人之本性，它是每个人的内在生命的主体。后一条说明

"佛性"即"自法性",而为人之内在本质。基于此,禅宗即可立其"识心见性""见性成佛"的理论。"识心见性"是说,如对自己的本心有所认识就可见到"自性常清净",得其"自性常清净"就是使其内在的本性显现为超越的佛性,"识心见性,自成佛道"(《坛经》),这一切皆在"悟即成智"也。

那么人如何能"识心见性"? 禅宗指出了一条直接简单的修行法门,这就是他们所立的"无念为宗,无相为体,无住为本"的法门。《坛经》中说:

> 我此法门,从上以来,顿渐皆立,无念为宗,无相为体,无住为本。何名无相? 无相者,于相而离相。无念者,于念而不念。无住者,为人本性,念念不住,前念、今念、后念,念念相续,无有断绝;若一念断绝,法身即离色身,念念时中,于一切法上无住,一念若住,念念即住,名系缚;于一切上,念念不住,即无缚也。此是以无住为本。

"无相"是说,对于一切现象不要去执着(离相),因为一般人往往执着现象以为实体。如以为坐禅可以成佛,那就是对于坐禅有所执着;如以为拜佛可以成佛,那就是对拜佛有所执着,这都是"取相着相"。"取相着相"障碍自性,如云雾覆盖明净的虚空一样。如能"于相离相"则可顿见性体的本来清净,就像云雾扫除干净而现明净虚空。所以无相不仅仅是不要执着一切现象,而且因离相而显"自性常清净"。《坛经》说:"但能离相,性体清净,是以无相为体。"所谓"无住"是说,人的自性本来是念念不住的,前念、今念、后念是相续不断的,如果一旦停留在某一事物上,那么就不能是念念不住而是念念即住了，这样"心"就被"系缚"住了，"心不住法即通流，住即被缚"。如能对一切事物念念不住，过而不留，如雁过长空，不留痕迹，这样就不会被系缚，"是以无住为本"。"无念"不是"百物不思，念尽除却"，不是对任何事物都不想，而是在接触事物时，心不受外境的任何影响，"不于境上生心"。"念"是心的作用，心所对的是境（外境，即种种事物），一般人在境上起念，如境美好，那么就在境上起念，而有贪；如境不好，那么就在境上起念，而有瞋，因此一般人的"念"是依境而起，随境变迁，这样的"念"是"妄念"，经常为境所役使，而不得自在。如果能"于诸境上心不染"，这样就可以不受外境干扰，虽处尘世，却可无染无杂，来去自由，自性常清净，自成佛道。以上所论"无相""无住""无念"实均一心的作用，且迷与悟均在一念之间，故成佛道当靠顿悟。

据以上所说，我们或可得以下结论：

（1）中国禅宗之所以是中国的思想传统而区别于印度佛教，正因其和中国的儒家和道家哲学一样，也是以"内在超越"为特征的。它之所以深深影响宋明理学（特别是陆王心学），正在于其思想的"内在超越性"。如果说以"内在超越"为特征的儒家学说所追求的是道德上的理想人格；以"内在超越"为特征的道家哲学所追求的则是精神上的自由，那么，以"内在超越"为特征的中国禅宗则是追求一种瞬间永恒的神秘境界，就这点说禅宗仍具有某种宗教的形式。

（2）禅宗虽然仍具有某种宗教的形式，但由于它要求破除念经、坐禅、拜佛等一切外在的束缚，这样势必又包含着否定其作为宗教的本身的意义。这就是说，禅宗的世俗化使之成为一种非宗教的宗教在中国发生影响，它把人们引向在现实生活中实现超越现实的目的，否定了在现实世界之外与之对立的天堂与地狱，表现出"世间法即佛法，佛法即世间法"的世俗精神。

（3）禅宗作为一种宗教，它不仅破除一切传统佛教的规矩，而且认为在日常生活中不靠外力，只靠禅师的内在自觉，就可以成佛，这样就可以把以"外在超越"为特征的宗教变成以"内在超越"为特征的非宗教的宗教，由出世转向入世。这种转变，是否可以说禅宗具有某种摆脱传统宗教的模式。如果可以这样说，那么研究禅宗的历史，将对研究现实社会生活中的宗教有着重要的意义。

（4）如果说在中国有着强大的禁锢人们思想的传统，那么是否也有要求打破一切禁锢人们思想的资源呢？如果确有这样的资源，禅宗应是其中重要的一部分。禅宗否定一切外在的束缚，打破一切执着，破除传统的权威和现实的权威，一任本心，从这个意义上说自己可以成为自己的主宰，这样的思想解放作用在我国长期封建专制社会中应是难能可贵的，似乎应为我们注意。

（5）禅宗这种以"内在超越"为特征的思想体系，有着鲜明的主观主义特色，它必然导致否定任何客观标准和客观有效性。这既不利于对外在世界的探讨和建立客观有效的社会制度和法律秩序，同时在探讨宇宙人生终极关切问题上也不无缺陷。因此，我们是否可以提出一个问题，即能否建立一个包容以"内在超越"为特征的思想，同时也包容以"外在超越"为特征的思想的更完满的哲学体系呢？我认为，这个问题或者是中国哲学发展应受到重视的问题。

（6）如果说有可能建立一包容"内在超越"和"外在超越"的中国哲学体系，那么能否在中国传统哲学中找到内在资源？我认为，中国传统哲学中是有这方面内在资源的。本来在孔子思想中就有两个方面：一方面有"为仁由己""人能弘道，非道弘人"的说法；另一方面也有"畏天命，畏大人，畏圣人之言"的说法。前者是孔子思想中"内在超越"方面；后者是孔子思想中"外在超越"方面，或者说从后者可以看出孔子思想也有"外在超越"的因素。但后来儒家发展前一方面，而后一方面没有得到发展。如果能使上述孔子思想中的两个方面同时发展，又有所结合，是否可以沿着孔子思想发展出一包容"内在超越"和"外在超越"的哲学体系呢？我想，这是一个值得我们探讨的问题。比孔子稍后的哲学家墨子，他的哲学可以说是以"外在超越"为特征的哲学体系。墨子哲学可以说有两个相互联系的组成部分：一是具有人文精神的"兼爱"思想，另一是具有宗教性的"天志"思想。这两方面看起来似乎有矛盾，但在墨子思想体系中却认为"兼爱"是"天"的意志最根本的体现，所以"天志"应是墨子思想的核心。墨子的"天志"思想认为"天"是有意志的，它的意志是衡量一切事物最高和最后的标准，它可以赏善罚恶，它是一外在于人的超越力量，或者说它具有明显的"外在超越"。因此，墨家哲学发展到后期墨家就更具有科学因素和逻辑学和认识论思想。可惜在战国以后墨家思想没有得到发展。墨家思想是否可以成为我们建立一包容"内在超越"和"外在超越"的中国哲学体系的内在资源呢？我想也应是我们可以研究的一个课题。

（1990年）

禅宗的觉与迷

对禅宗的觉与迷的问题的讨论可以分两个层次：其一是禅宗如何论述觉与迷的；其二是禅宗的"一念觉，即佛；一念迷，即众生"是否是一个真问题，还是只是一"戏论"。如果依照禅宗的理论与方法可以达到其成佛的目标，那么"一念禅，即佛；一念迷，即众生"就是个有意义的真问题，反之则是无意义的假问题。

禅宗的理论与方法可以由两个基本命题表示："明心见性"和"见性成佛"。就此可以说禅宗是一种特殊的"心性"学说。在《坛经》里，"心"和"性"的含义并没有分得太清楚，但我们仍然可以了解"（人）心"往往是指人的思维活动的主体，如说"不是风动，不是幡动，仁者心动"；而"（人）性"是人之所以为人者的本体，如说"自性常清净"。

人如何能"明心见性""见性成佛"呢？禅宗提出一套直接简单的修行法门，这就是《坛经》中提到的"无念为宗，无相为体，无住为本"。

"无相"是说，对于一切现象不要去执着（离相），因为一般人往往执着现象以为实体，如以坐禅可以成佛，那就是对于坐禅有所执着；如以拜佛可以成佛，那就是对拜佛有所执着，这都是"取相着相"。"取相着相"障碍自性，如云雾覆盖明净的虚空一样，如果能

"于相离相"则可顿见性体的本来清净，就像云雾扫除干净而现明净虚空。《坛经》说："但能离相，性体清净，是以无相为体。"所谓"无住"是说，人心本来是念念不住的，前念、今念、后念是相继不断的，如果停留在某一物上，那么就不能是念念不住而是念念即住了，这样"心"就被束缚住了，"心不住法即通流，住即被缚"。如能对一切事物念念不住，过而不留，如雁过长空，不留痕迹，如放过电影，一无所有，这样"心"就不会被系缚，"是以无住为本"。

"无念"不是"百物不思，念尽除却"，不是对任何事物都不想，而是在接触事物时，心不受外境任何影响，"不于境上生心"。"念"是心的作用，心所对的是境，一般人在境上起念，如境美好，那么就在境上起念，而有贪；如境不美好，那么就在境上起念，而有瞋。因此一般人的"念"是依境而起，随境而迁，这样的"念"是"妄念"，经常为境所役使，而不得自在。如果能"于诸境上心不染"，这样就可以不受外境干扰，虽处尘世，却可无染无杂，来去自由，自性清净，自成佛道。这样的修行法门，实际上并不是一种特殊的修行方法，可以说是"无修之修"。

"无念""无相""无住"其实都是从不同角度说"心"的作用。"心"本来是广大虚空一无所有，"心量广大，犹如虚空"（《坛经》），但它并不是死寂的，而是能"思量"的，一切事物皆由思量出。如果这些"思量"活动一过不留，那么对自己的自性就无任何影响，则自性常处于清净状态，"自性常清净"就好像日月常明一样，只是有时为云覆盖，而上面的日月虽明，看到的则是一片昏暗，致使看不到日月的本来面目。如果能遇到惠风（按：指大善知识的指点和启发）把云雾吹散卷尽，那么常明之日月等等自然显现。《坛经》中说："世人性净犹如青天，惠如日，智如月，智慧常明。

于外着境，妄念浮云盖覆，自性不明，故遇善知识开真法，吹却迷妄，内外明彻，于自性中，万法皆见。"善知识只能对人有启发作用，如棒喝等，觉悟不觉悟还在自己，"自有本觉性，将正见度，般若之智，除却愚痴迷妄，各各自度"。所以《坛经》说："佛是自性作，莫向身外求。自性迷，佛即众生；自性悟，众生即佛。"

禅宗既然认为只要能做到"无念""无相""无住"，就可以通过"自心"的觉悟，而达到"自性常清净"的成佛境界，因此，成佛之道并不需要在日常生活之外再有什么特殊的生活，如坐禅、持戒、念经、拜佛等等都无必要，做这些反而是成佛的障碍。有僧问赵州从谂："学人乍入丛林，乞师指示。"从谂说："吃饭也未？"僧曰："吃粥了也。"从谂说："洗钵去。""其僧因此大悟。"（《指月录》卷十一）吃过饭自应洗碗，这是平平常常的，唯有如此，才能坐亦禅，卧亦禅，静亦禅，动亦禅，担水砍柴无非妙道。但是在日常生活中求得悟道，"觉"与"不觉"毕竟不同，这又如何分别呢？有源律师问大珠慧海禅师："和尚修道还用功否？"慧海说："用功。"源律师问："如何用功？"慧海回答说："饥来吃饭，困来即眠。"源律师又问："一切人总如是，同师用功否？"慧海说："不同。"源律师问："如何不同？"慧海说："他吃饭时，不肯吃饭，百般须索；睡时不肯睡，千般计较，所以不同也。"（《景德传灯录》卷六）平常人吃饭，挑肥拣瘦，睡觉胡思乱想，自是有所取舍、执着，不得解脱。得道之人"要眠即眠""要坐即坐""热即取凉""寒即向火"，与平常人自非一般境界。禅宗如是看，是基于"平常心是道心"，在平常心之外再无什么"道心"，在平常生活之外再不需有什么特殊的生活，如有此觉悟，内在的平常心即可成为超越的"道心"，平常的生活就是佛境界的生活，如庞居士偈云："神通并妙用，担水及砍柴。"

禅宗对"觉"与"迷"的看法，在其自身理论架构中无疑是妙用圆通的，它对人们的生活无疑也可以是一微妙法门。因此，我们可以说，禅宗为人们提供的由"迷"到"觉"的路径，给了一切人以"超凡入圣"的希望。在禅宗的理论架构中一切人都有希望"超凡入圣"，而不存在"超凡入圣"的"无望"。

如果我们站在禅宗之外来看"禅宗的觉与迷"，是不是会发生"禅宗的觉与迷"的"觉与迷"问题呢？下面我打算作三点讨论。

（1）禅宗的"一念觉，即佛；一念迷，即众生"这个命题，是一个既不能证实，也不能证伪的命题，因为这个命题大概是一种宗教经验。作为宗教经验，它无法证实，也无法证伪，如禅宗常说的"如人饮水，冷暖自知"，是"觉"是"迷"全在自己，只能由自己去体会自己的体会，而不可能去体会别人的体会。因此，从宗教经验这个角度，对禅宗的这个命题，局外人是不能置一词的。

（2）禅宗的"明心见性"，此心是个体的"心"，还是宇宙的"心"？有学者认为，禅宗的个体的心也就是宇宙的心。因为"心"就是那一个"心"，无论在什么情况下，它就是那个样子，这就叫如如。菩提是它，烦恼也是它，菩提与烦恼的分别不在于它，而在于人的迷悟。迷了，它就是烦恼；悟了，它就是菩提。现在我的问题是，如果个体的心就是宇宙的心，是否还应有迷悟问题。照道理说，宇宙的心无所谓迷悟，个体的心才有迷悟问题，由"迷"入"悟"即是由个体的心通向宇宙的心。如果"个体的心"不是"宇宙的心"，那么是否有两"心"？有两"心"似乎是说不通的。因此，"明心见性"的"心"何所指？这个问题对禅宗来说也许根本不是问题，但我认为，它对禅宗来说也可能是个不了了之的问题。但是，如果说到底，

"个体的心也就是宇宙的心",那么"心"应是无所谓迷悟的,因此也就可以不问"成佛"与否,而自然是成佛境界。这样"一念觉,即佛;一念迷,即众生"这个命题的意义何在呢?

（3）禅宗讨论"迷悟"是在"觉"中讨论这个问题呢?还是在"迷"中讨论这个问题呢?这个问题本来也不是局外人应该讨论的。但我们是否可以假设禅宗是在"觉"中讨论"迷悟"?假如是这样,这个问题似乎没有必要讨论,或者说不能讨论。因为已"觉"则"迷悟"问题已除,不仅"迷悟"问题没有了,一切问题都没有了。从这点看,一切禅话都是"迷语"。如果我们假设禅宗是在"迷"中讨论"迷悟"问题,那么这个问题倒是可以讨论的。但讨论出的任何结果同样是"迷悟"。其实禅宗自己早已说过,像"迷悟"问题是"不可以智识解,不可以言语取,不可以景物会,不可以功用到的"(黄檗《传心法要》,见《景德传灯录》卷九)。因此,我们不能去假设禅宗讨论任何问题,而是照禅宗的意思应该反对讨论任何问题,因为无论讨论什么问题都是被缚,而不得解脱。

以上三个问题,是我个人的问题,很可能是我在"迷"中的问题。"一念觉,即佛;一念迷,即众生"这个命题,从宗教经验上说,它无疑给人们以希望;而从哲学的分别心上说常常是如瞎子看匾,本来什么问题也没有,却造出一些使人困惑的问题,而把人们引向"无望"。这就是说,从宗教经验上说,"一念觉,即佛;一念迷,即众生",这个命题是一种有真实意义的信仰,故它给人们以希望;从哲学思考上说,这个命题则是一种无真实意义的话语,故它并不会给人们以希望。

（1997年）

文化热与国学热

20世纪80年代中期在中国内地发生的"文化热",在北京地区首先是由"走向未来"丛书推动的,接着有"中国文化书院"、《文化:中国与世界》杂志等学术团体的参与。这个"文化热"由于某种原因被打断了,到1992年"国学热"却悄然兴起,这可以《国学,在燕园悄然兴起》和《国学研究》等文章和刊物的出版为标志。

这两年来,有些学者写文章提出要对80年代的"文化热"进行"反思"。我认为,对80年代的"文化热"作合乎实际的理性反思无疑是必要的,不过其中有些看法不符合实际。有的学者认为"文化热"的"反传统"是激进的、轻率的和不负责任的;有的学者认为"文化热"有一种"泛文化倾向"。我认为,这些看法或者是由于对80年代文化讨论的不了解,或者是出于某种偏见。因此,我作为当时文化问题讨论的参与者,不得不做些说明。

为什么80年代会发生文化问题的讨论?我认为,有两个原因应受到重视。第一个原因是"四个现代化"的提出,使一些学者担心中国又可能走上只重"科学技术"(主要是技术)的道路。我记得1985年5月曾在深圳召开过一次有北京、上海、武汉、西安、深圳五地学者参加的小型"文化问题讨论会",这次会议还有两位美国朋友参加。会后，我们写了一份会议纪要，现抄录一段，请大家参考：

> 五四运动以来，现代化的口号提出了半个世纪，而现代化的进程却一次又一次被打断，这是什么原因？看来，有一个问题没有很好地解决。现代化不只限于科学技术层面，更重要的是应该有文化深层的现代化相配合，其中包括价值观念、思维方式以及对我国新旧传统的历史反思等等。现代化是一个很复杂的问题，提出要实现现代化就说明我们仍然处在"非现代化"的历史时期。那么，首先就有一个"现代化"与"传统"的关系问题，其中包含着深刻的价值观念上的冲突，这个问题不能不和传统文化息息相关。

从上面一段文字看，当时已关注中国社会发展的走向，希望"现代化"不要仅仅限于"科学技术"层面，而应有"文化"的层面相配合。也就是说我们希望我们的国家有一个"全面的现代化"，不仅科学技术要现代化，而且政治、文化也应现代化。我们希望的是科学技术、经济、政治、文化能同步从前现代进入现代，并没有想要"跳过"物质文明，直接涉入体制，而紧接着便落实到文化层面；更没到希望文化可以医治"百病"的地步。可是没有文化的现代化相配合，我们的"现代化"难道能说是一完整意义的现代化吗？

当时，我们提出了"现代"与"传统"的关系问题，而且特别强调"现代"与"新传统"的关系问题。我们知道，五四运动的"反传统"的重点可以说是反对几千年形成的旧传统；而80年代的"反传统"的重点，则是几十年来形成的极左教条主义的新传统。而且，反对几十年来形成的极左教条主义新传统，也正是为了保护几千年来中国文化中有意义、有价值的东西。这是一个问题的两面。我们难道会忘记此前发生的"文化大革命"中的一些情景吗？那时一方面在疯狂地破坏着中国文化中有意义、有价值的部分；另一方面对中国文化中的糟粕大加颂扬。因此，我们无可否认这几十年来形成的极左教条主义新传统和几千年的旧传统之间的联系。我们还应该看到，当时参与文化讨论的至少有不同的三派（或者更多的不同学派），有的激进些，有的保守些，有的采取了自由主义的态度。这三派虽然路向不同，但却能比较理智地讨论问题，并在批评几十年来形成的极左教条主义上有着共识。因此，形成了前所未有的推动中国文化发展的合作关系。我认为这应是中国学术界非常可贵的经验。

现在有一些学者不加分析地批评五四新文化运动，批评它的"反传统"，我认为这是很不公正的。我们试想，如果没有对中国传统文化中的那套维护专制统治的旧传统、旧道德，如"夷夏之防""三纲六纪""三从四德""八股取士"等等猛烈地冲击一下，我们的社会能前进吗？当然，五四的"反传统"是有缺点的，有它的片面性。可是五四的精神在今天仍有它正面的积极意义。而且也正是五四新文化运动批判了专制、腐朽的东西，才可以使中国文化的真精神显现出来。五四新文化运动的"反传统"之所以发生问题，我认为主要是由于政治的原因，致使中国文化屈从于政治，而没有能使文化较为合理地发展。

反观80年代的"文化热"，在当时的条件下，确实比较难以系统地、深入地讨论一些比较具体的问题，如书籍的考订、文献的整理、字句的阐释等等，因为面对的是如何打破多年来教条主义极"左"思潮独领风骚的局面，推动中国文化朝着有利于促进中国社会的发展并和当代世界文化发展的总趋势接轨。因此，对80年代"文化热"所取得的成果的否定不仅是错误的，而且是有害的。

90年代在中国大陆悄然兴起的"国学热"如何走向，还得有一段时间才能看清。就现在情况看，对80年代"文化热"做理性的反思，在肯定它当时的正面价值和意义的同时，指出其某些不足之处，更加深入地讨论和研究一些问题，当然是必要而且有意义的。我们知道，事物的发展总是波浪式的，不会是完全的直线，在对阻碍中国社会走向现代的新旧传统做过一段较为激烈的批评之后，特别是在对独断的教条主义有力地冲击之后，学者们才比较有可能更为深入地研究一些问题，才有可能对几千年的传统文化做比较细致的梳理。但是，即使这样，我认为中国的学者也不能不关注现实中国文化的走向和如何与世界文化发展的总趋势接轨的问题，同时仍然不能忽视阻碍中国社会前进的极左教条主义的影响。照我看，"国学研究"可能有两种不同的走向。一是真正把中国传统文化放在整个世界文化发展的总趋势中来考察，使中国文化的真精神和现时代的时代要求接轨，这将是中国文化走出困境，得以复兴的唯一出路。如果不使我们的传统文化"苟日新，日日新，又日新"而只是抱残守缺，哪怕是把古人非常有意义的话一而再，再而三地重复，我想也很难使中国文化复兴，更不可能使中国文化对现时代做出贡献，搞不好甚至会陷入"国粹主义"或"狭隘的民族主义"之中。但从历史的经验和目前某种发展趋势看，也有另一种可能，这就是中国传统文化的研究离开了学术的轨道而意识形态化，从而背离了某些学者热心"国学"的初衷。目前已有人提出"不排除有人企图以'国学'的概念，来达到摒社会主义新文化于中国文化之外的目的"（《哲学研究》1994年6月号）。这一论点倒是企图人为地把社会主义新文化与"国学"（即中国传统文化）对立起来，并有企图把学术研究重新纳入意识形态之中的嫌疑，这无疑是违背"百家争鸣"的方针的。

　　当然对中国传统文化（不仅是中国传统文化，而且应是一切学术研究）做学术上的研究应该有一些规范，例如引用别人的研究成果应该说明，引文应有出处，标点要合乎通常规则，论点要有根据等等，这些是不言而喻的。但是，有一些所谓"学术规范"却超出了一般"学术规范"的要求，认为只有像乾嘉学派或者某西方学派那样才符合学术规范。这里我无意否定乾嘉学派或任何西方学派所取的"规范"模式，而且对乾嘉学派或西方的有价值的学派的"规范"我都尊重。但是要用某一家某一派"规范"作普遍的"学术规范"大概是不妥当的。我认为这样的要求过分了。我们知道，胡适、陈寅恪、熊十力的学术风格很不相同，但是哪一种算"学术规范"呢？我认为，都是各自的规范。强立一种所谓的"规范"是不可能的，只会有害于学术的自由发展。现在有一种说法："80年代中期'文化热'是有思想无学术，现在则是有学术无思想。"我认为，这个看法不仅不合乎实际，而且把"学术"与"思想"割裂开来也是站不住脚的。无论80年代或90年代的文化研究，我认为，许多学者都是努力通过学术文化的研究来为中国文化的复兴和走向世界寻找可行之路。在这过程中可能有这样那样的缺点，但这都是推动中国社会走向现代的问题，它将会在大家的努力下不断克服。

　　我认为，我们这些从事学术文化工作的学者，尽管学术观点不同，学术风格不同，所采用的方法不同，但只要大家有一个复兴中国文化，并使中国文化与现时代世界文化发展的总趋势接轨以及不是浮泛地而是认真地吸收西方的和东方其他民族的文化的愿望，且具有一种宽大的胸怀，那么中国文化将对世界文化做出有价值、有意义的贡献。

（1995年）

文化历程的反思与展望

访问：闵惠泉

问：这些年人们对文化议论得比较多，但是对文化的一些观念似乎比较模糊，您对中国文化、中国哲学方面很有研究，我们很想听听您对这些问题的看法。

汤一介：给文化下定义是非常困难的。据统计说有一百多种，也有人说有三百多种，可能现在找不出一个非常权威的定义。人们通常照梁漱溟先生的话讲："文化就是人类生活的式样。"照生活式样不同分成不同的生活类型，它可分为西方文化、中国文化、印度文化等。照我看，普遍可以接受的定义也许是认为凡是人类创造出来的都包含在文化的范围之内，至少它有三个层次大家可以认同：一为物质文化，一为制度文化，一为精神文化。一般来讲可能分成这三个层次。你提出的第一个问题是关于文化热。为什么80年代中期会在中国内地出现文化热？我想当时有两个最主要的原因。一是我们十一届三中全会后提出来要实现现代化，而且特别提出"四个现代化"的口号，但是照我们看，光提"四个现代化"可能是一个不全面的现代化的概念。从80年代中期开始，大概是1984年我们就考虑到是否用思想观念的现代化来配合"四个现代化"，这样才比较完整。当然还应该有制度方面的现代化，当时从我们学者来讲比较注重的是思想观念的现代化，从这个角度来考虑。最早在1985年我们跟上海、武汉、西安、北京、深圳等地的有关人士在深圳开一个文化协调会，当时就提出文化现代化应包含思想观念的现代化，我想这是一个非常重要的原因。二是考虑到如果要实现现代化可能会遇到一个问题，就是应该承认我们现在这个社会是非现代化的社会，才需要实现现代化，如果不承认这个事实就无从谈起。如果承认我们现在社会为非现代化的社会，可能要解决三个相互联系的问题：一是如何对待传统的问题，二是如何对待外来文化的问题（当时主要考虑的是西方文化），三是如何创造适应现代中国需要的新文化。所以在会上我们提到是不是应该在我们国家大家来共同讨论文化现代化的问题。

问：现在看来这一点很重要。

汤一介：当然这和我们现在精神文明建设、爱国主义传统教育等都有关系。但是80年代文化热的特点是怎样走出非现代、走出前现代，当时主题是从传统走向现代，回顾80年代可能整个文化界讨论的中心问题是围绕从传统走向现代。

问：这是不是对传统有点否定的意思？

汤一介：对，因为在那时如果我们不首先考虑到从传统走向现代化的问题，就不可能打开一个局面，因为我们三四千年甚至更长的旧传统显然不适合至少不完全适合全面实行现代化的要求，而且还有近几十年形成的一个新的极左教条主义思潮的新传统，对这两个传统如果不作一个很好的理性反思，我们实现现代化就会有很大障碍，所以当时讨论主题基本上是围绕从传统走向现代。当然不可避免对传统采取比较多的批判态度，如果不经过一个清理、批判的过程，我们的现代化就会被很多方面拖住后腿，比方价值观念的问题，如果没有一个新的价值观念，我们能不能够实现现代化？那很困难。因为思维方式是需要转变的，对不对？而这就需要对过去进行一定的清理、批判才行。而1989年以后稍微发生一些变化。从1992年开始（1990年、1991年不特别明显）出现从文化热转成国学热的情况。为什么会产生这种状况？也有两方面的原因。一是由于80年代由传统走向现代的过程中对传统的批评、批判带有相当程度的片面性，过后不可能不去对前一阶段文化热进行理性反思，在反思过程中考虑到一个民族应该有自己的文化根基，如果不能巩固好自己的文化根基的话，一方面不可能很好地吸收外来文化，就不会对外来文化自觉地、有选择地进行吸收；另一方面在理性反思中，觉得前阶段否定过分的方面应该找回来，所以产生对传统的再认识过程，也就是把根基培育好并让它在此基础上得到发展，不是要离开我们的根基发展我们的文化。第二个方面原因是1989年后特别是1992年后政府也较多提倡传统文化，有鉴于在过去特别是1949年后一个相当长时间内在我们党内忽视传统文化（"文化大革命"就是很典型的例子），加上要加强民族自尊心、民族凝聚力就不可能不考虑到自己的传统文化。比方说当时《人民日报》发表一篇文章《国学，在燕园悄然兴起》，中央非常重视，觉得可能应该考虑到要加强民族自尊心、民族自信心、民族凝聚力，至少一个重要方面是从传统方面找资源。鉴于这两方面原因，国学热也就从此逐渐发展起来，以后出现了很多关于传统文化的讨论会，出了不少研究、阐发中国传统文化的杂志。我认为对传统文化的研究，无论如何应该加强，而加强对传统文化的研究，必须要有全球意识。

问：这点提得非常好。

　　汤一介：如果没有全球意识，你发展自己的传统文化，会发生两个问题。一个问题是它会导致狭隘的民族主义，这种状况在我们历史上和我们生活中不乏例证，认为人类所有精华都在我们的民族文化中间，会发生这样的问题；另一方面，会产生强烈的排外心理，不可能认真地、非常好地去吸收其他民族文化的长处，特别是吸收适应现代化、适应现代社会要求的文化资源，我想这是一个应该注意的问题，如果不注意这个问题就会使得我们的文化发展、文化研究游离于当前的世界文化发展总趋势之外，又形成一个闭关自守的状态，我觉得那是比较危险的。第二个问题是我认为应该防止的，即文化学术发展、研究的目的是什么？我想应该是追求真理，不应该过分意识形态化（我有时措辞是考虑再三的）。换句话说，它和政治有一定的距离、有一定的界限，它应该是以追求真理为目的的，不应该仅仅是为当前的政策作论证。如果你的学术研究、文化发展只是围绕当前具体政策为它作论证的话，那么这种偏离追求真理的方向就很可能会发生，这在我们历史上不乏例证，特别是1949年以来很多问题发生在这上面，比方在搞"大跃进"时就围绕着为"大跃进"作论证，造成我们在政治、经济各方面的失误，当然"文化大革命"是一个典型的例子，在"文化大革命"里为"文化大革命"作论证、为"以阶级斗争为纲"作论证、为"无产阶级专政下继续革命"作论证。这样学术文化不是追求真理，而是为现实具体的政治、政策作论证，这将导致偏离追求真理的方向，当然你这个政策符合时代要求，理论就自然和政策相符，因为理论是符合真理的。相反地政策应该符合理论，它应该是这个关系，仅仅为政策作论证就会产生很多问题，现在如果国学热很可能出现问题的话，一个就是走向了狭隘的民族主义，一个就是仅仅考虑为现实政策作论证而使得学术文化意识形态化，偏离了发展方向。

因此我觉得应该在全球意识关注下发展我们的民族文化，而这样一个趋势也是第二次世界大战后逐渐形成的。二战后由于殖民体系的瓦解，西方中心论逐渐消退，当然不能说完全失去了作用，比方在美国他们还是认同西方中心论，特别是1993年的《文明的冲突？》显然还是宣传、支持西方中心的理论，但它的总趋势是逐渐消退的。二战后许多殖民地独立了，各个民族要发展自己的民族文化，比方说中国，后来还有印度、韩国、日本等都有发展自己民族要求的趋势，这是一个不可逆转的潮流。那么就有人问我全球意识是什么。我也开始想全球意识到底指什么，我想可能有一个问题在这里，就是：全球意识它也不是固定不变的，不是从古到今都一样，它还是这个时代的要求，全人类在这个时代要求什么？它有没有一个总的问题？进入90年代后总的趋势越来越明显，由于后冷战时期越来越突出的是和平与发展的问题，这恐怕是当前全人类主要关注的问题，那么我们发展民族传统文化必须配合整个世界来解决这个总问题，如果我们不配合世界人类所关注的总问题去考虑我们的文化中对这些问题能提供什么资源，那就容易偏离方向。我想每个时代要解决的中心问题就是这个时代的全球意识，和平与发展，很可能是21世纪人类所共同努力追求的、要解决的问题，而对第三世界也就是发展中国家来讲可能还有一个共同问题，因为发展中国家如果要能与发达国家取得平等地位，要解决什么问题？那就要解决现代化的问题，我们之所以不能和发达国家取得平等地位主要是因为我们没有实现现代化，而他们已实现了现代化。所以我们还有一个在发展中国家中共同面临的问题，那就是现代化。现代化是什么意思，我认为：首先是工业化，如果没有工业化，就没有力量与西方发达国家进行竞争，所有发展中国家都是处在实现现代化过程中间；二是民主化，是否有一套适应现代政治、现代社会生活的政治民主制度，如果没有一套适应现代社会生活的政治民主制度就不能保证多数人充分发挥出他们的力量；还应该有法制化；还应该有理性化。我们现在讲前现代、现代、后现代这些概念，现代是一个理性化的时代，而且它要求的是理论系统化，当然进入后现代就不是如此，它要求破除理论系统化，破除单一理念。

问：您说中国首先是现代化的问题，离后现代还比较遥远？

汤一介：等一会儿我会谈到这个问题。我们现在要实现现代化，所有发展中国家都有这个问题。我们如果不实现现代化，我们就没有和发达国家站在平等地位上进行推进人类社会发展的可能性，因为我们总处在弱势的地位，而实现现代化至少就有（也许更多）上面这四个要求，所以说就全人类来讲有一个共同的问题就是和平与发展的问题，从我们发展中国家来讲最迫切的问题是实现现代化的问题，当然你的现代化不能离开和平与发展，不能侵略别人来发展自己的现代化，那就违背了追求和平的意义，我们不能像过去西方列强侵略殖民地一样侵略别人来发展我们的现代化，这是不可取的，但我们要实现现代化怎么办？那就要工业化（也叫产业化）、民主化、法制化、理性化，你才有可能走出前现代，真正实现现代化。所以我觉得我们现在的任务非常重。中国传统文化中有没有对全球所关注的最主要的问题提供一些有意义的资源？我想可以从我们的传统文化中为现代人类所关注的最主要的问题提供一些有意义的资源，中国传统文化中最主要的是精神的、观念的这个层面（先不考虑制度层面），主要是儒家、道家思想，佛家思想当然也对我们有很多影响，但它最初是外来文化，然后被我们吸收改造成为我们文化的一个部分，最基本的还是儒家、道家文化。而儒家文化对我们现代社会提供资源最主要的是解决人与人之间关系的一些有价值的资源，比如孔子"和为贵"，如果把"礼"解释成它是维系社会的带有制度性的教化，也就是调整人与人之间的关系的东西，它应该遵守"和为贵"这个原则。再比如儒家经典《周易》里有个最重要观念就是"太和"，它讲"乾道变化，各正性命，保合太和，乃利贞"。意思是讲宇宙的发展变化，万物按照自己的本性及其作用保持太和的话就能比较顺通，不会受到阻碍。王夫之对"太和"有一个解释："太和，和之至也"，即和的最完满的境界。他认为在没有人类以前"天"（自然）没有什么不和谐，有了人类以后，如果不失其和，它也还是太和。我想这些观念可能会对调整人与人之间的关系，解决人类社会生活中各种纠纷提供有意义的资源。但是作为一种观念落实到操作层面是非常复杂的，需要各种学科配合。所以有人问我，本来中国有这么好的观念如"和为贵""太和"的观念，可是为什么历史上并不那么和谐？由此可看出要落实到操作层面，确实需要非常多的条件才可能实现，比方我们过去是以小农经济为基础的封建专制的社会，怎样可能实现"和为贵""太和"赋予我们的比较完满的和谐？要走出小农为基础的社会必须实现工业化，就是实现现代化，你才能提供丰富的物质资源，你才可能真正实现人与人之间的和谐。过去是以封建等级制度为基础的社会，如何实现和谐？就必须打破这种封建等级制度。所以和谐的实现是有条件的。但是观念是非常重要的。如果没有这些观念，即使有了一定条件，还是不可能实现和谐。必须有了这些观念，并为这些观念创造条件，需要落实各方面的配合。从另一方面看道家有一个重要的观念就是"顺应自然"，庄子有一句话"无以人灭天"，不要用人为的办法去故意破坏自然资源，而现在恰恰发生大的问题，各个民族要发展，就要利用自然资源，在利用自然资源的过程中到现在可以看到对自然资源的破坏比较厉害，生态环境的破坏、臭氧层的变薄等都出现了，那就是我们没有处理好人和自然的关系，因此道家思想中间顺应自然的思想也许会为我们提供有意义的资源。怎样来利用这个资源？怎样为今后的社会以更多的考虑？所以我们传统中有许多有意义的资源有待发掘并给它以现代诠释即现代的解释以适应现代的需要。中国自古就有"苟日新，日日新，又日新"的说法。用我们现在的话讲就是不断给它们以新的诠释让它适应我们现代社会的需要。否则观念中包含不适应现代社会需要的部分就会发生作用，适合现代社会需要的就没有办法完美地发掘出来发挥作用。而我们当代学者的作用必须是怎样给传统文化中有价值的东西作现代的诠释，让它适合现代社会发展的需要。我们历史上也是这样，比方说先秦儒家是受到佛教冲击和道家冲击之后才发展到宋明理学，如果没有印度文化的冲击，它不"日日新，又日新"的话，就不可能有宋明理学，还是先秦的那些东西。正是由于印度佛教文化的冲击使得先秦儒家主要解决的问题（照钱穆说法）"人性"的问题、"人的价值"的问题到宋明时已上升到宇宙的价值、本体的价值——"天理"是超越于人的一种根本原则。近四百年来西方文化冲击着我们，从四百年前利玛窦传播西方文明开始，它一直冲击我们到今天，我们也必须很好地在吸收他们先进文化的基础上来对我们的传统文化进行新的诠释。

　　现在新儒家也想进行诠释，我觉得可能走错了路子。现在新儒家的问题主要是没有给儒家一个很好的定位，就是儒家到底能解决什么问题？我想主要能解决的就是刚才我讲的调整人与人之间的关系，也就是教人如何做人的问题，再多了就不一定能解决。比如新儒家他们认为儒家的内圣之学（也就是道德修养的学说）可以开出适合民主政治制度的外王之道来，而我觉得是不可能的，因为它没有现代的东西为基础；认为宋儒的心性之学可以开拓出科学认识论的系统，而本来中国传统文化就缺乏认识论的系统。比方说宋儒他们特别推崇的王阳明的"知行合一"的学说都是没有把认识论和伦理学区分开来，而是混在一起的，因而认识论就不发展，我们现在要从一个本来认识论不发展的东西里挖掘出科学的认识论的系统来，这是不可能的。原因是他们还是有一个情结，也就是科学民主的情结。认为中国传统思想里已经有不少民主科学的因素，我们因此只要从传统文化里发掘就可以了。我觉得不是这样一个情况。科学与民主应该是近现代的问题，不可能从它那里自然地发展起来。

其实我想很简单，比方我缺乏的就吸收。而儒家能不能吸收一些外来文化？问题就在这里，能吸收的就吸收。儒家文化有一个吸收外来文化的比较好的机制（或者说传统）。比方我们吸收的佛教，就吸收得相当不错。印度佛教在公元1世纪传入中国，经过一千年的时间佛教基本上消化在我们的文化中间。佛教开始是依附于我们中国的传统文化发展的，后来因两种文化有相当多的不同，有很多的矛盾，中国文化的办法就是首先把印度文化的佛教转变成中国化的佛教，到隋唐就出现了像禅宗这样的佛教流派，它是相当程度中国化的宗教。比方印度佛教是要有一个彼岸世界、一个西方极乐世界这样的东西，要成佛，而中国的禅宗给它以一个非常大的变化，就是"挑水砍柴无非妙道"，我在现实生活里就可成佛，不需要追求一个什么超现实的世界、一个西方极乐世界。因此禅宗既不主张坐禅，不主张拜佛，也不主张念经，你就在日常生活里提高自己的修养，觉悟了就成佛，"放下屠刀，立地成佛"，"一念觉即佛，一念迷即众生"。比方一个小和尚在吃完饭后问老和尚："那我还应该做什么呢？"他原来以为是要去做念经之类的事情，老和尚说："你吃完饭不知道做什么，你洗碗去！"宋儒把禅宗这一套吸收过来，宋儒因之代替了佛教的影响。

因此到宋朝以后，佛教在中国影响就逐渐衰退了，没有那么大的影响。原因就是佛教已经中国化了，而且我们又把佛教中可以吸收的都吸收过来了。就是说我们不是没有吸收西方文化的机制，比方唐朝时最著名的文学家都是信佛的，如王维、白居易、柳宗元、刘禹锡，宋朝的文学家如苏轼也如此。这没有关系，我们能容纳它。所以我们今天也应该相信我们的文化可以充分吸收西方文化。

问：这就是说要有自信心。

汤一介：对，就是要有自信心，但是不能闭关自守。如我刚才所讲的不能用狭隘的民族主义的观点来对待这个问题，不能认为所有好的东西我们的文化里面全有。而现在就有这样的问题，认为现代科学都在《易经》中间，什么计算机二进制是从我们《易经》里来的，这都是似是而非的说法，计算机毕竟还是西方的产物，不是我们的产物，现在我们回过头来看我们《易经》是二进制的，可是它本身并未产生计算机的理论；现在又说遗传基因符合我们64卦的排列顺序，这是附会的。我们不能这样来看，这样又会让自己走入狭隘的民族主义，我觉得是非常有害的。今天应该有个正确的方法和态度来对待自己的传统文化。

问：现在对西方文化我觉得还是应该在充分吸收的基础上结合本民族的文化来加以创新。

汤一介：对，因为你现在可以看到，我们要走向现代化，必须吸收西方文化。比方说市场经济的问题，你就必须充分吸收西方市场经济这一套。现在有个说法叫作现代化的"日本模式"，日本有一个阶段发展比较快（现在也不行了），为什么？说它有东方的思想，特别是儒家的思想对它起的作用，这大概不对，因为日本经济发展根本上还是学西方的。它还是西方市场经济那一套搬过来之后再加上一些儒家精神而在管理中间发生了作用。比方说它的内部协调的作用，使得它的工人在一个阶段好像是在一个大家族里面，跳槽的比较少，企业因之容易稳定，竞争力就比较强。那美国就不一样，另一个企业比这一个企业高一块钱，人们就可以跳槽到那个企业里去。但这不是决定性的，首先你得是市场经济，不能跟世界市场经济接轨，即使有再多的儒家思想也发挥不了作用，对不对？你首先得有市场经济，我们再有些别的方面给它加以补充、加以调整，还是可以起作用的。如果连市场经济都不是，那是绝对不行的。

在1989年后，中国文化的发展也有了一些新的趋向，比如说后现代思潮在中国相当流行。这是应该注意的一个现象。像广州成立了后现代研究所，特别是北大有个所谓"三王一张"，后现代在北大有相当大的市场，在社会上也有相当大的市场。当然1989年前，后现代思潮在80年代已传到中国，但影响不是太大，主要是90年代后，由于多方面的原因出现思想一元化的倾向。比方说提倡国学过了头，或者说学术思想意识形态化的问题更多了。出现这样的问题，而后现代恰恰是消解这个东西的因素。它主张零碎化，不要有一个统一的东西，它要打破一个统一的东西。

当然它发生很大作用是不可能的。我们还没进入现代，后现代全面发挥作用是不可能的。但它有一条就是可以使得多元化有一点空间。我想这可能是现在有些学者喜欢它，有些并不研究它的学者注意它的原因。我写过一篇文章《现代与后现代》，从民主和自由这个角度谈现代走向后现代的问题，也许不是很科学、很成熟的东西。还有现在没有后现代流行那么广，但也有一定影响的后殖民主义（是萨伊德等提出的）。它的基本观念是过去总是以西方观点来研究非西方文化是不行的，可能并不能对非西方文化有一个深刻的了解，而且常常发生偏差，等于曲解了非西方文化。比方说以西方文化模式来套中国文化，很可能有些东西就被歪曲了，所以后殖民主义在发展中国家有一定市场。《读书》有几期介绍为什么现在后殖民主义在中国也有一定影响。我想我们也需要摆脱西方那些理论框架的束缚，因此讲后殖民主义对消解西方中心论应该有其意义。不能什么东西都以西方理论框架来看待，但是后殖民主义现在也有一个危险就是走向狭隘民族主义。因为你不能排斥一切西方的观点来解释我们的文化现象、社会生活现象，有些理论很可能是有人类的共同性的，可以解释一个普遍性的问题。所以我们不应该屈从于西方文化，完全用它的理论框架来套我们，但我们同时也不应该排斥在西方理论中间可能有一些理论是可以解决人类普遍性的问题的。所以不能那么排外。我总觉得文化问题是非常复杂的，处理不好可能会偏向那一面，也可能偏向这一面。

问：这种分寸不太好把握。

汤一介：不太好把握，但这没什么关系。你只要是自由讨论总可以比较好地来调整这个度，对不对？如果你不能自由讨论就容易朝一个方向发展。那么这个方向占优势就老往这个方向发展，越来越偏。如果能自由讨论，另外一种思想就会把它纠正过来。所以有一个讲法说我们中国文化是处在一个转型时期，大概文化处在转型期很可能存在三种不同文化思潮：激进主义的思潮，自由主义的思潮，保守主义的思潮，很可能都是存在的。有时是激进主义占主导，有时是自由主义占主导，有时则是保守主义占主导，这是都有可能的。你让一种思潮不受其他两种思潮牵制无限制地发展的话，激进主义很可能变成极"左"思潮，那就使我们受到很大的损失；自由主义可以变成绝对的相对主义，就没有标准了，那也是非常危险的，完全没有准则，可以很任意地解释很多东西；保守主义当然可以发展成国粹派，这同样是很危险的。应该在三种思潮的互动中间来推动文化的发展。当然在一个时期内一种思潮更重要些。比方说五四时期激进主义比较重要，你必须冲破过去那一套，否则我们就不能前进，但过了这一段就得调整。对一个有眼光的学者、领导者来讲，他应该看到这种发展趋势，往一个方向偏得太多，就要纠一纠。但总的来说应该是有自由讨论的环境。世界文化也处在转型期，存在西方中心论，也存在萨伊德的东方主义（后殖民主义），还有主张文化多元化的思潮等。

问：汤先生，现在看来对科学的作用这方面大家对它没有什么太大争议，但科学技术并不是万能的……

汤一介：我国在1923年有个科玄论战。一个是科学派，认为科学可以解决一切问题，这主要指自然科学，而且认为如果不用科学（自然科学）的方法，其他学科就谈不上是真正的学术文化。另外一派认为科学问题不能包含所有问题，而人生观的问题更重要。这场争论没有什么结果。现在可以看出来科学确实可以解决很多问题。为什么21世纪发展得那么快？现在发展得越来越快，科学给人类带来的福利是很了不起的。但你也可以看出来，科学如果没有人文精神做指导，就会发生很多问题。科学不断发展，你怎么对自然进行调整？这需要有些人文价值来参与到科学中间去。比方说英国发生"疯牛症"，有一个非常大的问题是为什么会发生？人家有一个分析是：让牛吃动物饲料。很可能用动物做成的饲料价格很便宜，不会浪费什么东西。科学发展如果没有人文东西来指导，很可能让牛一直吃下去而导致了疯牛病，发生了很多问题。并不是说科学能制造出这种饲料就对社会有利，对养牛有利。在我参加的第17届世界哲学大会上，西方有识之士已经看到西方存在很多问题。有一学者讲他非常欣赏中国哲学，特别是中国哲学没有把感情和理智打成两片，这非常重要。我想这话有点道理。如果理智与感情打成两片，西方科学一味发展理智，不考虑到人类的感情，那就会发生偏差。另外一个学者，是现象学会主席，讲到西方社会曾受惠于东方而不自觉，他特别说到关于和谐的观念是受到东方的影响，像伏尔泰等都受到东方的影响，现在还应该考虑东方哪些方面对西方有意义。他首先提出的就是崇尚自然，因为西方自己确实感觉到科学的发展如果没有人文思想指导不一定就能造福人类：他们也看到了西方的问题，希望从东方来找寻一些资源。

但是我们有些人却自认为我们自己的文化高于西方文化，认为不需要向西方学习，西方的一切人文价值都是精神污染，都是自由化。

问：那就是太绝对了。

汤一介：这当然不是正确的态度。我们现在社会治安也不比人家好多少，因此提出要严打。不能说我们一切都好，包括我们的人文价值观念也是如此。我去了美国十几次觉得美国确实有很多问题如老年问题、青年吸毒问题等，但从总体上讲基本上是稳定的，不是如我们讲的那么乱。他们的社会有两个最基本的支柱，一个就是它的宗教传统，尽管现在相当多的青年不相信宗教，但社会整个仍是由一个原来的基督教传统在那儿维系。另外一个是法制观念，遵纪守法比我们好得多。他们这两套配合得比较不错，尽管有很多问题，他们自己也看到了。

问：汤先生，您能说一说南京会议的情况吗？

汤一介：南京会议讨论的问题一个是语言对于不同文化是不是有影响？比方由于汉语不是拼音文字，影响不影响我们的思维方式？我们的文字是"言象义"，我们有个象的问题在里边，至少我们有一部分文字是象形文字。西方的文字是拼音文字，是"言义"，即以声表义。我们的文字是不仅有声音，还有形象，这会不会影响我们的思维？第二个问题讨论的是生死和时间、生死和苦乐。儒家的和道家的、佛家的就不太一样。儒家讲"死生有命，富贵在天"，儒家的看法是死对人来说并不是一种痛苦，痛苦的是他的理想没法实现。比方陆游死时写《示儿》诗，关注的不是自己的痛苦，关注的是能不能统一国土。而道家讲"生气化"，认为生是气之聚，死是气之散，因此庄子妻子死了，他"鼓盆而歌"是很自然的东西。佛家如中国的禅宗也不以死为苦。所讲的就是这些。我们现在想做的事，为什么要到南京去开这个会？就是出于跟欧洲跨文化研究院进行跨文化、跨学科的讨论的考虑。这已经是第三次了。第一次讨论的是文化的双向选择的问题。就是西方选择我们，我们也选择西方，而且在我们跟他们的交往中间我们选择它，我们的文化会发生变化，被选择的也会发生变化。第二次讨论的是文化的误读。第三次讨论的是文化的差异。因为照我们看来，我们要搞这个跨文化研究是因为实际上现在学术的发展、文化学科的发展都是处在跨文化、跨学科的时代，没有不是跨文化的，它都是相互吸收的。

问：汤先生，您能对我们的杂志说点什么？

汤一介：我当然是希望你们的杂志办得非常好，能够自由地讨论，在文化转型期中间起一个比较好的促进作用，起一个在不同文化之间的桥梁作用，你们是搞传播的，更应该解决这种问题，怎么样把我们的文化传播出去，把人家的先进文化弄进来，这是很重要的。怎样能使我们的文化更好地发展，这是我们共同的心愿。

（丁菁记录，1996年）

哲学：走向实践
——访著名哲学家汤一介

中央电视台的《东方时空》有一个栏目，叫作《学者访谈录》，共访问了11位全国第一流的学者、专家。访谈的压轴人物，也是最年轻的一位，便是北京大学哲学系教授汤一介。

67岁的汤先生在哲学家，特别是中国哲学家里，无疑应该算是年轻的。哲学，曾被人称为"科学的科学"；其境界需要长久的穷思苦究和特殊的禀赋才能达致。所以，许多可以被认真地称为哲学家的人，其生理年龄往往都不是很年轻。

汤一介，1927年出生于天津，1951年毕业于北京大学哲学系。汤先生的父亲汤用彤是我国第一代经过近代科学训练的学者，一生致力于中国哲学史（特别是魏晋玄学）和中国佛教史研究，在中国哲学界地位尊崇。汤先生的夫人乐黛云教授则是中国比较文学界的重要人物，在同行及北大学生中声誉甚隆。

汤一介先生1983年曾是美国哈佛大学访问学者，1986年与1990年任加拿大麦克玛斯特大学客座教授，并于1990年获该大学荣誉博士学位。学术兼职有：国际中国哲学会主席，国际价值与哲学研究会理事，中国文化书院院长等。主要著述有《郭象与魏晋玄学》《中国传统文化中的儒道释》《儒道释与内在超越问题》等，此外还主编了《中国宗教：过去与现在》《国故新知——中国传统文化的再诠释》等。

1996年1月，中欧企业家洽谈会在澳门召开。耐人寻味的是：本是一个企业家的会，却邀请了汤一介先生——这位一流的哲学家到会，这在某种程度上透露出了一个信息：哲学正在走向实践。

致力于解答人类现实面临的共同课题：和平与发展

问：随着社会主义市场经济在中国的确立，发展经济已无可争辩地成了中国社会的中心问题，那么，哲学的地位又将如何？

汤一介：现在，确立了社会主义市场经济的地位，是件好事，否则中国的经济也不会有这样的发展。市场经济的发展带来人们对金钱的追求，从而使其对其他方面的追求包括对哲学的追求淡化，这是正常的，应当说是发展市场经济必有的过程，很难避免。

在任何时候、任何国家，哲学家都是极少数的。太多的人去搞哲学，甚至可以说是有害的。比如德国古典哲学家，现在我们能知道的，其哲学思想能为人了解的也就十多位，像康德、黑格尔、莱布尼茨、马克思等。哲学家是提出理念的人，即通过对人类社会的分析，找出存在的问题，提出发展方向。现阶段，人们逐渐达成这样的基本共识：21世纪，无论对于哪个国家，和平与发展是共同的课题。那么，作为一个哲学家，作为一个中国哲学家，就应当从中国文化中找出有利于"和平与发展"的理念，使其为此提供思想资源。

问：您是否能解释一下？

汤一介：比如，从对"和平"的贡献来看：中国文化中的"和为贵""和而不同"的思想，有助于处理人与人之间的关系、国与国之间的关系，使之不致为了利益的冲突而发动战争——就像两次世界大战所表现的那样。而"发展"就要处理好人和自然的关系，中国文化的"崇尚自然"观念为人类社会提供了人与自然相协调的原则，使人类在经济发展的同时，避免对自然界的破坏，从而维护人类本身的生存。

当然，仅有这样的理念是不够的，必须要把理念落到操作层面上，才能实现。这不仅是哲学家的责任所在，也是所有科学家的责任。具体到哲学，就是要给古老的中国文化以现代的诠释，借助科学手段将观念上的东西转化为可操作的东西。

为中国经济的持续发展提供文化支持：
全球意识观照下的中国文化的延续和创新

问：您出席这次在澳门召开的"中欧企业家讨论会"的原因是什么呢？

汤一介：近半个世纪以来，特别是近二十年来，世界经济高速发展的区域是在亚太地区，包括东北亚、东南亚。那么，进入21世纪后，是否会出现第二个经济高速发展区呢？欧洲人认为很有可能在从欧洲经北非、中国澳门到中国内地这一区域出现。基于这样的判断，为加强中、欧之间的相互理解，欧洲于1991年成立了跨文化研究院，并于1991年、1993年分别在广州、北京召开了文化研讨会，主题分别是"文化的双向选择"和"文化间的误读"，今年4月，还将在南京召开第3次会议，主题是"文化的差异与共存——高科技对文化发展的影响"。

今年1月在澳门召开的"中欧企业家讨论会"虽然不是我们组织的，但我们很早就参与了会议的筹备。原因是：我们认为，现在的大趋势从文化本身讲是跨文化、跨学科时代。比方说高科技，它影响到社会科学、人文科学，而反之亦然。各种学科都在互相打通中间。而从第二次世界大战后整个文化发展的趋势是全球意识下文化多元发展。因为二战的结果是殖民体系的瓦解，许多殖民地独立，原来西方文化中心论也为之消解，各民族既要发展自己的文化，又要吸收其他民族的文化，形成了文化多元化发展趋势。近几年来，世界的主要问题已从美苏争霸变为"和平与发展"，那么各个民族文化都要考虑，本民族文化对全球面临的共同问题可以起什么作用，以什么方式参与世界文化的进程，对于中国来说，就是如何在全球意识观照下发展中国文化的问题。

中国的现代化倘若不包括文化的现代化，是很难想象的。这次我们去澳门开会，欧洲方面参会的除企业家外，也有一些学者和官员。他们在会上介绍欧洲的发展情况时，有些中方企业家却去逛大街了，这一现象从一侧面反映了我们的企业家只重短期即时利益，而无国际眼光，同时也说明中国还缺乏胸怀世界的大企业家。提高企业家的素质不仅是一个经济问题，也是具有深刻文化意义的问题。

问：您以前在论及道教产生的原因时认为：当时佛教文化已进入到华夏文化的各个方面，对当时的社会产生了巨大影响，因此，华夏本土文化进行了反抗，从而产生了新的文化。联系现在中国的实际，在某种程度上亦有相似的一面，即西方文化对中国社会也已形成了巨大影响力，那么，是否也会引起中国文化的反抗呢？是否也会有一种新的文化产生呢？

汤一介：佛教作为一种外来文化，于公元1世纪末传到中国，对中国当时及以后的社会影响极大，汉唐时期文化受佛教影响极深，像文学、艺术等方面，甚至许多大思想家都信佛，如柳宗元、白居易、刘禹锡等。在隋唐时期，除极个别时段外，佛经的流通数量数十百倍于儒经，但中国文化还是中国文化，并没有因佛教的传入而变成佛教文化，因为我们吸收并消化了佛教文化。我常爱引用英国哲学家罗素的这段话："不同文化之间的交流过去已经多次证明是人类文明发展的里程碑。希腊学习埃及，罗马借鉴希腊，阿拉伯参照罗马帝国，中世纪的欧洲又模仿阿拉伯，而文艺复兴时期的欧洲则仿效拜占庭帝国。在这许多交流中，作为学生的落后国家最终总是超过做老师的先进国家。在中国与外来文化交流的过程中，假若中国是学生，那么中国最后也会超过他的先进的老师的。"佛教传入中国后至10世纪末，华夏文化完全吸收了佛教文化，出现了第一次大的飞跃，产生了宋明理学。现在的情形也很相似，关键在于中国文化能不能全面吸收西方文化，从而为中国文化的第二次飞跃打下基础。

问：中国经济的持续发展，需要一个成熟的文化体系的支持，那么，发展着的中国文化的走向是什么呢？

汤一介：传统的中国文化是一种以内在超越为特征的文化，西方文化则是以外在超越为特征的文化，这两种文化可以互补，各有其优劣。西方的超越需要借助外力，这有一个好处：就是有一个外在的客观的东西，便于建立一套严格的政治法律制度，"在上帝面前人人平等"，可以引申出在法律面前人人平等，重法治；但其弱点是道德约束松弛。传统的中国文化讲内在超越，讲求个人觉悟，西方有人提出要学习中国的"心脑一体、心智一体、崇尚自然、体证生生、道德实现"。但传统的中国文化只重人治，不重法治，显然无法适应现实中国社会的需要。未来的中国文化应是内外超越并重的文化，即同时具有中西文化之长的文化，这也是全球文化的发展方向，当然表现形式是多样的，即呈现一体多样的文化发展趋势。

投身于文化实践活动：中国文化书院的建立与发展

问：我们知道您除了学术研究外，还担任了大量的社会工作，如担任了中国哲学与文化研究所所长、中国文化书院院长、国际中国哲学会主席等，这就决定了无论您是否愿意，也必然会常常陷入具体的事务和烦琐的应酬中，对这一切，您是怎么想的呢？

汤一介：作为一个哲学家，不仅要做研究，参与社会也是极为重要的，要有一种社会责任。何况参与社会本身也开阔眼界，沟通信息，反过来可以使自己的研究更切合实际。要发展中国的文化事业，必须有一大批投身其间的人，所以，我们于1984年创办了新中国成立以来第一个民办书院——中国文化书院，旨在通过对中国传统文化的研究和教学活动，继承和发扬中国的优秀文化遗产；通过对海外文化的介绍、研究以及国际性学术交流活动，提高对传统文化的研究，并促进中国文化的现代化。现在，我们书院有五十余位导师，其中不少是第一流的学者，还聘请了美国、加拿大、日本、法国、澳大利亚以及中国香港、台湾地区的著名学者作为学院外的导师。我们希望中国文化的发展与世界文化的发展接轨，而不至于游离于世界文化发展的大潮之外。

　　最近，中国文化书院同欧洲跨文化研究院达成协议，在中国文化书院下设中国跨文化研究院以实现对等交流，共同促进中欧文化的相互沟通和理解。

　　问：最后，您对《中国贸易报》的读者有什么话要说吗？

　　汤一介：《中国贸易报》的副刊能如此关心文化事业难能可贵。同时，文化事业需要有见识、有眼光的企业家真诚地理解和支持，希望你们的报纸越办越好！

　　问：谢谢！

（1994年）

"和而不同"原则的价值资源

　　今日世界的纷争虽然不能说主要是由文化之冲突引起的，但也绝非与文化冲突无关。因此，关于文化冲突与文化共处的讨论正在世界范围内展开。是增强不同文化间的相互理解和宽容而引向和平，还是因文化隔离和霸权而导致政治冲突，将影响着21世纪人类的命运。自从第二次世界大战结束之后，由于殖民体系的瓦解，文化上的"西方中心论"也逐渐随之消退，世界文化呈现出多元发展的趋势。近半个世纪以来，随着世界经济贸易、信息传递的发展，民族与民族、国家与国家、地域与地域之间文化上的交往越来越频繁，世界日益成为一个不可分割的整体。目前，世界文化的发展出现了两股不同方向的文化潮流：某些西方国家的理论家从维护自身传统利益或传统习惯出发，仍然坚持"西方中心论"；与此同时，某些取得独立或复兴的民族，抱着珍视自身文化的情怀，形成一种返本寻根、固守本土文化的民族主义和回归传统的保守主义。某些东方学者鉴于两个世纪以来西方文化对世界造成的灾难和自身所曾受到的欺压，甚至提出了文化上的"东方中心论"。如何使这两股相悖的潮流不致发展成大规模的对抗，并得以消解，实是当前一大问题。同时，我们也必须注意，在西方国家与民族以及东方国家与民族之间，由于文化传统的不同也会引起纷争和冲突。这在历史和现实中所在多有，不能不引起我们关注。

如何使不同文化传统的民族、国家和地域能够在差别中得到共同发展，并且相互吸收，以便造成在全球意识下文化多元化发展的新形势呢？我认为中国的"和而不同"原则可以在这方面为我们提供有正面价值的资源。

《左传·昭公二十年》记载有齐侯与晏婴的一段对话。齐侯对晏婴说："唯据①与我和夫。"晏子对曰："据亦同也，焉得为和？"公曰："和与同异乎？"对曰："异。和如羹焉，水火醯醢盐梅，以烹鱼肉，□之以薪。宰夫和之，齐之以味，济其不及，以泄其过。君子食之，以平其心。君臣亦然……今据不然，君所谓可，据亦曰可。君所谓否，据亦曰否。若以水济水，谁能食之？若琴瑟之专一，谁能听之？同之不可也如是。"又据《国语·郑语》，有史伯回答桓公的一段话说："夫和实生物，同则不继。以他平他谓之和，故能丰长而物归之，若以同裨同，尽乃弃矣。故先王以土与金、木、水、火杂，以成百物。"这都说明，"和"与"同"的意义全不相同。孔子说得更为明确，他说："君子和而不同，小人同而不和。"（《论语·子路》）从以上的几段话看，"和而不同"的意思是说，要承认"不同"，在"不同"基础上形成的"和"（"和谐"或"融合"）才能使事物得到发展。如果一味追求"同"，不仅不能使事物得到发展，反而会使事物衰败。把这一"和而不同"作为处理不同文化传统之间的一条原则，是不是能得到某些有益的，甚至对当前世界文化的发展极有意义的结论呢？

在不同文化传统中应该可以通过文化的交往和对话取得某种共

---

① 据，指梁丘据，齐侯侍臣。

识，这是一种由"不同"达到某种意义上的"同"的过程。这种"同"不是一方消灭一方，也不是一方"同化"另一方，而是在两种不同文化中寻找交会点，并在此基础上推动双方文化的发展，这正是"和"的作用。我们可以用中国文化自身发展为例：儒家要求"制礼作乐"，即要求"有为"以维护社会的和谐；道家追求"顺应自然"，即要求"无为"以保持社会安宁。它们本是两种很不相同的思潮，但经过近千年的发展，在不断对话中，出现了某种新的共识。到西晋，有郭象为调和孔老，提出了"有为"也是一种"无为"。郭象为《庄子·秋水》所作的一段注说："人之生也，可不服牛乘马乎？服牛乘马可不穿落之乎？牛马不辞穿落者，天命之固当也。苟当乎天命，则虽寄之人事，而本在乎天也。"这里的意思是说，虽然"穿牛鼻""落马首"是通过"人为"（人事）来实现，但它本来就是合乎"顺自然"的。郭象的这一观点既可以为儒家接受，也可以为道家接受，但它又不全然是原来儒家和原来道家的思想了。"有为"（人为）和"无为"（天然）本不相同，但要使两者的意义都在某种程度上被容纳，就必须在商讨中找到交会点（和），所找到的交会点则成为双方能接受的普遍性原则，它并不抹杀任何一方特点，但使双方均能接受，这无疑是体现了"和而不同"的思想的。我们还可以用中国历史上中国传统文化与外来文化相遇后发生的情况为例，说明"和而不同"的意义。本来印度佛教文化与中国传统文化（如儒家、道家等）是两种很不相同的文化，但从汉到唐的几百年中，从中国文化自身方面说，一直在努力吸收和融化佛教这种异质文化；从印度佛教方面说，则一直在致力于改变着不适应中国社会要求的方面。因此，在印度佛教传入中国的近千年的历史中，中国文化在许多方面受惠于印度佛教。印度佛教深刻地影响着中国哲学、文学、艺术、建筑以及民间风俗习惯诸多方面。在此同时，印度佛教又在中国大地上得到了发扬光大，在隋唐时期形成了若干中国化的佛教宗派（如天台、华严、禅宗等），然而中国文化仍然是中国文化，并未因吸收了印度佛教文化而失去其特色。这种文化上的交流和互相影响，可以说是很好地体现了"和而不同"的原则。不仅中印文化之间的关系如此，其实欧洲文化的发展也可以说明这一点。罗素1922年写的《中西文化比较》中有这样一段话："不同文化之间的交流过去已经多次证明是人类文明发展的里程碑。希腊学习埃及，罗马借鉴希腊，阿拉伯参照罗马帝国，中世纪的欧洲又模仿阿拉伯，而文艺复兴时期的欧洲则仿效拜占庭帝国。"一种文化之所以能吸收他种文化，往往是在两种文化交往和商谈中体现"和而不同"思想的结果。欧洲文化在自身发展中吸收了各种各样不同文化传统的因素，但它不仅没有失去欧洲文化的特色，而且大大丰富了自身文化的内涵，这无疑是符合"和而不同"原则的。

在不同文化传统的交往中体现"和而不同"的原则可能会有多种情况：一种情况是，在交往中发现不同文化原来有相近或相似的观念，如基督教的"博爱"，佛教的"慈悲"，儒家的"泛爱众"，从抽象的意义上讲都是"爱"，"爱"就可以成为不同文化传统都可以接受的普遍原则；同时，"博爱""慈悲""泛爱众"仍然保留其各自不同的特点。另一种情况是，在文化交往中发现此种文化不具有另一种文化的某些重要观念，但另外那种文化中的这些观念与此种文化并非不能相容，这样就可以在交往中接受这些新的观念，并经过改造而逐渐使之融化在此种文化之中，从而丰富此种文化的内容。例如，中国原来并没有明确的"顿悟"观念，但到宋明时代，程朱理学和陆王心学都在某种程度上接受了"顿悟"观念，并使之融化在自己的体系之中。第三种情况是，在文化的交往中会发现，此种文化不具有彼种文化中的某些有意义的观念，而且这些有意义的观念与此种文化的某些观念不相容，从而在交往中不得不放弃此种文化中的某些旧观念，而接受外来的新观念，致使此种文化得到发展。例如在西方"民主"思想输入中国之后，中国人不得不放弃过去传统中的"三纲"等旧观念。第四种情况是，在两种或多种文化的反复交往中，会发现双方或多方都未曾有过的，然而十分有意义的新观念，例如"和平共处""文化多元共处"等观念，把这些观念引入不同文化体系，无疑对各种文化都是有意义的。当然还会有其他种种不同情况，兹不赘述。上述种种情况，都说明通过"和"（调和、协调）的作用，在不同传统文化之间可以因其"不同"而达到某种"同"，在"不同"中找到可以共同接受的原则。而在"不同"情况下取得的种种"共识"，正是交往和商讨中实现"和而不同"原则的体现。

在讨论"和而不同"作为不同文化之间交往的原则时，似乎还有两点可以注意：一是文化的异地发展问题；另一是文化的双向选择问题。一种文化在一地（或一民族）发展日久或者遇到某种特殊的原因，会出现某种衰退甚至断绝的现象，而往往会在其传到另一地区（或民族）得到发展，例如佛教在印度传到五六世纪，以后似乎没有什么重大发展，但佛教在中国隋唐时期（7、8、9世纪）由于吸收了中国文化的某些方面而为中国的高僧大德发展了，形成了中国化的佛教宗派，并通过中国传到朝鲜半岛和日本，于是又和当地文化相结合，特别是在日本又创造了日本独特的佛教派别。所以我常说："中国文化曾受惠印度佛教，印度佛教又在中国得到发扬光大。"这种文化的异地发展的现象不仅发生在亚洲，而且也发生在欧洲。如前引罗素所说，今日欧洲的文化是由埃及而到希腊，中经罗马、阿拉伯再回到欧洲，正是这种文化的异地发展，形成了"人类文明发展的里程碑"。究其原因，甲种文化移植到乙种文化中往往会对甲种文化增加某些新因素，这些新因素或者是甲种文化原来没有的，或者是在甲种文化中没有得到充分发展的，它们的加入甲种文化，从而使甲种文化在乙种文化中得到了发展。这种情况正符合文化发展的"和而不同"原则，这正是"和实生物，同则不继"的体现。关于"文化的双向选择"问题，我们知道，并不是任何异质文化传到某一地区（或民族）在任何时候和任何情况下都会被接受和得到发展，例如在隋唐时期不仅佛教对中国社会有着重大影响，《隋书·经籍志》中说"佛经在民间数十百倍于儒经"。这一时期景教（基督教的一种）也曾传入中国，并发生过一定影响，但最终并未在中国站住脚，这就有个文化的双向选择问题。不仅如此，就是印度佛教的宗派在中国的命运也不相同。例如密教（密宗）在唐中期以后在中国汉地曾盛极一时，这点我们可以从扶风法门寺地宫出土文物得到证实，但以后密宗衰落了，在汉地几乎没有什么影响，可是印度密教在西藏地区与当地本教结合而形成藏地佛教，它一直到现在仍是藏族人民信仰的宗教。这是为什么呢？就汉地佛教说，最初传入的是小乘禅法安世高系，其后支娄迦谶把般若学随之传入中国。自晋以后在中国流行的是般若学，而非小乘禅法。究其原因，盖因般若学与以老庄学说为骨架的玄学相近，而在东晋南朝选择了般若学。在唐朝发展起来的禅宗也并非印度禅法，而其思想基础仍可说是般若一支，且禅宗无疑不仅吸收了某些老庄思想，而且为适应中国社会的需要也吸收了某些儒家思想。这就看出，在文化间确存在着一种"双向选择"问题，而这种"双向选择"也是"和而不同"原则的另一种体现。我们还可以看到，在唐初虽有玄奘大师宣扬佛教唯识学，但此学在中国唐朝仅流行了三十余年，就不为中国人所重视，这是因为唯识学的思维模式完全是印度式的，与中国的思维模式大不相同。然而禅宗在唐中叶以后却流行了，这正因为禅宗的思维模式较近于中国，成为中国化的佛教宗派，而影响着宋明理学。这说明，在不同文化交流中，文化之间常常存在着"双向选择"的问题，而这种"双向选择"也是在一定程度上表现着"和而不同"的原则。盖在文化之间总是因有"不同"，才有"选择"问题，如果是完全相同的思想，那就无所谓"选择"了，而且完全相同的思想的传入，对原有思想文化不会增加什么新的因素，因而也就不能刺激和推动原有文化的发展。可见"和而不同"原则对文化的"双向选择"有着非常重要的意义。

我们把"和而不同"看作是推动文化健康的交流，促进文化合理的发展的一条原则，这正符合当前世界文化多元化发展的趋势。如果我们希望中国文化得到更好的发展，如果我们希望中国文化今后能对人类文明有所贡献，就必须以"和而不同"的态度对待其他民族、国家、地域的文化，充分吸收它们的文化成果，更新自己的传统文化，以创造适应现代社会生活的新文化。

（1998年4月3日修改于医院中）

在有墙与无墙之间

——文化之间需要有墙吗?

在我们讨论"文化之间需要有墙吗"问题的时候,我想到《庄子·山木》中的一个故事。这个故事的大意是说:一棵长得奇形怪状的树,由于它不能成材,因此樵夫没有把它砍掉,它保存了下来,也就是说,如果它成材,就会被砍掉,而不能保存;另有一只不会叫的鹅,因为它不会叫,而被杀了请庄子师徒吃,这只鹅没有能保存下来。也就是说,它如果会叫,就不会被杀来吃,而能保存下来。于是庄子的弟子问庄子:那棵树因为没有用,而保存下来。这只鹅因为不会叫(按:也指没有用),而被杀了吃,那么我们应该如何办呢?庄子回答说:我们最好处于才与不才之间,这样好保存自己。这个故事说明事物只有相对的意义,没有绝对的意义。在讨论文化问题上,一种文化对另一种文化应"有墙",还是应"无墙"?这个问题,如果我们用中国哲学的观点看,"有墙"与"无墙"好像是矛盾的,但在中国哲学中"有墙"和"无墙"往往是相辅相成的。在不同文化之间说应"有墙"或应"无墙"大概讨论不出什么结果,因为都可以说出一些道理;但说不同文化之间往往是处于"在有墙无墙之间"也许可以说出更圆满的道理。因此,在中国哲学中,往往不正面说在文化之间应"有墙"或"无墙"而说应"在有墙无墙之间"。从中国文化发展的总体上看，在中国文化与外来文化相遇时，它往往呈现出一种"在有墙与无墙之间"的状态。

我们知道，中国有文献记载的历史至少有四五千年，今天的中国文化已不是四五千年前时那样的文化，也不是两三千年前时那样的文化，甚至不是一千年前、一百年前的文化，它是吸收了周边民族的文化，又吸收了印度佛教文化，特别是近世又吸收了西方文化，但它还是中国文化。当然，中国文化在吸收外来文化时是否每一时期都很成功，这是历史学家讨论的问题，而哲学家讨论的则应是另一种问题。我们讨论的是中国文化用什么方法吸收外来文化，这种方法的意义何在？

前面说的《庄子·山木》的故事，它虽然是一个故事，但这个故事却表现了中国哲学的一种重要的思维方式，而这种思维方式在后来（魏晋以后，即公元4世纪以后）实际上又融合了印度佛教的思维方式。我们说"有墙"就是说"非无"（不是没有），我们说"无墙"就是说"非有"（不是不是没有）。这样在中国哲学中就有"非有非无""非常非断""非实非虚"等等观念，这些观念构成一种"非X非X"的思维模式。我们把这种思维方式用到讨论不同文化之间应不应该有墙的问题上，也许对文化的研究有一定意义。

一、非有非无

"非有非无"本来和佛教的般若学有关，但佛教传入中国后它就成为中国哲学中的一种非常重要的思维模式。其实这种思想，早在中

国先秦时（公元前三、四世纪）的老庄思想中就有了。例如，老子说
"大象无形，道隐无名"（《老子》第四十一章），"道常无名"
（第三十二章），又说"有名，万物之母"（第一章）。从"道"是
"万物之母"说，它是"有"（非无），但从"道"无名无形说它又
是"非有"（无），庄子说"因是因非，因非因是"（《庄子·齐物
论》），就是说，有肯定的就有否定的，有否定的就有肯定的。这些
思想都包含着"非有非无"的意义。如果我们把"非有非无"看成一
种有关空间的观念，用来说明文化之间的问题，可以得到如下一种
看法：一种文化对他种文化应是"无墙"（非有）而"有墙"（非
无）的。从文化之间的横向关系，即放在同一时代看，如果一种文化
对他种文化筑起一道封闭的"墙"，那么这种文化将只能成为供人们
参观的博物馆，因而不能和他种文化进行交流，也很难对他种文化发
生影响，从而不能参与整个人类文化发展的大潮之中（特别是在近现
代）。如果完全"无墙"，那么它就不能自觉地保持和发挥其文化特
色，而有失去作为一种独立的文化而存在的危险。在中国历史上有两
个突出的例子：一个是公元1世纪后印度佛教的传入。对印度佛教的
传入从总体上说中国人是欢迎的，但是中国人对这种外来文化却是采
取了"无墙而有墙"的态度。一方面，从总体上说我们对佛教的传入
是开放的；但另一方面，我们又用本位文化解释它（这中间当然包含
着"误读"的问题），甚至是改造着它，这样就形成了在文化上的双
向选择问题。因而，中国文化曾受益于印度佛教文化，而印度佛教文
化又在中国得到发扬光大。另一个例子是：从17世纪末起至19世纪中
叶，中国对西方文化采取了闭关自守的态度，虽然有少量西学输入，
但对中国原有文化几乎没有什么影响，也就是说在那时人为地筑起了
一道抵御西方文化的墙。造成这样一种抵御西方文化的心态，当然原

因是多方面的，但是它背离了中国传统那种"非有非无"的思维模式，而导致中国文化在这种情况下失去了活力。"有"和"无"是一对相对的概念，"非有非无"是中国哲学中的一种重要思维模式，说"有墙"和"无墙"也还不能确切地表现中国哲学的特点，而应说"非无墙"（非无）和"非有墙"（非有）才符合中国传统的思维模式。因此，在文化之间在共时状态下的横向空间中应是在"非有墙和非无墙之间"或最为理想。从中国哲学的思维模式看，在文化问题上，我们不应执着"非有墙"（非有），也不应执着"非无墙"（非无），无论执着哪一方面，就把问题看死了，而应以"在非有墙非无墙之间"找寻文化的出路。

二、非常非断

佛教中的三法印之一"诸行无常"，这是说一切物理的、心理的现象在时间的流动中是变动无常的，据此在佛经中也讲"非常非断"，如佛经中有这样的话："方观知彼去，去者不至方"。意思是说：事物好像是变到另外的地方，但又好像并没有变到另外的地方，这就是"非常非断"。（在《坛经》中用"常与无常对"，在熊十力的《体用论》中则用"非常非断"，可参见《体用论》，龙门联合书局1958年版，第5页。）如果我们把"非常非断"的观念作为时间的问题来理解事物，那么用它来讨论两种文化（或多种文化）之间在时间的流动中的关系，也许可以说：一种文化在时间的流动中与他种文化相接触，必然会发生某些变化（非常）；同时在时间流动中这种原有文化往往又因其保守性与凝固力而抗拒着外来文化，因此外来文化又需要有所改变以适应原有文化的某些要求（非断），这样才能发生作用。我们还可以用印度佛教传入中国为例：印度佛教传入中国为中国文化所吸收与融合大约经历了一千年的时间。最初印度佛教依附于中国原有文化而得以发展，至南北朝（公元4世纪至6世纪）外来之佛教与中国原有之文化发生矛盾与冲突，至隋唐佛教大为流行，据《隋书·经籍志》记载，当时佛经在民间流传十百倍于儒家经典，许多王公大臣、文人学士都信仰佛教，中国哲学在佛教中得到发展，看来佛教似乎取代了中国之传统文化。但实际上，正是在此时期出现了中国化的佛教宗派，如天台宗、华严宗、禅宗，特别是禅宗。这些中国化的佛教宗派成为中介，而至中唐以后儒学又渐抬头，至宋朝出现了吸收佛教的中国新儒学，即宋明理学。这一过程说明了一种文化的发展，在与另一种外来文化接触的长期时间流动中，这种文化有时似乎要断绝了，但它又实在并未断绝，而形成一种"非断非常"发展的总趋势。在近代，中国文化受到了西方文化的冲击，五四以后出现了一股强大的"反传统"的力量，要求从西方引进"科学与民主"，甚至某些五四运动的领导者以及以后的某些学者提出了"全盘西化"的理论，似乎中国文化又出现了危机和断裂的状态。但到20世纪三四十年代又出现了新儒学和其他文化保守主义思潮与"全盘西化"相抗衡。之后中国内地再次出现了某种文化断裂状态，这种状况可以说一直延续到今天，才逐渐为人们认识到它的消极作用。因此照我看，在一种文化遇到另一种强大的外来文化的冲击，一段时间往往会呈现出危机和断裂，但在更长时间流动中，从文化总体上看总是会以"非断非常"的趋势发展着。

三、非实非虚

在中国画中如何画月亮？一般说月亮是无法画的，但中国的画家们创造了一种画月亮的方法，叫作"烘云托月"，他们只画月亮周围的云，这样月亮就自然显现出来了。画家没有画月亮，因此月亮是一"虚"的（"非实"）；但确确实实在画面上有月亮，因此它又是"实"的（"非虚"）。这样在中国画中"非实非虚"就成为画论的一条非常重要的原则。我们用"非实非虚"的观念来说明文化之间的"墙"的问题，可以说它是一个在文化之间的关系问题，说得确切些应是两种文化之间发生关系所呈现的一种状态。任何文化都因其环境的不同、人种的不同、遭遇的不同，甚至众多的偶然因素而有其不同于其他文化的特色（特质）。这种特质一旦形成，它就成为一种具有凝固力的传统（"非虚"）；从人类的特性看，往往要冲破这种凝固的传统，特别是在外来文化冲击下更为明显，因而形成了一种反传统的力量。从这种由外来文化引发的反传统的力量看，实在的传统并不实在（"非实"），传统文化有时在强大的反传统力量面前似乎全无力量。从这两个方面看，文化往往表现为"非实非虚"的。在中国哲学中，有一个重要概念叫"无"，"无"这个概念非常深刻地体现了"非实非虚"的观念。"无"并不是"不存在"的意思，而是指"无规定性"的"存在"。照中国哲学看，从音乐的音调说，如果是"宫"就不能同时是"商"，但"无声"却可以作成"宫"，又可以作成"商"，它可以成就一切音；就事物形状说，如果是"方"就不能同时又是"圆"，但"无形"却可以作成"方"，又可以作成"圆"，它可以成就一切形。所以"无"可以成就一切"有"。"无"是个虚的（"非实"），因为它无规定性；但"无"又是

"实"的（"非虚"），它可以成就一切"有"。我们讨论文化之间的"墙"的问题，这也只是个象征性的说法。"墙"从一种文化与他种文化的关系说或者从一种文化存在的状态说，它也是一个象征性的说法，它是"非实非虚"的。一种有生命力的文化，它一方面表现出有规定性（"非虚"），这样才可以延续下来；另一方面又表现为无规定性（"非实"），它才可以适时成就一切。就文化说，"传统文化"与"文化传统"是两个不同的概念："传统文化"是指已成的文化，是过去文化的积存，它是凝固的，是有规定性的，所以是"实"（"非虚"）；而"文化传统"是指已成文化在现实生活中的流向，是一种活动，它是在不断变化之中，往往呈现为无规定性，所以是"虚"（"非实"）。不仅文化，其实任何事物的存在都是"非实非虚"的。

　　文化是一个民族的生活式样，一种文化的存在从时间、空间、状态上看它是一综合体。一种有生命力的文化在它与其他文化发生关系时，从中国哲学的角度看，它往往呈现为"非有非无""非常非断""非实非虚"的。在中国哲学中，这种不用肯定的方式来说明问题的方法叫"负的方法"，也就是老子所说的"正言若反"。负的方法只说明某种事物不是什么，而不能直接说明某种事物是什么，或者说不能肯定地说明事物，因此这种方法是在否定中表现了肯定。这种方法往往用"非有"来表现"无"；用"非无"来表现"有"，如此等等。根据这种负的方法，在中国哲学中往往要求在两极之间找一"中道"，但这"中道"又不是另立一"中"，只是在对两极的否定中显现的。如果用中国哲学的这种思维方式来看文化之间的"墙"的问题，说"在有墙与无墙之间"或尚非确切，而应说"在非有墙与非无墙之间"才更为准确。照中国传统哲学看，一种文化或一种文化在多种文化关系之中如果能在"非有墙与非无墙之间"来发展，或者更为理想。

把中国哲学这种思维方式用来解释文化之间的"误读"或有启发。其实不仅在两种不同文化之间会存在"误读"问题，甚至于同一种文化传统在时间流中也会存在"误读"问题。例如朱熹对孔孟的"仁"的理解也存在着某种"误读"。在孔孟那里"仁"是人性的问题；在朱熹那里"仁"不仅是人性的问题，而且是"天理"的问题。是不是朱熹对孔孟的"仁"是一种"误读"呢？我认为，它又是又不是，即是说是"非误读又非非误读"。一种文化传统对另一种文化传统，在对其文本的翻译或理解上，也许最佳状况就是"非误读非非误读"。所谓"非误读"是说它总是根据原文本的问题来说的；所谓"非非误读"是说它是在不同文化背景下和个人的创造力下说的。如果在文化之间不存在"误读"问题，那么就没有不同文化之间的对话，或者说不同文化之间的对话的必要性就不存在。正因为有"误读"（即"非非误读"）才可能有不同见解，有不同见解才形成对话；正因为有"非误读"，才能有共同讨论的论题，有共同讨论的论题也才能形成对话。因此，在文化交流之间"误读"不仅是不可避免的，在一定情况下甚至可以说不是没有意义的。

（1993年）

评亨廷顿的《文明的冲突？》

20世纪即将过去，21世纪即将到来，在这世纪之交，回顾过去，瞻望将来，要写点什么，真是千头万绪，百感交集。在即将过去的20世纪中，曾经发生过两次世界大战，使数千万人丧失了生命，使人类多少世纪创造的文化遭受到难以估计的损失。但是，在这个世纪中，科学技术的长足发展，人们创造出征服太空的奇迹，特别是近年来人们逐渐意识到必须以"对话"代替"对抗"，以"和平竞赛"代替"军备竞赛"，21世纪将或是一个人类充满希望的世纪。人们都希望人类社会走上"和平与发展"的道路。然而在这样一个时刻，美国哈佛大学教授亨廷顿在1993年《外交事务》夏季号上发表了一篇长文，题为《文明的冲突？》①，这篇文章已经引起了海内外广泛的讨论。该文主旨是在论证今后一个阶段，世界的形势将继续以"冲突"为主旋律，而且根源是由于文化的不同引起的。在这篇文章开头有如下两段：

> 世界政治正进入新阶段，学者纷纷预测它的形态——历史的

---

① 该文译文全文载香港《二十一世纪》第19期中，本文引文均据该刊译文。

终结，民族国家恢复传统的竞争，民族国家在部族主义与世界主义的张力下衰落等等。这些看法各自反映了现实的一面，但全都不能抓到未来国际政治最重要、最核心的问题。

我认为新世界的冲突根源，将不再侧重意识形态或经济，而文化将是截然分隔人类和引起冲突的主要根源。在世界事务中，民族国家仍会举足轻重，但全球政治的主要冲击将发生在不同文化的族群之间。文明的冲突将左右全球政治，文明之间的断层线将成为未来的战斗线。

接着，亨廷顿对他这个基本观点作了层层论证，在他的论证中，虽有一些值得我们重视的看法，但也包含着我认为是错误的或与事实不符的论断，对这些暂不讨论。我只想对亨廷顿的基本观点提出几点不同意见。

一、人类文化发展的总趋势是以互相对抗还是以互相吸收而融合为主导？

照亨廷顿看，新世界冲突的根源，将主要不侧重在意识形态和经济，而文化将是分隔人类和引起冲突的主要根源。全球政治的冲突将发生在不同文化群体之间，主要是发生在"西方文化"和"非西方文化"（儒家文化与伊斯兰文化）之间。他并且从历史上做了论证。他认为，文明的差异在历史上产生，不会立即消失，且比政治意识形态及政权的差异更为根本。长期以来，由此引起的冲突往往是最持久、最暴虐的。

　　当然，在人类以往的历史上并不缺乏由于文化（例如宗教）的原因引起的国家与国家、民族与民族、地域与地域之间的冲突。但是，我们从历史发展的总体上看，在不同国家、民族和地域之间的文化发展则是以相互吸收与融合为主导。因此，国家与国家、民族与民族、地域与地域之间的冲突并不是主要由于文化的原因引起的。我对于西方历史和文化了解很有限，没有多少发言权，这里只想引用罗素的一段话来说明今日西方文化是吸收与融合多种文化成分而形成的。1922年，罗素在访问中国之后，写过一篇题为《中西文化比较》的文章，其中有如下一段：

　　　　不同文明之间的交流过去已经多次证明是人类文明发展的里程碑。希腊学习埃及，罗马借鉴希腊，阿拉伯参照罗马帝国，中世纪的欧洲又模仿阿拉伯，而文艺复兴时期的欧洲则仿效拜占庭帝国。

　　罗素的这段话是否十分准确，可能有不同的看法，但它说明：（1）不同文化的交流是促进人类文明发展的重要原因；（2）今日欧洲文化已吸收了许多其他文化因素，而且包含了阿拉伯文化。如果我们看中国文化的发展，特别是儒家文化在中国的发展，就更可以看到在不同文化之间由于文化原因引起的冲突总是暂时的，而不同文化之间的相互吸收和融合则是主要的。

　　中国在春秋战国以前本来存在着多种不同的地域文化，有中原文化、齐鲁文化、秦陇文化、荆楚文化、吴越文化、巴蜀文化等等，是后来才合成一个大体统一的华夏文化。而儒家文化在先秦不过是诸种文化之一，到汉武帝时提出"罢黜百家，独尊儒术"，儒家思想才定于一尊，不过这时的儒家思想实际上已经吸收和融合了法家、道家、阴阳家的思想因素。当然这对说明不同文化之间的吸收与融合虽有一定意义，但它还不能算是很有说服力的，最有说服力的例证是中国文化对印度佛教文化的吸收与融合。

中国文化吸收和融合印度佛教文化大体上有三个阶段，历时近千年：（1）佛教大约在公元1世纪西汉末时传入中国，先是依附于中国原有的"道术"，到魏晋又依附于玄学而流传，这时虽有两种文化之间的互相批评，但从总体上说是"和平共处"的；（2）到东晋以后，由于佛教经典翻译日多，人们对佛教的原意有了进一步的了解，而看出在中、印两种文化中确有不同，因而在思想上发生了冲突，这主要表现在中国文化提倡"忠孝"，而佛教要"出家"、不拜君王和"无后"（中国文化认为"不孝有三，无后为大"），这也只是思想上之冲突，这一时期虽有两次"灭佛"事件，但主要是由于政治和经济的原因而不是由于文化的原因引起的；（3）到隋唐，形成了若干中国化的佛教宗派，天台、华严、禅宗等，这些宗派虽然仍是佛教，但却吸收了若干儒家和道家的思想；到宋朝，理学一方面批评佛教，而更主要的是大量吸收了佛教思想，从而使中国的儒学得到了重大发展。所以我们可以说，中国文化曾受惠于印度佛教；而印度佛教在中国得到了发扬光大。从中印文化交流史上看，文化不是引起冲突的主要原因，相反常常是促进不同国家、不同民族间互相了解和文化发展的重要因素。

百多年来，由于西方列强对中国的武力侵略，曾经一度造成了中国人的排外心理，包括对西方文化排斥的现象，但这主要不是由于文化原因而是由于政治和经济原因引起的。就是在这种情况下，中国实际上仍然在不断吸收西方文化。先是吸收西方的科学技术，后来又学习西方的政治法律制度，到五四运动前后则把西方的"科学与民主"作为追求的目标。这中间走了不少弯路，而且今天仍然存在着一些问题。但在五四以后，除了极少数顽固的国粹派和少数愚昧无知的民众和官僚外，包括现代新儒家的大师熊十力、梁漱溟都主张充分吸收西方的"科学与民主"思想。而且目前中国文化正在朝着更加充分吸收西方文化的方向发展着。

从中国历史上看，两次外来文化大输入的结果证明，由于文化引起的冲突只是暂时的，而不同文化之间的互相吸收与融合则是主导的。司马迁曾说："居今之世，志古之道，所以自镜者，未必尽同。"我们生活在今天，要了解历史上的经验，虽然古今不会完全相同，但总是可以作为借鉴的。

二、儒家思想是否是将来引起政治上的
冲突和战争的因素？

亨廷顿把现今的文化分成"西方文化"和"非西方文化"，而且在"非西方文化"中又特别突出提出"儒家与伊斯兰的联合"，并且认为"儒家与伊斯兰的军事结合已经形成"，而这种"异文明间的种族暴力冲突的升级最危险，也最可能成为导致世界大战的原因"。在这里，我们不打算讨论亨廷顿那些似是而非的论断，只想就儒家文化是否会成为将来引起政治上的冲突和战争的问题来谈谈我的看法。

从中国历史上看，儒家思想有两种不同的形态：一是作为官方意识形态的儒家文化，另一是作为理念形态的儒家文化。作为官方意识形态的儒家文化确实存在着某种"专制"和"暴力"的性质，但即使这样它也并非有着强烈的扩张性，而且任何学说一旦成为一种意识形态都会发生与其学说本身相悖的作用。作为理念形态的儒家文化，它是主张以"和为贵"的，因此具有相当大的包容性。就现时各国、各民族的实际情况看，大概没有把儒家文化作为官方的意识形态的可能，儒家文化只能作为一种理论起作用。儒家文化作为一种理论，它所提倡的是"普遍和谐"的观念①，这点应为我们所重视。

　　如果我们为21世纪人类社会发展的前途考虑，那就必须把争取"和平与发展"看成所有国家和民族的责任。人类社会发展的前景必须是和平共处，这就要求调整好国家与国家、民族与民族、地域与地域之间的关系；"发展"必然涉及人对自然的合理利用与开发，这就是说要调整好人与自然的关系。儒家思想中的"普遍和谐"观念无疑将会对人类社会的"和平与发展"做出特殊的贡献。"普遍和谐"观念作为一个完整意义的观念，它至少包含四个层面：自然的和谐，人和自然的和谐，人与人的和谐，人自我身心内外的和谐。照儒家的思维模式看，自然是一融洽无间的最完美的和谐之统一体，它称之为"保和太和"，只有认识到自然是一和谐之统一体，此"普遍和谐"观念作为一种理论才可以展开。盖因有自然之和谐，才可以有人与自然之和谐；有人与自然之和谐，才可以有人与人之和谐；有人与人之和谐，才有人自我身心内外之和谐。反之亦然，有人自我身心内外之和谐，才有人与人之和谐；有人与人之和谐，才有人与自然之和谐；有人与自然之和谐，才有自然之和谐。看来儒家更为重视由"人自我身心内外之和谐"所展开的"普遍和谐"观念的系列，这点我们可以

---

① 参见汤一介：《中国传统文化的特质》，载汤一介编：《国故新品》，北京大学出版社1993年版。

由《大学》主张的"一是皆以修身为本"看出。这就是说,从理论上看儒家学说,它不会是引起国家与国家、民族与民族、地域与地域之间冲突的原因。

我认为,亨廷顿关于儒家文化是引起"西方"与"非西方"之间冲突的原因之一的论断是没有根据的,这表明他对儒家学说作为一种理论体系完全不了解。

三、亨廷顿的文章所依据的理论是已经
过了时的"西方中心论"

亨廷顿的文章中引用了奈保尔(V.S.Naipaul)的一句话:西方文明是"切合所有人的普世文明"。他认为,在可见的将来,不会有普世文明,有的只是包含着不同文明的世界,而其中的每一个文明都得学习其他文明并与之共存。并且他认识到,"西方文明既是西方的亦是现代的。非西方文化试图取后者而舍前者……他们更会调和这些现代事物和传统文化的价值"。但是,从亨廷顿的全文看,又为什么强调"西方文化"与"非西方文化"的冲突,特别是预言"儒家与伊斯兰的联合"是"最可能导致世界大战的原因"呢?我认为,这无疑仍然是"西方中心论"在困扰着亨廷顿。过去几百年间,西方列强在政治、经济甚至文化上的霸权主义摧残了甚至毁灭了许多民族的文化,但在第二次世界大战后,世界的格局发生了重大变化,原来企图瓜分世界的殖民体系瓦解了,随之而来的文化上的"西方中心论"也就破产了。从战后文化发展的形势看,已经逐渐形成了在全球意识下文化多元化发展的新局面。由于科学技术的飞速发展,世界各国、各民族之间的联系越来越密切，人类面临着要共同解决的问题，因此文化的发展必须有"全球意识"。但是，原来被西方列强摧残和压制的许多国家与民族要求发展自己、实现"现代化"，理所当然地要发展自己的民族文化，这样，全世界的文化必然呈现为在全球意识下多元化发展的总趋势。让我们看看从1982年以来获诺贝尔文学奖的情况：1982年获奖者为南美哥伦比亚作家马奎斯；1987年为非洲尼日利亚的索因卡；1992年为加勒比圣卢西亚岛的著名诗人沃尔科特；1993年为美国黑人女作家托尼·莫里森。马奎斯在获得诺贝尔文学奖之后，曾就美洲地区的文化发展答记者问说："我认为拉丁美洲在今天世界上是唯一有创造力的地区，巴西电影的复兴，哥伦比亚的戏剧运动，都受到全世界的注意。同样，拉丁美洲文学也是当代最佳文学。"一位西方评论家评论索因卡的作品时说："没有一个非洲作家比索因卡更为成功地让世界其他人用非洲眼光来看人类。"瑞典科学院院士谢尔·埃斯普马克在介绍沃尔科特时说："他在诗歌中融合了各种不同文化，来自西印度群岛、非洲和欧洲的文化。"一旦被压迫和被摧残的民族文化摆脱了殖民统治和"西方中心论"的束缚，无疑会在文化上表现出他们的非凡创造力。

在1983年第十七届世界哲学大会上，大会主席加拿大哲学家高启（C.Cauchy）的发言表现了一位哲学家的智慧，他的发言大意如下：过去一二百年间，由于西方的科技经济占尽优势，所以在哲学人文方面也就自居于先进的地位。但如今东方的科技经济已经赶上来，乃至有凌驾西方的趋势，现在该是西方醒觉，虚心向东方的智慧学习的时候了。

西方文化（包括宗教、哲学、文学、艺术等等以及他们的价值观）曾对人类文化发展做出过重大贡献，今后仍然会对人类文化的发展做出积极的贡献；但是东方文化，例如中国文化、印度文化、伊斯兰文化不也同样在人类历史上对人类做出过重要贡献吗？而且中国文化，例如儒家的"普遍和谐"观念不是对当今人类社会和21世纪人类社会发展更能做出特殊贡献吗？这里我还要说一下印度文化的特征。印度学者、诗人泰戈尔曾在一篇题为《没有墙的文明》中说："印度人……把世界和人一起包括在一个伟大的真理里。印度人强调在人和宇宙之间的和谐，他们认为如果宇宙对我们来说是绝对无关的东西，那么我们将不能与周围环境有任何交往"，"这正是为什么《奥义书》将获得人生目的的人们描写为'宁静的人''与神合一的人'的原因，这意味着他们生活在人和大自然的完全和谐中，因此也生活在不受任何干扰的与神的统一中"。看来，东方文化可能具有一共同特点，这就是把"和谐"的观念看得非常重要，这点大概是西方文化应该向东方智慧学习的一个重要方面吧！

然而，亨廷顿似乎完全不了解东方文化对人类曾经做出的贡献，完全忽视东方文化对今后人类发展的重要意义。这无非表明亨廷顿仍然站在已经过时的"西方中心论"的立场上，把文化分成"西方文化"与"非西方文化"，并把他所假想的所谓"儒家与伊斯兰的联合"这种"非西方文化"作为以美国为首的"西方文化"的敌人，以保持美国在"西方世界"中的盟主地位，进而保持仍然可以左右世界局势的霸权。因此，亨廷顿在他文章的最后一节为美国政府献策，其中包括"抑制伊斯兰与儒家国家的军事扩张"；"保持西方在东亚与西南亚国家的军事优势"；"制造儒家与伊斯兰国家之间的差异与冲突"；"巩固能够反映西方利益与价值并使之合法化的国际组织，并且推动非西方国家参与这些组织"等等。这些观点难道是符合当今和21世纪人类应共同追求的"和平与发展"的目标吗？从亨廷顿的全文看，虽然他的某些分析不是全无根据，但由于他的"西方中心论"的观念没有改变，这就不能不认为他的这篇文章不是一篇有什么深刻理论意义的文章，而是一篇为美国眼前暂时利益提供一种政治性策略的文章。

在我们批评亨廷顿的观点的同时，我们必须注意，发扬我们自己民族文化是完全必要的，不带偏见地吸收西方文化中有价值的各个方面同样是非常重要的。我们不应跟着亨廷顿跑，以"西方的"和"非西方的"作为文化取舍的标准，而应取另外一种文化的价值观，即凡是对人类社会追求的"和平与发展"有利的，我们都应大力吸取。还是那句话：我们应在全球意识下来发展我们的民族文化，以保卫世界和平和促进各个国家与民族的共同发展。

（1994年）

能否创建中国的"解释学"

　　西方的解释学（Hermeneutics）近十多年来才为我国学术界所重视。在西方，解释学大体上说是从解释《圣经》开始的，它经过了好几个世纪漫长的酝酿过程，到德国哲学家兼神学家施莱尔马赫（Friedrich Schleirmacher，1768—1834）和历史学家兼社会学家狄尔泰（W.Dilthey，1835—1911）才真正成为一有重要影响的理论。这就是说，解释学成为一种"学"也有一个多世纪了。

　　在中国，本来也有很长的解释经典的历史传统，并且形成了种种不同的对经典注释的方法。在对古代经典的注释上，一般都是和训诂学、文字学、音韵学、考据学等联系在一起的，因此对这类学问的研究和经典注释有着密切的关系。而且各朝各代经典注释的方法往往也有所不同。例如在汉朝多用所谓"章句"的方法注释经典，分章析句，一章一句甚至一个字一个字地详细解释。据《汉书·儒林传》说：当时儒家的经师对"五经"的注解，"一经之说，至百余万言"。儒师秦延君释"尧典"二字，十余万言；释"曰若稽古"四字，三万言。当时还有以"纬"（纬书）证"经"的方法，苏舆《释名疏证补》谓："纬之为书，比傅于经，辗转牵合，以成其谊，今所传《易纬》《诗纬》诸书，可得其大概，故云反覆围绕以成经。"这种以神秘的方法注释经典又与"章句"的方法不同。至魏晋，注释经典的方法为之一变，玄学家多排除汉朝烦琐甚至荒诞的注释方法，或采取"得意忘言"，或采取"辩名析理"等等简明带有思辨性的方法。王弼据《庄子·外物》以释《周易·系辞》"言不尽意，书不尽言"，而作《周易略例·明象》，提出"得意忘言"的玄学方法，而开一代新风。郭象继之而有"寄言出意"之说，其《庄子注》的第一条注释说：

> 鹏鲲之实，吾所未详也。夫庄子之大意，在乎逍遥游放，无为而自得，故极小大之致，以明性分之适。达观之士，宜要其会归，而遗其所寄，不足事事曲与生说，自不害其弘旨，皆可略之耳。

这种注释经典的方法自与汉人的注释方法大不相同了。又在郭象《庄子注》的最后一条提出了"辩名析理"的方法，文谓：

> 昔吾未览《庄子》，尝闻论者争夫尺棰连环之意，而皆云庄生之言，遂以庄生为辩者之流。案：此篇较评诸子，至于此章，则曰其道舛驳，其言不中，乃知道听途说之伤实也。吾意亦谓，无经国体致，真所谓无用之谈也。然膏粱之子，均之戏豫，或倦于典言，而能辩名析理，以宣其气，以系其思，流于后世，使性不邪淫，不犹贤于博弈者！故存而不论，以贻好事也。

这里郭象把"辩名析理"作为一种方法提出来，自有其特殊意义，但"辩名析理"几乎是所有魏晋玄学家都采用的方法，所以有时也说魏晋玄学是"名理之学"。王弼《老子指略》中说："夫不能辩名，则不可言理；不能定名，则不可与论实也。"嵇康《琴赋》谓："非夫至精者，不能与之析理也。"就这点看，魏晋玄学家在方法论上已有相当的自觉。后来至宋儒又有"六经注我"，或"我注六经"的不同方法。

佛教传入中国后，由于佛教的有些名词概念很难翻译，往往在汉文中找不到相对应的词，因此有许多佛教的名词概念采用了音译的方法，如"般若""涅槃"等等，但"音译"的名词概念如不加以解释是很难懂的，于是在翻译的佛经后面常常有"音义"或"音训"之类为之解释，而由于对佛经的理解不同就有不同的注释方法。为了对佛教名词概念有较为统一的了解，而后有了专门解释佛教名词概念的书，如慧琳的《一切经音义》、法云的《翻译名义集》等等。其时并有僧人提出某些翻译的原则，如隋彦琮建"八备之说"，齐大亮立"五不翻之义"，而唐玄奘使之臻于完备。这些有关翻译方法和原则的资源如加以利用，或亦对中国之"解释"理论有重要意义。

自魏晋以来，我国代有"类书"之编纂，《辞海》的"类书"条说："类书，辑录各门类或某一门类的资料，按照一定的方法编排，便于寻检、征引的一种工具书，始于魏文帝时《皇览》，历代都有编纂，但多亡佚。现存著名的有唐代的《北堂书钞》《艺文类聚》《初学记》，宋代的《太平御览》……"查《太平御览》的"天部（一）"列"元气""太初""太始""太素""太极"等条，这大概是根据《孝经纬·钩命诀》而设立的，没有对"天"这个概念作专门的解释。例如对"元气"引用了二十几种古书对它做了说明。从这些引用的材料我们不仅可以看到不同时期的著作对"元气"含义的不同解说，而且也表现了某些解释方法上的不同。又如《渊鉴类涵》的"天部（一）"，只是引用了几十种古书对"天"这一概念的解释，而对"太初"等等并未列专门的条目，这显然和《太平御览》根据的不是一个系统。对不同"类书"的编纂原则和方法加以分析研究以及从中探索对名词概念的选取和解释，能否对中国的"解释理论"的建立有一定意义？

当然，中西哲学确有重大的不同，西方"解释学"的发展往往是和当时西方流行的其他哲学理论结合在一起的，例如20世纪50年代前它是和海德格尔现象学有着密切联系，六七十年代又和伽达默尔、德里达的结构主义有着联系，80年代以后在美国解释学进入了所谓"超分析哲学"的时代等等。（参见高宣扬：《解释学简论》，台北远流出版公司1988年版。）中国历史上对"经典"的解释当然和西方解释学发展的情况完全不同。那些历代的注与疏尽管不似西方形成一套理论的"解释学"，不过，在中国历史上，不同时代经典的解释往往也是和当时的哲学思潮联系在一起的。清初学者杭世骏说："诠释之学……语必溯源，一也；事必数典，二也；学必贯三才而穷七略，三也。"我曾想，可以通过对《白虎通义》《北溪字义》《孟子字义疏证》中解释的重要名词概念加以分析，来考察汉学、宋学、清学的不同，并从中揭示它们的"解释"原则和方法的差异。因为，重视这种"诠释学"的学者，往者如钱穆、刘师培、黄季刚、顾颉刚、胡适、傅斯年等都曾写过不少篇章，倡导"居今之世，志古之道"的工作。"人以群分"，他们都曾执教北大，无意中形成了北大的"诠释"学风。今天，我们不必费心争论，应有的态度是传承前辈学者的成果，主动借鉴西方解释学，以便我们对今后中国哲学的发展提供某些可以利用的资源。

最后，我必须再说一下，我的这一想法可能是完全没有意义的，如果是这样，那至少可以起一个作用，这就是我们不必再花时间在这个方面费力气了。

（1998年）

论郭象注《庄子》的方法

西方的解释学（Hermeneutics）近十多年来才为我国学术界所重视。在西方，解释学是从解释《圣经》开始的，它经过了好几个世纪漫长的酝酿过程，到德国哲学家兼神学家施莱尔马赫（Friedrich Schleirmacher，1768—1834）和历史学家兼社会学家狄尔泰（W.Dilthey，1835—1911）才真正成为一有重要影响的理论体系。这就是说，解释学成为一种"学"也有一个多世纪了。在中国，本来也有很长的解释经典的传统，并且形成了种种不同的对经典注释的方法。例如在汉朝多用所谓"章句"注释的方法，一章一句地详细解释，还有用"纬"证"经"的方法。到魏晋时，玄学家们多用"得意忘言"（"寄言出意"）或"辩名析理"的方法。后来宋儒有"我注六经"或"六经注我"等等不同的方法。从道家对《老子》的注释看，河上公《老子注》与王弼《老子注》在方法上是那么的不同。佛教传入中国后，由于佛教的名词概念很难翻译，在汉文中找不到相对应的词，因此有许多佛教的名词概念采用了音译的方法，这样在翻译的佛经后面常常有"音义"或"音训"之类为之解释，而由于对佛经的理解不同就有不同的注释方法。同时，在我国还有"类书"，如《太平御览》对"元气"一概念，引用了二十几种古书对它的说明。

如果我们把汉朝的《白虎通义》、宋朝的《北溪字义》和清朝的《孟子字义疏证》对名词概念的解释方法加以比较，就可以看出汉学、宋学和清学的重大差别。从这些情况看，我国无疑有着很丰富的对"经典"解释的资源。但是，很可惜我们还没有来得及对这些可贵的资源加以系统的整理，使之形成一种理论体系。我们能不能借鉴西方"解释学"的理论，来总结我们对经典解释的方法和观念，形成一套理论呢？我认为，我们至少可以尝试。我曾对魏晋玄学家郭象注释《庄子》的方法做过一些分析。照我看郭象注释《庄子》至少有三种可以为我们所注意的方法：一是"寄言出意"的方法；二是"辩名析理"的方法；三是"否定"的方法。

魏晋玄学的创始者王弼首倡"得意忘言"的玄学方法，而开一代新风。《周易·系辞》中说："子曰：书不尽言，言不尽意，然则圣人之意，其不可见乎？"王弼引庄周筌蹄之言，对"言不尽意"做了新的解释。《庄子·外物》谓："筌者所以在鱼，得鱼而忘筌；蹄者所以在兔，得兔而忘蹄。言者所以在意，得意而忘言。"王弼据此作《周易略例·明象》：

> 夫象者，出意者也；言者，明象者也。尽意莫若象，尽象莫若言。言生于象，故可寻言以观象；象生于意，故可寻象以观意。意以象尽，象以言著，故言者所以明象，得象而忘言；象者所以存意，得意而忘象。犹蹄者所以在兔，得兔而忘蹄；筌者所以在鱼，得鱼而忘筌也。然而言者象之蹄也，象者意之筌也。是故，存言者非得象者也；存象者非得意者也。象生于意而存象焉，则所存者乃非其象也；言生于象而存言焉，则所存者乃非其言也。然则，忘象者乃得意者也，忘言者乃得象者也。得意在忘

象，得象在忘言。故立象以尽意，而象可忘也；重画以尽情，而画可忘也。

王弼这段话，可由其中得要点三：

第一，言生于意，故可寻"言"以观"意"；

第二，"言"虽为"意"之代表，但非"意"之本身，故不能以"言"为"意"；

第三，如果执着"言"，以"言"为"意"，则"非得意者也"，故"得意"在于"忘言"，也就是说"得意"须"忘言"，以求"言外之意"。

郭象据王弼"得意忘言"的新方法，而提出"寄言出意"以注《庄子》。郭象《庄子注》的第一条说：

鹏鲲之实，吾所未详也。夫庄子之大意，在乎逍遥游放，无为而自得，故极小大之致，以明性分之适。达观之士，宜要其会归，而遗其所寄，不足事事曲与生说，自不害其弘旨，皆可略之耳。

郭象注《庄子》常用这种方法，并以此批评旧说。郭象指出，读《庄子》应该融会贯通，以了解其蕴含的内在意义，至于那些细微末节就不必去管它了。要做到这点，就必须撇开庄周书中所寄托的词句（或表面上的词句），不要每字每句都详尽生硬地加以解释。"生说"即"生解"，《高僧传·竺法雅传》："以经中事数，拟配外书，为生解之例，谓之格义。"因此，"寄言出意"是说，"言"只是为了"出意"，故不能以"言"为"意"，而应是通过"言"以达其"意"，甚至要撇开"言"以领会"言外之意"。《天地》注谓："庄子言不可以一涂诘……故当遗其所寄，而录其绝圣弃智之意"。《则阳》注谓："不能忘言而存意则不足。"这里我们可以看到郭象注《庄子》有两点可注意：一是，对一些名物，他并不去多作解释，甚至存而不论，例如"鹏""鲲"究竟为何物，他存而不论，这和汉人的章句之学全然不同，汉人之注解则必是对什么是"鹏"，什么是"鲲"等等详加考证，甚或牵强附会；二是，不管庄子的原意，而根据其自己思想体系的要求注《庄子》。当庄周原意和郭象的思想不相合时，他常用微言大义的方法加以回避，有时直截了当地说是庄周的"寄言"。在《庄子》书中有些地方直接批判孔子，如要回避也很困难，于是郭象就说这是庄周借孔子（或与孔子对话的人）的口来说明某一问题，并非说的孔子本人。故读《庄子》应撇开这些寄托之言，而得其"言外之意"。《大慧普觉禅师语录》卷二十二中说："曾见郭象注庄子，识者云：却是庄子注郭象。"关于郭象的"寄言出意"已另有文详论，于此不赘述。

　　"辩名析理"是郭象采用的另外一种与"寄言出意"有着密切联系的方法。郭象《庄子注》的最后一条说：

　　　昔吾未览《庄子》，尝闻论者争夫尺棰连环之意，而皆云庄生之言，遂以庄生为辩者之流。案：此篇较评诸子，至于此章，则曰其道舛驳，其言不中，乃知道听途说之伤实也。吾意亦谓，无经国体致，真所谓无用之谈也。然膏粱之子，均之戏豫，或倦于典言，而能辩名析理，以宣其气，以系其思，流于后世，使性不邪淫，不犹贤于博弈者！故存而不论，以贻好事也。

在这里郭象把"辩名析理"作为一种方法提出来，自有其特殊的意义，但"辩名析理"实是几乎所有魏晋玄学家都采用的方法，所以有时也说魏晋玄学是"名理之学"。王弼《老子指略》中说："夫不能辩名，则不可言理；不能定名，则不可与论实也。"嵇康《琴赋》谓："非夫至精者，不能与之析理也。"如果追根溯源，先秦名家和后期墨家都曾采用过"辩名析理"这种方法。

所谓"辩名析理"，"辩名"，因为"名"是指"实"的，把指"实"之"名"搞清楚了，那么就知道"名"之所指，故有此"名"就有此"名"所指之"实"。王弼说："不能定名，则不可与论实也。"如果不能给所指之"实"以固定的名称，那么就无法讨论"实"的各种意义。郭象也说："名当其实，故由名而实不滥。"名实相当，那么就可以由"名"了解"实"的意义，故郭象又说："名者，天下之共同也。""名"定下来就成为所有人共同用的了。由于据"实"之"名"立，那么此类之"实"应符合此类"实"之"名"之标准。所以"辩名"就是要对一个名词下定义，例如刘劭《人物志》对"英雄"所下的定义为："聪明秀出者为英"，"胆力过人者谓之雄"，"英雄"则是兼二者而有之。张良符合"英"的标准，故为"英"；项羽符合"雄"的标准，故为"雄"；而刘邦符合"英雄"的标准，故为"英雄"。故"名"是指一个概念，对"名"这个概念下的定义则形成判断（即命题）。"名"往往是指"应然"（应该如此），"实"指"实然"（实际如此），但"应然"并不一定都会在现实中有其实际的例子，所以这样就会发生"名"与"实"脱节的状况。出现"名"与"实"脱节的状况可能有多种原因：一是给"名"下的定义并不反映"实"，"名不当实"；也可能是给"名"下的定义虽然是合理的，但只是理想中的合理，而并非现实中已有之例；还可能因不同思想家给同一"名"下的定义不同，而所指的"实"自然也就不同，而从此一思想家看彼一思想家给"名"下的定义是"名实不当"的，反之亦然。例如王弼释"道"为"无"和郭象释"道"为"无"的意思根本不同。所以在汉魏之际，"辩名"是非常重要的。只有对"名"（概念）的含义搞清了，才有可能对其所建立的理论做出清楚明白（或者合理）的表述或分析，这就是汉魏之际的"名理之学"。关于郭象的"辩名析理"，我也已有另外一篇文章讨论过，这里也就从略了。

在中国哲学中把"否定"作为一种论证方法，也许可以说是老子最早加以运用和运用得最为出色的。以后中国的许多哲学家都采用"否定"的方法作为他们建立哲学体系的重要方法，由于这种方法不肯定什么，又往往被称为"负的方法"。我们在《老子》书中可以找到一些他提出的与"否定"的方法相关的命题，如"正言若反""反者道之动"等。但我认为，他提出的"无为而无不为"这一"通过否定达到肯定"的方法，可以说更有意义，表现了老子对"否定"有了方法论上的自觉。"无为"是对"有为"的否定，而正是由"无为"的否定恰恰可以成就"有为"。例如《老子》第四十八章中说："取天下常以无事，及其有事，不足以取天下。"对于"取天下"，"无事"是否定的意义，"有事"是肯定的意义，而照老子看不是以"有事"去取天下才可以有天下，而是以"无事"才可以取天下，这正像郭象在对《庄子·逍遥游》"尧让天下于许由"一段中的注所说："夫能令天下治，不治天下者也。故尧以不治治之，非治之而治者也。"因此，就老子说，在这方面他对中国哲学在方法论上的贡献至少有两点：

（1）他认识到"肯定"与"否定"是一对矛盾，而且"否定"

作为方法比"肯定"更有意义，从"否定"方面了解事物比从"肯
定"方面了解事物会更为深刻；

（2）"否定"中包含着"肯定"，用"否定"来对待"肯定"
（事物）是一种十分重要的完成"肯定"（事物）的方法，或者说是
完成更高一层次"肯定"（事物）的方法。

在这里我们把老子"无为而无不为"作为一种方法加以模式化，
可以这样来表达："通过否定达到肯定。"在郭象注《庄子》中常
常用这种方法来论证或阐述他的理论，例如他提出"相为于无相
为""相与于无相与"等。其意为，在"无相为"中才可以实现"相
为"；在"无相与"中才可以实现"相与"。《大宗师》注中说：

> 此二人（按：指子舆与子桑）相为于无相为者也。今裹饭而
> 相食者，乃任之天理而自尔，非相为而后往者也。

按：《庄子》中说子舆和子桑是好朋友，子桑生病，"子舆裹饭
而往食之"。郭象注了上面那段话。表面上看，子舆好像是因为子桑
生病，故带饭送给子桑吃。但其实郭象要说明的是，子舆并不是为子
桑生病而带饭去给他吃，他只是"任之天理而自尔"，所以是"相为
于无相为"。正是"无相为"而实现了"相为"的意义。"无相为"
是对有某种目的的"否定"，而这种对有目的的"否定"恰恰实现了
某种目的（"相为"）。

在《庄子·大宗师》中还有一段说："子桑户、孟子反、子张琴
三人相与友，曰：孰能相与于无相与，相为于无相为？孰能登天游
雾，挠挑无极，相忘以生，无所终穷。"郭象有以下一段注：

夫体天地，冥变化者，虽手足异任，五藏殊官，未尝相与而百节同和，斯相与于无相与也；未尝相为而表里俱济，斯相为于无相为也。若乃役其心志以恤手足，运其股肱以营五藏，则相营愈笃而外内愈困矣。故以天下为一体者，无爱为于其间也。

庄子这段话的意思是说：子桑户等三人之间能在并不关怀（无心）中而成为莫逆；能在不为对方做什么（无为）中而成就对方的一切。超然物外，游于无穷，忘掉生死，不受什么限制。郭象对庄子思想的解释，实际上也是对老子"无为而无不为"这种"否定"思维模式之发挥。郭象解释说，能够体证天地之变化而与之为一体者，就像手足、五脏等的功能不同，并非是为互相的关怀而能相和同，并非是要为互相的作为而能相互帮助，这就是因为"相与于无相与""相为于无相为"。如果你有意去做什么，得到的结果将是内外交困，"故以天下为一体者，无爱为于其间"。这种思维模式也正是郭象的"独化"思想的具体化，在《大宗师》注中说："夫相因之功，莫若独化之至也。"这就是说任何事物都应是独立自足地生生化化，不是有意去为别的事物做什么，这反而对别的事物有最大的功用。所以"神人者，无心而顺物者也"（《外物》注）。"无心而顺物"不是要肯定什么，而是要不断地排遣一切"用心"。郭象对《庄子·齐物论》"今且有言于此，不知其与是类乎？其与是不类乎？类与不类，相与为类，则与彼无以异矣"的注说：

今以言无是非，则不知其与言有者类乎不类乎？欲谓之类，则我以无为是，而彼以无为非，斯不类矣。然此虽是非不同，亦固未免于有是非也，则与彼类矣。故曰：类与不类又相与为类，

则与彼无以异也。然则将大不类，莫若无心，既遣是非，又遣其
遣。遣之又遣之以至于无遣，然后无遣无不遣而是非自去矣。

按：如果说庄子"齐物论"思想是要"遣是非"，那么这里郭象
的注则是要"既遣是非，又遣其遣"。因此，在这里表明郭象对"否
定"的意义的体认又更有所进了。"否定"作为一种思维方式固然重
要，但如果对"否定"加以"肯定"，那么"否定"就会失去作为
"否定"的意义。这正如佛教的般若学的"破相"一样，《大智度
论》中说：

　　如服药，药能破病，病已得破，药亦应出。若药不出，则
复是病。以空灭诸烦恼病，恐空复为患。是故以空舍空，是名
空空。

对于"是非"问题的争论，无论同意哪一方面，都会造成有所执
着，这就仍然会成为一种"是非之争"，仍不是"无是非"，就像为
了消除"无是非"，而执着"无是非"，这就成了病因药已除，还要
继续吃药一样，而成为新的病了。因此对于"是非"这样问题的"类
与不类"，"莫若无心"。所谓"莫若无心"就是要"遣之又遣之
以至于无遣，然后无遣无不遣而是非自去矣"，这就如佛教之"空
空"。这里郭象的"遣之又遣之以至于无遣"似乎又比老子前进一
步，认为如果要坚持"否定"的方法，那么对"否定"本身也应"否
定"，这样才是彻底的否定，而彻底的否定才可以真正达到"无是无
非"而一切都可以"肯定"，从而郭象要肯定的"一切存在的都是合
理的"观点才可以成立。成玄英对郭象的这段注有如下的疏解：

类者，辈徒相似之类也。但群生愚迷，滞是滞非。今论乃欲反彼世情，破兹迷执，故假且说无是无非，则用为真道。是故复言相与为类，此则遣于无是无非也。既而道之又道，方至重玄也。

成玄英的思想深受佛教三论宗的影响，而又是在佛教的涅槃学在中国兴盛之后，故其学说在否定执着于"无"和执着于"有"之后，而认为仍有所肯定。这表明成玄英之疏深识得郭象的"相为于无相为"之玄机，或又发展了郭象之"否定"思想。

从老庄经郭象而至成玄英在运用"否定"的方法为其思想体系作论证，其方法论的意义可谓日益深化，日益自觉，从而使之成为中国哲学的一种特殊的方法学说。因此，梳理这一"否定"方法的发展过程，发掘其理论意义，并给以新的解释，也许会对中国式的"解释学"的建立有一定意义。

（1998年）

辩名析理：郭象注《庄子》的方法

郭象注《庄子》采用了两种重要的方法，一是"寄言出意"的方法，另一是"辩名析理"的方法。郭象注《庄子》的第一条说：

> 鹏鲲之实，吾所未详也。夫庄子之大意，在乎逍遥游放，无为而自得，故极小大之致，以明性分之适。达观之士，宜要其会归，而遗其所寄，不足事事曲与生说，自不害其弘旨，皆可略之耳。

郭象注《庄子》常用这种方法，并以此批评旧说。郭象指出，读《庄子》应该融会贯通，以了解其蕴含的内在意义，至于那些细微末节就不必去管它了。要做到这点，就必须撇开庄周书中所寄托的词句（或表面上的词句），不要每字每句都详尽生硬地加以解释。"生说"即"生解"，《高僧传·竺法雅传》："以经中事数，拟配外书，为生解之例，谓之格义。"因此，"寄言出意"是说，"言"只是为了"出意"，故不能以"言"为"意"，而应是通过"言"以达其"意"，甚至要撇开"言"以领会"言外之意"。《天地》注谓："庄子言不可以一涂诘……故当遗其所寄，而录其绝圣弃智之意"。

《则阳》注谓："不能忘言而存意则不足。"这里我们可以看到郭象注《庄子》有两点可注意：一是，对一些名物，他并不去多作解释，甚至存而不论，例如"鹏""鲲"究竟为何物，他存而不论，这和汉人的章句之学全然不同，汉人之注解则必是对什么是"鹏"，什么是"鲲"等等详加考证，甚或牵强附会；二是，不管庄子的原意，而根据其自己思想体系的要求注《庄子》。当庄周原意和郭象的思想不相合时，他常用微言大义的方法加以回避，有时直截了当地说是庄周的"寄言"。在《庄子》书中有些地方直接批判孔子，如要回避也很困难，于是郭象就说这是庄周借孔子（或与孔子对话的人）的口来说明某一问题，并非说的孔子本人。故读《庄子》应撇开这些寄托之言，而得其"言外之意"。《大慧普觉禅师语录》卷二十二中说："曾见郭象注庄子，识者云：却是庄子注郭象。"关于郭象的"寄言出意"已另有文详论，于此不赘述。

　　"辩名析理"是郭象采用的另外一种与"寄言出意"有着密切联系的方法。郭象《庄子注》的最后一条说：

　　　　昔吾未览《庄子》，尝闻论者争夫尺棰连环之意，而皆云庄生之言，遂以庄生为辩者之流。案：此篇较评诸子，至于此章，则曰其道舛驳，其言不中，乃知道听途说之伤实也。吾意亦谓，无经国体致，真所谓无用之谈也。然膏粱之子，均之戏豫，或倦于典言，而能辩名析理，以宣其气，以系其思，流于后世，使性不邪淫，不犹贤于博弈者！故存而不论，以贻好事也。

　　在这里，郭象把"辩名析理"作为一种方法提出来，自有其特殊的意义，但"辩名析理"实是几乎所有魏晋玄学家都采用的方法，所以有时也说魏晋玄学是"名理之学"。王弼《老子指略》中说:"夫不能辩名,则不可言理;不能定名,则不可与论实也。"嵇康《琴赋》谓:"非夫至精者,不能与之析理也。"如果追根溯源,先秦名家和后期墨家都曾采用过"辩名析理"这种方法。

所谓"辩名析理","辩名",因为"名"是指"实"的,把指"实"之"名"搞清楚了,那么就知道"名"之所指,故有此"名"就有此"名"所指之"实"。王弼说:"不能定名,则不可与论实也。"如果不能给所指之"实"以固定的名称,那么就无法讨论"实"的各种意义。郭象也说:"名当其实,故由名而实不滥。"名实相当,那么就可以由"名"了解"实"的意义,故郭象又说:"名者,天下之共同也。""名"定下来就成为所有人共同用的了。由于据"实"之"名"立,那么此类之"实"应符合此类"实"之"名"之标准。所以"辩名"就是要对一个名词下定义,例如刘劭《人物志》对"英雄"所下的定义为:"聪明秀出者为英","胆力过人者谓之雄","英雄"则是兼二者而有之。张良符合"英"的标准,故为"英";项羽符合"雄"的标准,故为"雄";而刘邦符合"英雄"的标准,故为"英雄"。故"名"是指一个概念,对"名"这个概念下的定义则形成判断(即命题)。"名"往往是指"应然"(应该如此),"实"指"实然"(实际如此),但"应然"并不一定都会在现实中有其实际的例子,所以这样就会发生"名"与"实"脱节的状况。出现"名"与"实"脱节的状况可能有多种原因:一是给"名"下的定义并不反映"实","名不当实";也可能是给"名"下的定义虽然是合理的,但只是理想中的合理,而并非现实中已有之例;还可能因不同思想家给同一"名"下的定义不同,而所指的"实"自然也就不同,而从此一思想家看彼一思想家给"名"下的定义是"名实不当"的，反之亦然。例如王弼释"道"为"无"和郭象释"道"为"无"的意思根本不同。所以在汉魏之际，"辩名"是非常重要的。只有对"名"（概念）的含义搞清了，才有可能对其所建立的理论做出清楚明白（或者合理）的表述或分析，这就是汉魏之际的"名理之学"。

所谓"名理之学"，在汉魏之际开始时大体上是讨论"名分之理"，即人君臣民各有其职守，如何使之名实相符而天下治，此为政治理论的问题。后来渐渐进而讨论鉴识人物的标准问题，于是讨论趋向于"辩名析理"，而向着抽象原理或概念内涵之"应然"方面发展。例如曹魏当政时有所谓"四本才性"问题的讨论，《世说新语·文学》"钟会撰《四本论》"条注引《魏志》曰：

> 四本者，言才性同，才性异，才性合，才性离也。尚书傅嘏论同，中书令李丰论异，侍郎钟会论合，屯骑校尉王广论离。

钟会等四家讨论才性问题的具体内容因无可查之具体史料，故不可得而知，但所讨论的形式已进入抽象的"名理"则是无疑的。晋袁准《才性论》说："性言其质，才言其用。"这或是魏晋之际对"才"与"性"的含义的最一般的看法。例如刘劭《人物志》认为，"才"是"性"的表现，"弘毅"之才是"仁"性的表现；"通微之才"是"智"性的表现；"筋劲之才"是"勇"性的表现；而"平淡无味"是圣人"中庸之质"的表现等。但刘劭《人物志》中的这些讨论大概还算不上真正的玄学的"名理之学"，或可谓为准玄学之"名理之学"。因为刘劭讨论才性问题，目的还仅仅是为"才"找一内在的根据，而重点还不在讨论难言之域的"性"的问题。到何晏、王弼时，则主要是讨论对"性"的看法了。何晏《论语集解》注"夫子之言性与天道不可得而闻"谓："性者，人之所受以生也。"这是给"人性"下的定义，但人同样具有此"性"，而为什么往往表现得很不相同呢？何晏解释说："凡人任情，喜怒违理；颜回任道，怒不过分。迁者，移也。怒当其理，不移易也。"（《论语集解》卷三）这里又提出"性"与"情"，"情"与"理"的关系等，这就不仅要"辩名"而且要"析理"了。王弼对这一问题进一步作了理论上的分析。他在答荀融难"大衍义"中发挥了何晏的这一观点，提出圣人能"以情从理"。王弼认为，孔子这位圣人虽然"明足以寻极幽微"，可是遇到颜渊仍然不能无乐，而颜渊死去也不能无哀，喜怒哀乐乃"自然之性"，圣人也不能去掉，只不过圣人可以做到"以情从理"罢了。在王弼的《周易·乾卦·文言》注中说："不为乾元，何能通物之始，不性其情，何能久行其正"，可见"性"是合"理"的，用"性"来规范"情"就是"以情从理"。这样一来"人性"问题就和"天理"问题联系起来了。进而王弼提出，事物的存在必有其存在的道理，"物无妄然，必由其理"（《周易略例·明象》），这就由"辩名"而进入了"析理"。"辩名析理"于是成为魏晋玄学的重要方法之一。

　　郭象在建立其"崇有""独化"的思想体系的过程中较为典型地运用了"辩名析理"的方法。兹以其对"天""道"二概念的辩析为例，以示他如何运用这一方法。

　　"天"在中国哲学中本有多重含义，有主宰之"天"的意思，有道德之"天"的意思，有自然之"天"的意思，有命运之"天"的意思，有神秘之"天"的意思，等等。而郭象之"崇有"思想在于否定"天"之造物主的地位，故必须给"天"这个概念下一个客观、实体性的定义。从他的《庄子注》中可以看出，郭象从两个方面来说明"天"的含义："天者，万物之总名也"；"天者，自然之谓也"。而这两方面的含义是相联系的，如他说："天地者，万物之总名也。天地以万物为体，而万物必以自然为正。自然者，不为而自然者也。"从这段话看，"天"只是一个名称，即万物的总名称，而不是什么外于万物的东西，故《齐物论》注"天籁"谓："夫天籁者，岂复别有一物哉！即众窍比竹之属，接乎有生之类，会而共成一天耳。"因此，"天"就是万物之全体，或者说总万物而为一天，这是就实体方面来说明"天"的意思。说"天者，自然之谓也"，意思是说"天"就是万物存在的自然而然的状态，"天"对万物没有什么作用，所以"天"是"不为而自然者也"。《山木》注中说："凡所谓天，皆明不为而自然。"《在宥》注中说："天，无为也。"这说明，"天"不能做什么，是无目的、无意志的，这是就"天"的功能方面说的。因为"天"只是"万物之总名"，所以它的功能是"自然无为"。

为什么"天"是"万物之总名"？为什么"天"是"自然无为"的？这必须有论证，有论证才可以叫"析理"。照郭象看，如果"天"不是"万物之总名"，那么它就是外于"万物"的另一东西，可是这外于万物的东西怎么能产生千种万般不同的东西？如果"天"不是外于万物的，那么它就只能是"万物之总名"了。郭象说："天且不能自有，况能有物哉！故天者，万物之总名也。"（《齐物论》注）他在《德充符》注中说："天不为覆，故能常覆。地不为载，故能常载。使天地而为覆载，则有时而息矣！"这是说，天地的覆载不是为了什么目的而覆载万物的；如果是为了什么目的而覆载，那么就可能有不覆载的时候，这怎么可能呢？因此"天地"是"不为而自然"的。正因为"天"是"万物之总名",所以"天"是"无为"的,而"万物"是"自为"的,这种"任自然"是万物的正常状态。故《则阳》注中说:"殊气自有,故能常有。若本无之,而由天赐,则有时而废。"如果万物是由"天"做成的,那么有的时候就可能没有"万有",那怎么可能呢?只能是万物自有,才可以无时不有。他的这一看法与他把宇宙看成是无限的永恒存在的思想是一致的,《庚桑楚》注中说:"宇者,有四方上下,而四方上下未有穷处";"宙者,有古今之长,而古今之长无极"。

郭象在说明"天道"时谓:"不为此为,而此为自为,乃天道。"(《天地》注)又说:"物各自生而无所出焉,此天道也。"(《齐物论》注)在说明"天德"时谓:"任自然之运动。"(《天地》注)郭象的《庄子注》中与"天"相连的名词概念有很多,如"天理""天门""天成""天性""天行""天均"等,都是由"天"的本义,即"天也者,万物之总名""天者,自然之谓也"引申出来的,现择其要者释于下。

《庚桑楚》注中说:"天门者,万物之都名也。谓之天门,犹云众妙之门也。"按:此处"众妙"即万物,"天门"是就总万物说的,并非说万物之外另有一"天门"。故郭象的所谓"天门",就是"以'无'为门,以'无'为门则无门也"(《庚桑楚》注)。盖因"死生出入,皆欻然自尔,未有为之者也。然有聚散隐显,故有出入之名;徒有名耳,竟无出入,门其安在乎?"(《庚桑楚》注)照郭象看,"死生出入"都是没有什么使之者的自然而然的现象。这是由于他认为事物的"死生出入"在自然界之中不过是"聚散隐显"的过程而已。事物虽有"聚散隐显"等的变化,但"变化相代,原其气则一",一切都是"气"自身的变化,哪里有另一个超越万物之上的不同于万物的"门"呢？由此可见，郭象的"天门"正是"天者，万物之总名"的延伸。

《刻意》注中说："天理自然，知故无为乎其间。"这是郭象对《庄子》"去知与故，循天之理"的注，意思是说"天理"是自然的，"知"（按：指用心，郭象注"不思虑"为"付之天理"）和"故"（按：指有意）都是无能为力的，只有"无为"才是符合"天理自然"的。故郭象注《天下》"故曰至于若无知之物而已，无用贤圣"句谓："唯圣人然后能去知与故，循天之理，故愚知处宜，贵贱当位，贤不肖袭情，而云无用贤圣，所以为不知道也。"

《刻意》中有"故曰圣人之生也天行"，郭注谓："任自然而运动。""任自然而运动"即万物自身之运动也。

郭象注《寓言》"天均"谓："天均齐者，岂妄哉！皆天然之分。"照郭象看，"物各有性"，虽有大小、长短、美丑之分，然而这些分别都是天然如此的，因而从均可以"自足其性"说，都是一样的，故《齐物论》注中说："夫以形相对，则大山大于秋豪也。若各据其性分，物冥其极，则形大未为有余，形小不为不足，苟各足于其性，则秋豪不独小其小，而大山不独大其大矣。若以性足为大，则天下之足未有过于秋豪也。若性足者非大，则虽大山亦可称小矣。……苟足于天然而安其性命，故虽天地未足为寿而与我并生，万物未足为异而与我同得。则天地之生又何不并，万物之得又何不一哉！""天均"并非"天"使之均齐，而是万物之性分从可以"自足其性"方面说都是无分别的。

从上面所引的郭象《庄子》注中与"天"有关的名词概念可以看出，他对如"天门""天理"等的辩析是和他给"天"规定的基本含义是一致的。从这点看，郭象的理论体系相当严谨，说明他运用"辩名析理"有着方法论上的自觉。

再看郭象对"道"的解释，也与王弼不同。王弼对"道"的解释是"道，无之称也"（《论语释疑》），"万物皆由道生"（《老子》第三十章注）。郭象则说："至道者，乃至无也。即以无矣，又奚为先？"这显然是对王弼"贵无"学说的批评，"道"是"至无"，又如何能生"有"呢？故郭象说："道不逃物。"（《知北游》注）"道"不能离开"物"。又说："物所由而行，故假名之曰道。"（《则阳》注）"道"是物之所由而行的"道路"。这就是说，"道"有通常所说的规律的意义，而这规律不是外于物的，它只是物的规律。为此，郭象从多方面否定了"道"的造物主的意义。如他说："知道者，知其无能也，无能也则何能生我，我自然而生耳。"（《秋水》注）"道"是什么也不能做的，因此事物都是自然生成的。《知北游》注说"至道无功，无功乃足以称道"，此说"道"对万物没有什么功用。《天下》注谓："道无所不在，而云土块乃不失道，所以为不知。"《应帝王》注谓："块然，无情之貌。"此言"道"是无情、无知的。总之，郭象认为"道是物之道"，它是不能离开物而独存的，因此在《庚桑楚》注中说："夫春秋生成，皆得自然之道，故不为也。"按：此说"春秋生成"指自然界，亦即万物，自然界的万物是自然而生成的，这就是"自然之道"。

郭象否定王弼或其他玄学家所说的"天"，并不是要抛弃"天"这个概念，否定王弼或其他玄学家所说的"道"，也不是要抛弃"道"这个概念，而是要给它们以不同于王弼或其他玄学家的含义，并对此作出适合他自己思想体系要求的论证，这就是他的"辩名析理"的意义。郭象要建立其"崇有"哲学的思想体系，同样还得给

"无"以不同于王弼的解释。郭象说："无，至虚之辞。"他所说的
"至虚"就是字面上的"至虚"的意思，即"无"所表示的就是什么
都没有的意思，"无即无矣"，"无者，何哉？明生物者无物"，
"无"就是"无物"（nothing），"无"不是什么，即谓"无"
是"不存在"的意思，它等于"零"。所有这些对"无"所作的描
述，即"辩名"，都是为否定"无"能生"有"的。为了进一步否定
"无"作为造物主的意思，并论证"有"是唯一的存在，郭象在《庄
子注》中颇用了一些力气反复加以论证。如他说："夫庄、老之所以
屡称无者，何哉？明生物者无物，而物自生耳"（《在宥》注）；
"无既无矣，则不能生有"（《齐物论》注）；"此所以明有之不能
为有而自有耳，非谓无能为有也。若无能为有，何谓无乎？"（《庚
桑楚》注，按："有"也不能是生"有"者，如"有"是生有者，那
么此生有者将成为造物主）"夫无有何所能建？建之以常无有，则明
有物之自建也"（《天下》注），等等。郭象如此之否定"无"，都
是为了一个目的，即肯定"有"是唯一的存在，而不承认在"有"之
外（之上、之后）还存在一个造物主或者比"有"更根本的实体，故
《知北游》注说："非唯无不得化而为有也，有亦不得化而为无矣。
是以夫有之为物，虽千变万化，而不得一为无也。不得一为无，故自
古无未有之时而常存也。"

　　郭象否定"无"作为造物主的意义，除了是为其"崇有"思想的
建立扫清道路外，也还与调和儒道、为"名教"留下地盘有关。如果
承认"无"是"有"的创造者，或认为"无"比"有"更根本，那么
人只要去追求"无"这个超越的东西，以达到"玄冥之境"就可以
了，哪还用管什么"名教"？人们只要"拱默山林""逍遥无为"，
游于"无何有之乡"就可以了，哪还能"游外以宏内"呢？"历山

川，同民事""戴黄屋，佩玉玺"，岂不可以根本否定了吗！圣人岂不将"独异于世""背俗而用我"了吗？然而郭象的玄学新义，虽然崇尚自然，但亦不能废弃"名教"；只有否定"无"的造物主地位，才能齐一儒道，调和"自然"与"名教"的关系。

就以上所述，我们可以清楚地看到，郭象对"天""道"以及"有""无"的解释和种种论证，都表现着他为建立"崇有""独化"的思想体系而运用"辩名析理"这种方法的功力。

中国学术与治学一直有注释经典的传统，"寄言出意""辩名析理"只不过是多种注释经典方法中的两种。汉朝注释经典多采用章句的方法，一章一句地做详细解释，还有用"纬"证"经"的方法，而形成"纬书"系统，到魏晋则为之一变，以后有"六经注我"和"我注六经"之不同。隋唐以后还有对佛教经典的种种不同注释方法，《般若心经》的注解有五六十处，《肇论》的注解也有十余种之多，往往依各宗各派之不同思想而为之注。因此，如果能对中国历史上对经典注释的方法加以梳理，也许可以总结出一套中国解释学的方法和理论来，这样才可以形成并有利于与今日流行的西方之解释学（Hermeneutics）的平等对话和交流。

（1998年）

附录

对中国哲学的哲学思考

靠个人的道德学问提升，求得一个个人的"孔颜乐处"或者可能；但是光靠着个人的道德学问的提高，把一切社会政治问题都寄托在"修身"上，是不可能使社会政治成为合理的客观有效的理想社会政治的。

把中国传统哲学作为对象进行哲学思考，是我十多年来研究的课题，有关论文除了少数几篇，大多收入《中国传统文化中的儒道释》（中国和平出版社，1988）、《儒道释与内在超越问题》（江西人民出版社，1991）和即将编成的《转型时期的中国文化发展》之中。我所以对这个问题有兴趣，是由于1949年以来在中国内地往往把中国哲学的研究作为政治斗争工具，或者放在一种意识形态的框架中来考察。有鉴于此，十多年来我在批评了这种教条式的研究的同时，尝试着对中国传统哲学做哲学的思考，希望对它进行哲学的分析，以便使之在现代社会中有所发展，而能成为一种有现代意义的活的哲学。在这里我想对十多年来的研究做一总结，把我思考的问题系统化，以便我自己今后再进一步研究和得到同行们的批评与指正。

对中国传统哲学做哲学的思考，当然首先我们就会遇到一个问题：什么是中国传统哲学？这是一个很难回答的问题。我想至少有两个难题：一是在中国哲学发展的历史中有许多不同派别的哲学，儒家从孔孟到程朱陆王当然属于中国传统哲学，道家从老庄到嵇康、阮籍自然也包括在中国传统哲学之内，还有道教哲学、中国化的佛教如禅宗等都应是中国传统哲学的一部分，要在这样多的不同哲学派别之中找到他们的共同点，不是一件很容易的事；第二个难题是，我们对中国传统哲学给出一种说法，一定会有各种不同意见，这本是个"仁者见仁，智者见智"的问题，很难有一致的看法。那么是不是说这个问题根本无法进行研究呢？我想也不是的。我们可以提出对中国传统哲学不同的哲学思考，正是这样才能使中国哲学得到发展，必须摆脱政治意识形态的无意义的干扰。因此，这里我打算提出一种把中国传统哲学作为一个大体系来做哲学的思考，请大家讨论。

关于中国传统哲学的概念

一个在人类历史上有影响的大哲学体系必然由一套概念（范畴）、判断（命题）和经过一系列推理活动的理论所组成。也就是说，在一个哲学体系中总有其一套概念，并由概念与概念之间的联系构成若干基本命题，经过推理的作用而有一套理论。从西方哲学的观点看，中国传统哲学似乎没有完整的概念体系。这个看法是有一定根据的。中国古代哲学家没有像亚里士多德那样有他的《范畴篇》，也没有像康德那样提出与人的认识有关的原则或者说构成经验条件的十二范畴。但我们却也不能说中国传统哲学没有一套特殊的概念和范畴（按：范畴是指一哲学体系的基本概念）。先秦各家哲学都有他们的特殊概念。而且后来还有一些专门分析概念的书，如汉朝的《白虎通义》、宋朝陈淳的《北溪字义》、清朝戴震的《孟子字义疏证》等等，其实在对先秦经典的注疏中也包含了对哲学概念的分析。佛教和道教也都有解释他们专用哲学概念的著作，如《翻译名义集》《道教义枢》等等。不过我们也可以看到，在中国传统哲学中确实没有像西方哲学家那样的比较严密的概念体系。这是什么原因造成的呢？我认为，这或者由于中国古代哲学家没有自觉到应该建立一套自己的概念体系，因为中国古代哲学家并不重视对自己的思想做分析；同时中国古代哲学家也并不认为有建立概念体系的必要。中国传统哲学的主题是追求一种人生境界，而不是追求知识的体系化。现在我们要对中国传统哲学作一总体上的哲学思考，就有必要根据中国传统哲学中固有的概念来为它建构一概念体系，于是我在1981年写了《论中国传统哲学范畴体系的诸问题》一文刊载于《中国社会科学》1981年第5期，后又在《郭象与魏晋玄学》（湖北人民出版社，1983）一书中对此文做了若干补充。当时我写此文的直接目的是为了破除1949年来中国哲学史界受苏联哲学教科书的影响而把古今中外的哲学家统统都纳入"唯心与唯物对垒"的教条，而企图从人类认识史的角度来考察中国哲学的发展。今天看来这篇文章有许多不足之处，但在当时对中国内地中国哲学史的研究起了一定的作用。长期以来，在中国内地对中国古代哲学家的研究大都停留在"唯心与唯物""反动与进步"等问题上争论不休，较少讨论哲学本身的问题。在那篇文章中，我明确地提出："哲学史的研究最终要解决的问题应该是揭示历史上哲学思想发展的逻辑必然性。"因此，研究中国哲学必须研究中国哲学的概念。

那么如何着手研究中国哲学的概念呢？我在上述那篇文章中提出可以由以下几方面着手：

（1）分析概念的含义。一对或一个概念的提出，反映着人们对事物认识的水平，但这个概念或这对概念的含义是什么则要我们去分析。中国古代哲学家提出一新的概念往往并无明确定义，或者含糊不清，如先秦儒家关于"天"的概念的含义，孟子和荀子就很不相同；道家老子和庄子给予"道"这一概念的含义也多少有点不同，不弄清古代这些哲学家所使用的概念的含义，我们就不可能对他们的哲学做哲学的考察。

（2）分析概念的发展。不仅不同哲学家使用的哲学概念的含义往往不同，而且各个时代所使用的哲学概念的含义也不相同，如"气"这个概念，从春秋医和论"六气"到《管子》和《庄子》书中讲的"气"，经汉朝哲学家讲的"气"，一直到张载、王夫之讲的"气"等等，就其含义说是在发展着的。因此，不弄清概念含义在历史中的发展，我们也不可能认识哲学思想发展的内在逻辑。

（3）分析哲学家（或哲学派别）的概念范畴体系。从中国传统哲学看，一些比较重要的哲学家在建立他们的哲学体系时，都要用一系列的概念范畴，因此研究这位哲学家（或这一哲学派别）所使用的概念范畴之间的关系，可以说是对其哲学体系作哲学思考非常重要的工作。中国古代哲学家大都没有具体说明他们使用的概念之间的关系，这就需要我们来分析他们使用的概念之间的关系，以便了解其哲学的体系和特点。例如王弼哲学中使用了"有"和"无"、"一"和"多"、"本"和"末"、"体"和"用"、"言"和"意"、"动"和"静"、"变"和"常"、"反本"和"居成"等等一系列概念，如果我们不弄清它们之间的关系，那么王弼哲学就会成为一笔糊涂账，看不出他的哲学意义和他对中国哲学的贡献。

（4）分析不同概念的种类。哲学概念有不同的种类，在中国古代哲学家那里并没有作具体区分，而有些概念往往是多义的，它可以是实体性概念，也可以是质和量的概念，只有我们把一个概念的性质搞清，才好对它作出分析。我认为，概念至少可分实体性的或本体性的，如"天"和"人"、"道"和"器"、"心"和"物"、"神"和"形"等等；有关系性的，如"体"和"用"、"本"和"末"、"因"和"果"、"虚"和"实"等等；有属于性质方面的，如"性"和"情"、"阳"和"阴"、"乾"和"坤"、"善"和"恶"等等；有些是说明状态的，如"动"和"静"、"消"和"息"、"翕"和"辟"等等；有些是属于质量的，如"一"和"多"、"众"和"寡"等。由于不同的哲学家使用的概念的含义不同，同一概念往往属于不同种类，例如王弼的"无"和郭象的"无"就不是属于同一类。对中国古代哲学家使用的概念作出科学的分析，它同样对我们对中国哲学作哲学的思考有着十分重要意义。

（5）比较中西哲学概念的不同。严格地说，对中西哲学概念是很难做比较的，但要互相了解，又不得不做比较，不得不通过翻译，这就免不了发生"误读"。例如王弼的"无"是不能译为"non-being"，而它恰恰是"being"，因为王弼哲学讲"以无为本"，所以把"无"译为"substance"或者相近。因此，我们不应用西方哲学的概念去套中国哲学的概念。我们只能在对中西哲学概念的含义作出具体的比较分析中，以揭示中国哲学不同于西方哲学的特点，或者说它们有哪些相似之处，这样我们才可以避免"削足适履"，而使我们可以对中国哲学作较为合乎实际的哲学思考。

对中国传统哲学作上述各个方面的分析虽然也很难，但相对地说大体还可以做到，但如果我们要为中国哲学建构一概念体系那就困难得多了。因为我们从总体上为中国哲学建构一概念体系，这个体系当然应是中国传统哲学所可能有的，这又是一个"仁者见仁，智者见智"的问题。而且，我们确也可以从各种角度来为中国传统哲学建构适当的概念体系，如我在那篇《论中国传统哲学范畴体系的诸问题》就是一种尝试。它是从存在的本源、存在的形式、人们对存在的认识三个方面来建构中国传统哲学的概念体系的，这样一种建构的思考方式大体上仍反映了1949年以来哲学教科书的某些影响。①现在我想，我们可以从另外一个角度来考虑中国传统哲学的概念体系问题。如果我们从"真""善""美"这样一个角度来考虑建构中国传统哲学的概念体系或者更有意义。

照我看，在中国传统哲学中，"天"（天道）和"人"（人道）是一对最基本的概念，它是关于宇宙人生的最基本的概念，它属于"真"的问题；由"天""人"这对概念可以推演出"知"和"行"这对概念来，它应属于"善"的问题；由"天""人"这对概念还可以推演出"情"和"景"这对概念来，它应属于"美"的问题。同时，我们还可以看到属于"天"和"人"概念系列的有"自然"与"名教"、"天理"与"人欲"、"理"和"事"等等，而说明这对概念关系和状态的概念可以有"无"与"有"、"体"和"用"、"一"和"多"、"动"和"静"、"本"和"末"等等。属于"知"和"行"概念系列的有"能"和"所"、"良知"和"良能"、"已发"和"未发"、"性"和"情"等等。属于"情"和"景"概念系列的有"虚"和"实"、"言"和"意"、"隐"和"秀"、"神韵"和"风骨"、"言志"和"缘情"等等。当然，在这三套概念系列之中也存在着交叉，例如，"虚"和"实"也可以列入"天""人"这对概念系列之中。而说明概念的关系和状态的概念

---

① 参见拙著《中国传统文化中的儒释道》，中国和平出版社1988年版，第35—40页。

往往又和这三个不同概念系列有关。如果我们把"天"和"人"这对概念看作是中国传统哲学最基本的概念，那么我们就可以说天人关系是中国传统哲学的基本问题，从而就某种意义上看可以摆脱长期以来把"思维对存在"的关系作为中国传统哲学的基本问题的教条，而能根据中国哲学的实际来考察中国传统哲学了。这里我并不认为，我这样建构中国传统哲学的概念体系是唯一合理的，不过它总是不失为一种较为合理的和较为有意义的尝试。

关于中国传统哲学的命题

如果我们认为上述对中国传统哲学概念体系的建构是一种合理的有意义的建构，那么我们就可以由上述三对基本概念构成三个基本命题，这就是"天人合一""知行合一""情景合一"，这三个基本命题正是中国传统哲学对"真""善""美"的表述。

1983年在加拿大蒙特利尔召开第十七届世界哲学大会，这次会议特设了"中国哲学圆桌会议"，我在圆桌会议上有个发言，题为《儒家哲学第三期发展可能性的探讨》。我把先秦儒学看作是儒学的第一期；在外来印度佛教冲击后建立的宋明理学（即新儒学）为儒学发展的第二期；儒学的第三期发展是指在西方思想冲击下的现代新儒学，它是由熊十力、梁漱溟创立，经唐君毅、牟宗三等人发展的现代儒学。1983年，我在美国哈佛大学作研究，刚刚开始了解一点现代儒学，当时我总觉得牟宗三等先生夸大了儒学的现代意义，又有意无意地用西方哲学的框架来套中国哲学。由于从五四运动以来，"民主与科学"已成为人们所追求的目标，因此现代新儒学的代表们把很大力量花在论证"内圣"之学可以开出适合现代民主政治要求的"外王"之道来，以维护中国传统哲学中的"内圣外王之道"的格局，同时又论证"心性"之学经过"良知的缺陷"可以开出科学的认知系统，以便使中国哲学也有一个可以与西方哲学并立的知识论体系。可是我认为，我们似乎不必由这条路子来考虑中国哲学的价值和意义。因此我想，也许可以找另外的路子来考虑中国哲学的价值和意义。于是我在圆桌会议中提出，儒家第三期发展可以从"天人合一""知行合一""情景合一"上来探讨，在刘述先兄《蒙特利尔世界哲学会议纪行》中有一段记述我当时发言的情形说："会议的最高潮是由北大汤一介教授用中文发言，探讨当前第三期儒学发展的可能性，由杜维明教授担任翻译。汤一介认为儒学的中心理念如'天人合一'、'知行合一'、'情景合一'在现代都没有失去意义，理应有更进一步发展的可能性。这一番发言虽然因为通过翻译的缘故而占的时间特长，但出乎意料的清新立论通过实感的方式表达出来，紧紧地扣住了观众的心弦，讲完之后全场掌声雷动，历久不息。"1984年我把上述发言加以补充，以《论中国传统哲学中的真、善、美问题》为题发表于该年《中国社会科学》第4期上。后来又加以补充，以《从中国传统哲学的基本命题看中国传统哲学的特点》为题，收入《儒道释与内在超越》（江西人民出版社，1991）一书中。

　　在我的论文中，不仅认为"天人合一""知行合一""情景合一"是儒家哲学的基本命题，而且也是道家甚至中国化的佛教（如禅宗）思想的基本命题。所谓"天人合一"，它的意义在于解决"人"和整个宇宙的关系问题，也就是探求世界的统一性的问题。在中国传统哲学中重要的哲学家大都讨论了这个问题，而且许多古代哲学家都明确地说：哲学就是讨论天人关系的学问。"知行合一"是要求解决人在一定的社会关系中应如何认识自己、要求自己，以及应如何处理人与人、人与社会之间的关系的问题，这就是关乎人类社会的道德标准和认识原则的问题。"情景合一"是要求解决在文学艺术创作中"人"和其创作物之间的关系问题，它涉及文学艺术的创作和欣赏等各个方面。但是，"天人合一"是中国哲学的最根本的命题，它最能表现中国哲学的特点，它是以人为主体的宇宙总体统一的发展观，因此"知行合一"和"情景合一"是由"天人合一"这个根本命题派生出来的。这是因为，"知行合一"无非是要人们既要知"天（道）"和"人（道）"以及"天"与"人"之合一，又要在生活中实践"天（道）"和"人（道）"以及追求"天人合一"之境界。"人（道）"本于"天（道）"，所以知"天（道）"和行"天（道）"也就必然能尽"人（道）"。人要知和行"天（道）"，这就不仅是个认识的问题，更重要的是个道德实践问题。人要知和行"天（道）"，就必须和"天（道）"认同，"同于天"，这就是说必须承认"人"和"天"是相通的，因此"知行合一"要以"天人合一"为前提。"情景合一"无非是要人们以其思想感情再现天地造化之功，正如庄子说"圣人者，原天地之美而达万物之理"，这就是说"情景合一"也要以"天人合一"为根据。

"天"与"人"是中国传统哲学中最基本的概念，"天人合一"是中国传统哲学的最基本的命题，在中国历史上许多哲学家都以讨论"天""人"关系为己任。汉朝的司马迁说他的《史记》是一部"究天人之际"的书；儒家的董仲舒答汉武帝策问时说，他讲的是"天人相与之际"的学问；扬雄也说："圣人存神索至，成天下之大顺，致天下之大利，和同天人之际，使之无间者也。"以道家老庄思想为骨架的魏晋玄学，其创始人之一何晏说另一创始者王弼是"始可与言天人之际"的哲学家。中国道教茅山宗的真正创始者陶弘景说只有另外一位道教大师顾欢了解他心里所得是"天人之际"的问题。佛教传入中国后也不得不受此思想之影响。西晋时著名僧人竺法护译《正法华经·受决品》中有一句:"天见人,人见天。"后鸠摩罗什再释此经,译到此处时说:"此语与西域义同,但在言过质。"僧睿说:"将非人天交接,两得相见。"什喜曰:"实然。"唐朝的刘禹锡批评柳宗元《天说》中的"自然之说","文信美矣,盖有激而云,非所以尽天人之际"。宋朝的哲学家邵雍说得更明白:"学不际天人,不足以谓之学。"王夫之说:"自汉以后,皆涉猎故迹,而不知圣学为人道之本,然濂溪周子首为《太极图说》,以究天人合一之源。"可见天人关系问题始终被中国哲学家视为最重要的哲学问题,而由它派生的知行关系和情景关系问题也就成为中国传统哲学中的重要问题了。

　　那么中国传统哲学关于"真""善""美"的问题为什么追求这三个"合一"呢?我认为,中国传统哲学或许与西方哲学不同,它并不偏重于对外在世界认知的追求,而是偏重于人自身价值的探求。由于"人"和"天"是统一的整体,而在宇宙中只有人才能体现"天道","人"是天地的核心,所以"人"的内在价值就是超越性"天道"的价值。因此,我们可以说中国传统哲学的基本精神就是教人如何"做人"。"做人"对自己应有个要求,要有一个理想的"真""善""美"的境界,达到了"天人合一""知行合一""情景合一"的真、善、美境界的人就是圣人。中国传统哲学如果说有其独特的价值,也就在于它提供了一种"做人"的道理。它把"人"(一个特定关系中的人)作为自然和社会的核心,因此加重了人的责任感。在中国古代的圣贤们看来,"做人"是最不容易的,做到与自然、社会、他人以及自我身心内外的和谐就更加困难。这种"做人"
的学问就是孔子所提倡的"为己之学",也就是张载所追求的"为天
地立心,为生民立命,为往圣继绝学,为万世开太平"的理想人生境
界。这种"做人"的道理表现在道家的思想中就是"顺应自然""自
然无为",正如老子所说的"我无为,而民自化;我好静,而民自
正;我无事,而民自富;我无欲,而民自朴",也像庄子所向往的
"至人无己,神人无功,圣人无名"那样。中国化的佛教禅宗要求人
们"无念""无住""无相",以达到"识心见性""见性成佛"的
境界。这就是说,中国传统哲学的儒、道、释都是为了教人如何"做
人"、提高人的精神境界的学问。如果我们给中国传统哲学一个现代
意义的定位,了解它的真价值所在,我认为它正在于此。因此,我
在另一篇文章《再论中国传统哲学的真善美问题》[①]中,把孔子、老
子、庄子和德国康德、谢林、黑格尔三大哲学家加以对比,提出孔
子、老子、庄子虽然在价值上对真、善、美的看法不同,但他们对
真、善、美的追求都是为了提高人的精神境界,而德国三大哲学家讨
论真、善、美则属于知识系统方面的问题。我在上述那篇文章中说:
"孔子的哲学和康德的哲学从价值论上看确有相似之处,但是他们
建构哲学体系的目标则是不相同的。孔子无非是以此建构他的一套
人生哲学的形态,而康德则是要求建立一完满的理论体系。这也许可
以视为中西哲学的一点不同吧!""中国传统哲学所注重的是追求一
种真、善、美的境界,而西方哲学则注重在建立一种论证真、善、美
的价值的知识体系。前者可以说是追求一种'觉悟',而后者则是对
'知识'的探讨。"

---

①　载《中国社会科学》1990年第3期;台北《哲学与文化》1989年10月。

在中国传统哲学中"天人合一""知行合一""情景合一"是和其"体用一源"的思维模式有着密切关系的。我们知道在中国传统哲学中"体"和"用"是一对非常重要的概念，不过它不是一对实体性概念，而是有关关系性的概念。"体"是指超越性的"本体"或内在性的精神本质，"用"是指"体"的功用。"体"和"用"是统一的，程颐说"体用一源，显微无间"，就是最明确地表达了"体"和"用"之间的关系。从思维模式上看，"天人合一""知行合一""情景合一"正是"体用一源"这样思维模式的体现，所以"合一"的思想是中国传统哲学的特色。

从以上所述，我们可以看出，由"天人合一"及其派生的"知行合一""情景合一"，以及由这些基本命题所表现的思维模式"体用一源"，可以引发出中国传统哲学的三套相互联系的基本理论来，这就是"普遍和谐观念""内在超越精神""内圣外王之道"。这三套理论是从三个方面来表现中国传统哲学的理论："普遍和谐观念"是中国哲学的宇宙人生论；"内在超越精神"是中国哲学的境界修养论；"内圣外王之道"是中国哲学的政治教化论。这三套理论就构成了中国传统哲学的理论体系。从这三套理论，我们不仅可以看出中国传统哲学的价值，同时也可以认识到中国传统哲学的问题所在。

关于中国传统哲学的理论体系

我之所以要为中国传统哲学建构一理论体系，目的就是要揭示不同于西方哲学的特殊哲学意义。我们知道，自第二次世界大战结束以后，殖民体系的瓦解使得文化上的"西方中心论"开始动摇了，世界文化的发展从总体上看，呈现出在全球意识下多元化发展的总趋势。这就是说，各个不同民族的文化都是在面对现时代存在的共同形势下，吸收其他民族的文化来发展自己本民族的文化。如果我们离开了世界文化发展的总趋势来探讨我们自己文化的发展问题，那么势必游离于世界文化发展的大潮之外，而不能对人类文化的发展做出积极的贡献。当然，如果我们不能在面对现今世界文化发展的总趋势中发挥我们本民族文化的特长，而去完全模仿其他民族的文化，那么我们的文化只能是他邦文化的赝品，同样不能对人类文化的发展做出积极的贡献。因此，在全球意识下充分发展我们民族文化的特长是十分重要的。哲学是文化的核心，对中国传统哲学做哲学的思考，分析其理论体系，以便我们对自身文化如何发展有个清醒的认识，这是中华民族继往开来所要求的。

（一）普遍和谐观念

关于"普遍和谐观念"，我已经考虑了很长时间，而且在一些论文中也有片断论述，但是写成一篇完整的文章阐发我的这个观点，则是在1992年度夏秋之交。是年《世纪风》杂志主编约我为该刊创刊号的"世纪之交"栏写篇文章，谈谈中国文化对当前世界文化发展的意义，我当时就想到，即将过去的20世纪，曾发生过两次世界大战，使数千万人丧失了生命，使人们多少年来创造的文明遭受到难以估计的损失。它是一个悲惨的时代。但是，在这个世纪中，科学技术的长足发展，人类创造了征服太空的奇迹，特别是近年来一些有识之士渐渐意识到必须以"对话"代替"对抗"，以"和平竞赛"代替"军备竞赛"，21世纪人类才有希望。因此，我们可以说人类当前面临的问题应是"和平与发展"。人类发展的前景必须是"和平共处",这就要在国与国、民族与民族、人与人之间建立一种和谐的关系。而"发展"就必然涉及对"自然"如何合理地开发和利用,也就是说在"人"和"自然"之间建立一种和谐的关系。因此我就写了《在世纪之交——论中国文化的发展》发表在《世纪风》的创刊号上。其后,1993年10月在苏州召开"第四届现代化与中国文化研讨会",我又为该会写了一篇题为《中国哲学中"普遍和谐观念"的现代意义》的文章,该文是对上文的补充,并以更为详细的论证刊于我主编的《国故新知:中国传统文化的再诠释》(北京大学出版社,1993)中,改题为《中国传统文化之特质》。现在我把该论文之要点写在下面,以论证"普遍和谐观念"的重要意义以及它和上节所论中国传统哲学基本命题之关系。

"天人合一"这个基本命题和这个基本命题所表现的"体用一源"的思维模式,从根本上说它要求有一套表现此命题和此思维模式的宇宙人生理论,这就是"普遍和谐观念"的理论。此"普遍和谐观念"的理论至少包括四个层次:自然的和谐、人与自然的和谐、人与人的和谐、人自我身心内外的和谐。照中国传统哲学的命题形式和思维之模式看,只有"自然"(或曰"天""天道""天地"等等)为一和谐之整体,此体系才有可能展开。盖有"天"之和谐,才有"天"与"人"之和谐;有"天"与"人"之和谐,才有"人"与"人"之和谐;有"人"与"人"之和谐,才有人自我身心内外之和谐。反之亦然,有人自我身心内外之和谐,才有"人"与"人"之和谐;有"人"与"人"之和谐,才有"人"与"天"之和谐;有"人"与"天"之和谐,才有"天"(即"自然")的和谐。"普遍和谐观念"包含在中国哲学的儒、道、释(主要是中国化的佛教禅宗）的思想之中，现简述如下：

自然的和谐　"崇尚自然"是道家哲学思想之特色，老子可以说是最早提出"崇尚自然"的哲学家。他认为，人应该效法地，地应该效法天，天应该效法"道"，"道"是自然而然的。所以归根结底人应该效法"道"。为什么人该效法"道"呢？这是因为"道"的特性是"自然无为"。它体现着宇宙的和谐。照老子看，天得到"道"就清明，地得到"道"就安宁，变化（神）得到了"道"就顺通，山河得到了"道"就充满生气，万物得到了"道"就生生不息，王侯得到了"道"天下就太平。可见老子追求的"道"正是一个安详宁静的和谐世界。庄子和老子一样把"自然"（天地）看成一和谐的整体，他把这种"自然的和谐"叫作"大美"或"天籁"（Cosmic music），"大美"正是一种自然之美，毫无做作的美；"天籁"正是一种最和谐的音乐，由天然所成的音乐，都体现着自然的和谐。

儒家同样把"自然"（"天"或"天地"）看成一和谐的整体。孔子认为，天的运行是自然而然的，百物的生长是自然而然的。有一次，他看河水的奔流，感慨地说："逝者如斯夫，不舍昼夜。"这里也透露出孔子通过对自然现象的观察而得到对宇宙人生的领悟，它说明了孔子对自然和谐的认识和向往。《易传》认为，在阴阳变化中体现了宇宙运行的规律，"自然"的运动是在"元"（自然界万物的起始）、"亨"（万物的生长）、"利"（万物的成熟）、"贞"（万物的完成）中运行，它表现了自然界万物生长的和谐和统一。在《易传》中把自然的最完美的和谐叫作"太和"。以后儒家关于"自然和谐的观念"大体上都是发挥着这一思想。

佛教当然不可能用肯定的方式直接讨论"自然"存在本身的问题，但中国化的佛教禅宗在生活态度上却深受老庄"崇尚自然"的影响。照禅宗看，悟道成佛不要故意追求什么，应该是自自然然、平平常常地生活，在平常生活中悟道。春天看百花齐放，秋天欣赏月色美景，夏日享受凉风暂至，冬日观赏大雪纷飞，一切听任自然，自由自在，这样便日日是好日，夜夜是良宵。禅宗的这种生活态度正是基于他们把自己所生活处看成是一和谐的整体。人生活在这和谐整体中不要着意执着什么，而应自自然然地生活，那就是把"人间"变成和谐的"天堂"。

人与自然的和谐　儒家经典《周易》中说"生生之谓易"，是说《周易》是讲"生生不息"的道理。照《周易》看，天地最根本的性质就是"生生不息"，它永远在生息变化之中，而宇宙这种生息变化是一刚健的大流行。因此人也应根据它的要求自强不息，"天行健，君子以自强不息"。在宇宙间人是最重要的，只有人才能体现"天道"，因为人是宇宙的核心，与天、地并立为"三才"。天地间如无人则不能体现"天"的生生不息，无法体现宇宙活泼的和谐气象，所以人应努力追求"人"与"天"的和谐。以后儒家也大体沿着《周易》这一观念追求"人"与"自然"的和谐。

在道家中同样也包含着"人与自然和谐"的观念。老子认为，"道"的特性是"自然无为"，因此人应该效法"道"而任自然。他说，"道"之所以尊贵，"德"（人得之于"道"的内在本质）之所以重要，在于它对事物不加干涉，这样人与自然就和谐了。照庄子看，人与自然本为一和谐整体，如果人不去破坏自然，"无以人灭天"，而是顺应自然，"顺物自然"，那么就可以达到"天地与我为一，万物与我并生"的和谐境界。

禅宗思想中也有某些"人与自然和谐"的观念。有个叫雪峰的禅师，有一天到山上去，采得一条树枝，形状像蛇，他就在这树枝背上刻了八个字——"本自天然，不假雕琢"，并且把它送给了大安禅师。大安禅师看后说，它的本色是自在山中，而且没有什么刀斧的痕迹。这说明大安禅师比雪峰更加了解"天然"的意义。在《指月录》中记载着青源惟信的一段故事。惟信说在没有学禅时，"见山是山，见水是水"，这时物我是隔离的，山是山、我是我；在他学了一点禅之后，有了一点觉悟，"见山不是山，见水不是水"，这时可以说他忘掉了外物，但还没有忘掉自我；后来他大彻大悟了，"见山只是山，见水只是水"，这时他自己就是山，自己就是水，物我两忘，而与自然化为一体了。这些禅宗故事都说明禅师们也在追求"人与自然的和谐"。

人与人的和谐　儒家的主流认为人性善，因此要求通过道德修养来调整人与人之间的关系，使社会成为一和谐的理想社会。儒家把和谐的理想社会叫作"大同"社会。在《礼记·礼运》中记载着"大同"社会的蓝图：这个社会是一个"天下为公"的社会，有着和谐的人际关系的社会，富足公平的社会，和平宁静的社会，夜不闭户的社会等等。大概也就是孔子向往的"天下有道"的社会，孟子向往的"行仁政"的社会吧！这个和谐的"大同"社会的理想，当然包含着若干空想成分，而且把和谐社会之理想完全建立在道德修养之提高上也是片面的。但是，以儒家追求建立人与人之间的和谐关系的理想社会说，不能说是没有意义的。

道家认为，人有其自然本性，这种自然本性来源于"道"。"道"的特性是"自然无为"，因此人也应发挥自然本性的"自然无为"。老子说："故圣人云：我无为，而民自化；我好静，而民自正；我无事，而民自富；我无欲，而民自朴。"能效法"道"的圣人是懂得"无为"的意义的，据此以实践之，就可以建立起和谐的社会。《老子》第八十章中就为我们描述了"小国寡民"的和谐社会。这个社会是一个不追求"人为"而顺应自然的社会，是一个无矛盾、无争夺的社会，是一个和平宁静、自满自足的社会等等。

如果说禅宗在对"自然"的态度上更多是受道家影响，那么在社会问题上则更多是受儒家思想影响。禅宗认为，佛性就是人的本性（性），就是人的本心（心），因此佛性问题就是心性问题。只要修养人的心性，就可以使其所在的现实社会生活变成理想的和谐的社会生活。在《坛经》中有一首颂最能说明禅宗这一观点："心平何劳持戒，行真何用修禅，恩则孝养父母，义则上下相怜。让则尊卑和睦，忍则众恶无喧。若能钻木取火，淤泥定生红莲。苦口的是良药，逆耳的是忠言。改过必生智慧，护短心内非贤。日用常行饶益，成道非由施钱。菩提只向心觅，何劳向外求玄，听说依此修行，天堂只在眼前。"这首颂正表现了禅宗的特点，它不去追求现实生活之外的超现实的佛国净土，而是要在现实社会中通过心性的修养而实现其超越现实和谐的理想社会。

自我身心内外的和谐　儒家的和谐社会理想既然是建立在个人的道德修养基础上，因此特别重视人自我身心内外的和谐。照佛家看，"死生由命，富贵在天"，生死和富贵不是人力可以追求到的，但人的道德和学问的提高则是要靠人的努力来取得。如果一个人能做到"乐天安命"而"自强不息"，那他就可以达到一种身心内外和谐之境界。孔子曾赞美他的弟子颜回说："贤哉，回也！一箪食，一瓢饮，在陋巷，人不堪其忧，回也不改其乐。贤哉，回也！"又说："有颜回者好学，不迁怒，不二过。不幸短命死矣……"这就是说，颜回对富贵、寿夭无能为力，但他却是一个有道德和学问的人，而且能在贫困之中保持身心内外之和谐。孟子认为，要达到"人"与

"天"（即自然）之和谐，就应该"存其心，养其性，所以事天也。天寿不二，修身以俟之，所以立命也"。这就是说，一个人如果能保存他的本心，修养他的善性，以实现"天道"对他的要求，短命和长寿对他都是无所谓的，但一定要修养自己保持和"天道"的一致，这就是安身立命了。晋朝有位学者叫潘尼，他写一篇《安身论》，文中有如下两段阐发了儒家安身立命之思想："盖崇德莫大乎安身，安身莫尚乎存正，存正莫重乎无私，无私莫深乎寡欲。是以君子安其身而后动，易其心而后语，定其交而后求，笃其志而后行"，"故寝蓬室，隐陋巷，披短褐，茹藜霍，环堵而居，易衣而出，苟存乎道，非不安也"。"安身立命"主要是要使自我身心调适，内外协和，以担当历史之使命。这种对待生活之态度也就是宋儒追求之"孔颜乐处"。周敦颐曾问程氏兄弟："寻孔颜乐处，所乐何事？"宋儒对此多有所讨论，盖即"为仁"（照着"仁"的要求去做）、"希圣"（追求"超凡入圣"之境界）也。朱熹在其《答张敬夫书》中与敬夫讨论"中和义"谓："而今而后，乃知浩浩大化之中，一家自有一个安宅，正是自家安身立命、主宰知觉处。"可见儒家所强调的正是自我道德修养之提升，以求身心内外之和谐也。

道家则与儒不同，它要求通过顺应自然、超越自我，以求身心内外之和谐。在《庄子·大宗师》中有一段故事，大意是说颜回在"忘仁义""忘礼乐"之后达到了"坐忘"的境界，什么是"坐忘"？颜回说："堕肢体，黜聪明，离形去知，同于大通，此谓坐忘。"这就是说，庄子要求排除一切外在的干扰、内在的干扰，而后才能达到自我身心之和谐境界。而这种境界是一心灵的自由的境界。在《庄子·人间世》中说到"心斋"，文谓："回曰：'敢问心斋。'仲尼曰：'若一志，无听之以耳而听之以心，无听之以心而听之以气。

听止于耳，心止于符。气也者，虚而待物者也。唯道集虚。虚者，心斋也。'""听止于耳"谓"止于形骸"，即不能忘形骸；"心止于符"谓非能"虚而待物"，即爱用心之聪明来分别物我，这就不能"黜聪明"，只有不执着自我的形骸和心志，否定束缚身心内外的一切，才能和"气"一样"虚而待物"，这样人才能达到物我两忘的身心内外和谐的超越境界。

中国禅宗虽有南北、顿渐之分，而只不过在理论架构和修持方法上有所不同，其目的都是在追求自我身心内外之和谐，以达到得道成佛的境界。大家都很熟悉神秀和慧能的首偈。神秀的偈："身是菩提树，心如明镜台，时时勤拂拭，莫使惹尘埃。"神秀认为，只有清除外界对身心的污染，用渐修的方法才可以达到身心内外和谐的得道成佛的境界。这里神秀虽是用比喻的方法说明"身""心"，但仍认为得道成佛的障碍来自外界，而不了解其障碍全在自我，所以他的师父弘忍说他"不见自性"，因为"自性"是"常清净"的。慧能的偈："菩提本无树，明镜亦非台，佛性常清净，何处惹尘埃。"慧能认为，干扰得道成佛不是外界的影响，是在于不了解"佛性常清净"，一旦对自我的"佛性"有了觉悟，豁然贯通（顿悟），那就可以自然得道成佛，达到心身内外和谐的境界。所以慧能说："前念迷即凡夫，后念悟即佛。"

由以上四个方面，我们可以看出，中国哲学的特点（或特点之一）是由追求"自然的和谐""人与自然的和谐""人与人的和谐""自我身心内外的和谐"构成的"普遍和谐观念"。这一"普遍和谐观念"，就其包含的内容说，并不十分完善，甚至有若干错误。但"普遍和谐观念"作为一种观念说，无疑有其极为宝贵的价值。如果能除去其中不完善和片面的部分，并给它以现代意义的解释和发挥，我认为它很可能给今日世界提供一个有积极意义的经验，以匡正今日世界所发生的种种弊病。

随着科学技术的高度发展，作为自然界一部分的人，在他征服自然的过程中，不仅掌握了大量破坏自然的工具，而且也掌握了毁灭人类自身的武器，正如1992年1575名科学家发表了一份《世界科学家对人类的警告》开头说："人类和自然正走上一条相互抵触的通路。"对自然界过量的开发，臭氧变薄、资源浪费、海洋毒化、环境污染、人口暴涨、生态平衡的破坏，不仅造成了"自然和谐"的破坏，而且也造成了"人和自然和谐"的破坏，这些已严重威胁着人类自身生存的条件。现代社会中，由于片面地追求物质利益，对自然资源的争夺占有和权力欲望的膨胀，造成了国与国、民族与民族、地区与地区之间的对立和战争；过分注重金钱物质享受的追求，造成了人与人之间关系的紧张、社会的冷漠、心灵的孤寂、道德的沦丧，使人们的失落感日甚。在人类社会中，现在儿童有儿童的问题，青年有青年的问题，老人有老人的问题，人与人之间在心灵上的隔膜，在日常生活中的互不了解甚至仇视，使人们失去了对"人与人之间和谐"的追求，这样终将导致人类社会的瓦解。现代社会，由于人们无止境地追求感官之享受，致使身心失调，人格分裂，由心理不平衡而引起精神失常、酗酒、杀人、自杀等等，造成自我身心的扭曲，已成为一种社会病，而严重影响社会的安宁。因此，我想，如果我们能更加重视"普遍和谐"的观念，而对它作出适应现代社会的解释，不能不说对今日和将来人类的发展都是非常重要的。

任何一种哲学体系都不可能是完美无缺的，它总有所长，也总有所短，要求一种哲学体系把人类古往今来所有问题都完满解决，那只能是空想，它只能造成一种封闭的体系而失去意义，因此中国哲学虽有其长，但也有其短。"普遍和谐观念"对今日世界虽有其重要意义，但从中国传统哲学看，对如何使这一观念落实，并不注意，因而这一观念往往落空，成为一种"空想"。从作为一种思维方式说，也不能不看到它的某些缺陷。这种"普遍和谐观念"作为一种思维方式，它所注意的往往是"和谐"和"统一"，而忽视事物之间必然存在的"矛盾"和"对立"。从哲学上看，正因为有"矛盾"才有"和谐"；有"对立"才有"统一"。由于过分强调"和谐"与"统一"，而使我国的封建社会长期停滞，资本主义萌芽生长缓慢，作为一种民族心理在一个相当长的时期自视过高而缺乏进取精神。我们的传统哲学之所以缺乏认识论和逻辑理论，正表现它的理论思维往往是一种没有经过分梳的总体现，因此它虽然包含着相当丰富对事物本质的认识，但它缺乏必要的分析和论证，因此它自身不容易诱导出现代科学。由于过分注意事物之间和谐关系和事物之间的统一性，而往往忽视对事物本身深入的解剖，致使我们没有经过近代实验科学进入现代科学。因此我们必须对中国哲学中的这一"普遍和谐观念"所包含的思维方式加以改进，继承和发扬它重视事物之间的统一性以及对宇宙人生和谐的认识，而把它建立在坚实的分析论证的基础上，以便使它在21世纪对人类作出更大的贡献。

　　一个民族所以能长期存在，并有其不间断的思想文化传统，必有其存在的道理，其文化传统必有其特殊的价值，如何把它文化中的优秀方面发扬起来，如何克服和扬弃其消极方面，对这个民族的发展至关重要。对我们来说，了解中国哲学的优秀方面固然重要，但认识中国哲学的不足和缺陷则更为重要，这样我们才可以清醒地面对当今之世界，放眼未来的世界。那种认为一切人类优秀的东西都可以从中国哲学中"创造性的转化"出来，不仅是不可能的，而且是有害于中国哲学的健康发展。因此，我认为，21世纪将是中西哲学会合的世纪，它将是在中国哲学充分吸收西方哲学和西方哲学充分吸收中国哲学的基础上，造成中西哲学的多种形式的有机结合，而形成人类文明发展的一个新时期。

（二）内在超越问题

在1984年我写的《论中国传统哲学中的真、善、美问题》里面已经论及中国传统哲学作为一种"做人"的道理，作为一种追求理想人生境界的学说，它无疑对今日社会仍然有着十分重要的意义。人如何实现与自然、社会、他以及自我身心内外之和谐而达到"超凡入圣"的境界，也就是说如何摆脱有限的自我限制而达到"天人合一"的境界呢？照中国传统哲学看，这就必须论证人的内在本质可以通于超越性的"天"，即由人的内在性的发挥可以达到与超越性的"天"的同一。1985年，我曾看到余英时教授的《从价值系统看中国文化的现代意义》，该文讨论到中国哲学的内在超越的取向与西方哲学外在超越的取向的不同，对我颇有启发。

1987年夏在香港中文大学举办了一次"儒家与基督教对话国际讨论会"，我给这次会提交的论文题为《论儒家哲学中的超越性与内在性问题》，在会上引起与会者广泛的兴趣，后被李景雄（Peter K.H.Lee）博士译成英文收入《从历史和现实看儒家与基督教的冲突》（*Confucian-Christian Encounters in Historical and Contemporary Perspective*）论文集中，此后又以同题提交给在1988年新加坡召开的"儒家思想的回顾与前瞻讨论会"和1989年在美国夏威夷召开的"第6届东西哲学家会议"。后我又做了若干补充收入《季羡林教授80华诞纪念论文集》（江西人民出版社，1991），这篇文章主要是论证了儒家哲学是以"内在超越"为特征。接着我又写了《论魏晋玄学中的内在性与超越性》，并提供给1990年在台湾成功大学召开的"魏晋南北朝文学与思想学术讨论会"。在我对中国化的佛教禅宗做了一些研究之后，我写了《论禅宗思想中的内在性与超越性》和《禅师话禅宗》两文，分别发表于《北京社会科学》与《百科知识》之中。最后我又写了一篇《论老庄哲学中的内在性与超越性》，此文先发表在台湾东海大学的《文化月刊》上，后又经修改扩充发表于《中国哲学史》杂志复刊的创刊号上。上列四文组成一组均收入拙著《儒道释与内在超越问题》（江西人民出版社，1991）一书中。

论儒家哲学中的内在性与超越性　从儒家说，最早提出"内在性"与"超越性"问题的是孔子。在《论语》中记载着子贡的一段话："夫子之言性与天道，不可得而闻也。"这句话非常重要，盖因它为一真的哲学问题。为什么孔子关于"性命"与"天道"的问题"不可得而闻"呢？子贡说"不可得而闻"只是说他没听到过，并不是说孔子思想中没有这个问题。子贡没有听到过，是因为"天道"是超越性的问题，"性命"是内在性的问题，而这两个问题是属于形而上的问题。照中国传统哲学的看法，形而上的问题是"超言绝象"的；"超言绝象"自然不可说，说了别人也听不懂，只能自己去体会，所以孔子提倡"为己之学"，而反对"为人之学"。孔子说："为仁由己，其由人乎？"孔子曾自述其为学之过程，即其"超凡入圣"之过程，他说："吾十有五而志于学，三十而立，四十而不惑，五十而知天命，六十而耳顺，七十而从心所欲不逾矩。"在五十岁以前是孔子"知天命"的准备过程。"知天命"是知"天道"之超越性，此时仍以"天"为知的对象。"六十而耳顺"，朱熹注说："声

通于心，无所违逆，知之之至也，不思而得。""知"达到了顶点
而至于"不思而得"的境界，此乃充分发挥其"心"之内在性之体
现。至于"从心所欲不逾矩"则是达到了完全的由"内在"而"超
越"的境界了，即由其"心"之内在性之充分发挥而达到超凡入圣
的"天人合一"的境界。故孔子说："知之者，不如好之者，好之
者，不如乐之者。""天道"不仅是超越的而且是通于人之内在之
性，故《中庸》曰："天命之谓性，率性之谓道。""人性"同样
不仅是内在的而且可以通于"天"之超越之性，故曰："诚者，天
之道也；诚之者，人之道也。"继孔子之后有孟子，他充分发挥了
孔子哲学中关于"内在性"的思想，并以人之心可以通于超越性之
"天"。他说："尽其心，知其性也；知其性，则知天矣。存其心，
养其性，所以事天也。"人本然所具有的"四端"的充分发挥，则表
现为"仁""义""礼""智"之善性，这样就可以达到对超越性的
"天"觉醒，而实现内在之人心与超越的天道同一。

宋明理学为儒学第二期的发展，从根本上说它是在更深一层次上
解释孔子提出的"性与天道"的问题，使儒家哲学所具有的"内在超
越"的特征更为系统化和理论化。程朱的"性即理"和陆王的"心即
理"虽然入手处不同，但所要解决的仍是同一问题。

程朱是由"天理"的超越性推向"人性"的内在性，以证"性即
理"；陆王是由"人性"之内在性推向"天理"之超越性，以证"心
即理"。

程朱的"性即理"的理论是建立在"天人非二"的基础上，程颐
说："天有是理，圣人循而行之，所谓道也。"故"道，一也，未有
尽人而不尽天地也，以天人为二非也。""天理"不仅是超越的，而
且是内在的，这是因为它不仅是超越性的原则，"所以阴阳者道"

"所以开阖者道",而且是一内在的主体精神,"穷理尽性至命,只是一事","性即理也,所谓理,性是也。天下之理,原其所至,未有不善"。程颐又说:"在天为命,在义为理,在人为性,主于身为心,其实一也。"这就是说,存在于人身上的理就是心性,心性与天理是一个。天理是客观的精神,心性是主观的精神,客观的精神与主观的精神只是一个内在的超越精神。朱熹虽认为"天理"从原则上说是可以先于天地万物而存在的,如说:"未有天地之先,毕竟也只是先有是理,便有此天地。若无此理,便亦无天地,无人,无物,都无该载。"但是,"天理"并不外在于人、物,故朱熹说:"理无情意,无计度,无造作,只此气凝聚处,理便在其中。"所以"天理"虽为超越性的,却并非外在超越性的,而为内在超越性的。朱熹又说:"性只是理,万理之总名。此理亦只是天地间公共之理,禀得来,便为我所有。"钱穆《朱子新学案》中说:"此是说天理禀赋在人物为性。"所以"性即理"。朱熹更进一步认为:"心、性、理拈着一个,则都贯穿。"这就是说:从"心"、从"性"、从"理"无论哪一说,都可以把其他二者贯通起来,这是因为"性便是心之所有之理","心便是理之所会之地"。"心""性""理"从根本上说实无可分,理在性而不离心,所以"天理"既为内在超越的,"人性"亦为内在超越的。

"心即理"是陆象山的根本命题,他在《与李宰书》中说:"人皆有是心,心皆具是理,心即理也。""心"何以是"理"?他论证说:"心,一心也,理,一理也,至当归一,精义无二,此心此理实不容有二。"这就是说,人人的心只是一个"心",宇宙的理只是一个"理",从最根本处说只是一个东西,不可能把心与理分开,所以心就是理。那么什么是"心"?陆象山所谓的"心"又叫"本心",

他解释"本心"说："恻隐，仁之端也；羞恶，义之端也；辞让，礼之端也；是非，智之端也；此即是本心。""本心"即内在的善性。"本心"不仅是内在的善性，而且是超越的本体。照象山的弟子看"象山之学"是"道德、性命、形上的"，所以如此，盖因象山以"人心至灵，此理至明，人皆有是心，心皆具是理"。因此，"本心"并不受时空的限制，"万物森然于方寸之间，满心而发，充塞宇宙，无非此理"。"心"既是内在的又是超越的，故"理"也既是内在的又是超越的。

王阳明继象山之后，倡"心外无理"，此当亦基于其以"心"为内在而超越的，"理"亦为内在而超越的，如他说："心即理也，此心无私欲之蔽，即是天理，不需外面添一分。"人之为人如不被私欲所蒙蔽，即可充分发挥其内在的本性（良知）而达到超越境界，这是不需要任何外在超越力量所强制的。盖儒家学说无非教人如何"成圣成贤"，即寻个所谓"孔颜乐处"。照王阳明看，如果人能致其良知，则可达到圣人的境界，他说："自己良知原与圣人一般，若体认得良知明白，即圣人气象不在圣人而在我矣。""体认得良知"即可超越自我而与圣人同，所以他说："良知是造化的精灵，这些精灵，生天生地，成鬼成帝，皆从此出，真是与物无对，人若得他完完全全，无少亏欠，自不觉手舞足蹈，不知天地间更有何乐可代。"充分发挥良知、良能即是圣人，即入天地境界（借用冯友兰先生《新原人》用语），此天地境界是即世间又超世间的。如何达到此超越的天地境界，照王阳明看，盖因"知（按：指'良知'）是心之本体，心自然会知，见父母自然知孝，见兄自然知悌，见孺子自然知恻隐，此便是良知，不假外求"。"良知"是人所以为人者的内在本质，不是由外在力量给予的。因此必须靠自己的力量来使之充分发挥作用，这样才能达到圣人悟道的超越境界，阳明说："道之全体，圣人亦难与人语，需是学者自修自悟。"（以上王阳明语均见《传习录》）可见王阳明的"心外无理"，亦当基于其"心"为内在而超越的，故其"理"亦为内在而超越的，其哲学体系也是以"内在超越"为特征的。

总上，程朱与陆王学说入手处虽不同，然其所要论证者均为天道与性命合一，以内在超越为特征的哲学体系。

论道家哲学中的内在性与超越性　如果说先秦儒家（主要指孔子和孟子）是以道德理想的提升而达到超越自我和世俗的限制，以实现其超凡入圣的"天人合一"的境界，那么先秦道家（主要指老子和庄子）则是以其精神的净化而达到超越自我和世俗的限制，以实现其对自由的精神境界的追求。如果说先秦儒家采取的是一种积极肯定人生、提高道德学养的方法来实现其超越，那么先秦道家则是以消极否定人欲、减损人为的方法来实现其超越。先秦儒家和道家的两种超越，虽不相同，但他们的哲学都是以"内在超越"为特征，同样表现了与西方哲学的不同。

老子的著作所以叫《道德经》或《德道经》，盖所谓"道"其本为超越性的，所谓"德"其本为内在性的，"德"即"人"得之于"道"的内在本质。我们知道，对老子的"道"向有不同的解释，这是很自然的。我想，这正是由于在两千多年前的老子还不可能对"道"这一概念给出一个明确的定义，特别更因为"道"本是形而上的，是不可道的，故老子说："道可道，非常道。"人们说出的"道"已经不是超越性的本体之"道"了。不过我们研究老子的哲学思想总得有所说。如果要对老子的"道"有所说的话，那么我认为他的"道"的含义是指超越性的永恒的普通原则或天地万物之本体。《老子》第一章中说："道可道，非常道……玄之又玄，众妙之门。"此谓"道"为超越性之本体也。第二十五章中说："人法地，地法天，天法道，道法自然。"此谓"道"为自然而然的普遍法则也。第二十五章说："孔德之容，唯道是从。"孔者，大也，是至大无外的意思，这就是说无所不包的天地万物是根据"道"而存在的。人为天地万物之一，所以人之"德"（人之所以为人者）也是得之于"道"，它是人的内在本质。照老子看，人可以依其内在本质（德）而达到超越自我与世俗之限制，他说："从事于道者，同于道……同于道者，道亦乐得之。"根据"道"的要求来净化自己，这样就可以达到与"道"同体的超越境界。故王弼注说："道以无形无为成济万物，故从事于道者，以无为君，不言为教，绵绵若存，而物得其真，与道同体，故曰同于道。"因此，人必须效法"道"的自然无为，排除违反自然本性的知识和欲望，而得以保存人之真性（即内在之本质），才可以达到与"道"同体的超越境界。

照老子看，在人排除了一切人为的东西之后，这样一切世俗的东西都被消解了，得到了净化，"无私无欲"，无所牵累，而成为精神上自由的人，这就是老子所说的与"道"同体的"无为而无不为"的精神境界。老子说"道常无为而无不为"，王弼注"顺自然也"，"万物无不由之以始以成也。"用冯友兰先生《新原人》的四种境界说来分析老子的思想，我们也许可以这样解释，人本来处于"自然状态"，这种"自然状态"本来是合乎人的本性的，因而也是合乎"道"的，但这种状态是人的一种"自在"状态，是没有自觉的，故并未超越。如果经过对功利境界和道德（如仁义等）的否定，而后觉悟到应该恢复到"自然状态"，这当然从人生境界上说就和原来的"自然状态"完全不同了，这是经过精神的升华和净化而对"道"有极高的觉解的境界，这就是超越一切世俗限制的与"道"同体的天地境界。要达到这种与"道"同体的超越境界完全靠自己内在本性（德）的升华，老子的升华不是要肯定什么，而是要否定世俗的一切，净化自我。因此，老子哲学无疑也是一种以"内在超越"为特征的哲学。

《庄子》书中的第一篇叫《逍遥游》，这篇的主旨是讨论人所追求的最高境界应是一种精神上自由的超越境界。第二篇《齐物论》以及《大宗师》等篇则是讨论人如何才能达到这种精神上自由的超越境界。照庄子看，大鹏击水三千，扶摇九万，列子御风，日行八百，看起来的确够自由的，但实际上并不完全自由。大鹏击水三千，飞行九万，都需要广大的空间；列子日行八百里，又得靠风力，都是"有待"（有所待，即要有一定的外在条件），因此只有"无待"（无所待，即不要靠任何外在条件）才能达到真正自由的超越境界。所谓"无待"只是说不要任何外在条件，并不是说内在条件也不要。在《逍遥游》中说："若夫乘天地之正，而御六气之辩，以游无穷，彼且恶乎待哉！故曰：至人无己，神人无功，圣人无名。"分析起来，这几句话中大概有三个问题需要说明。第一，庄子认为"至人"（按："至人""神人""圣人"在此处名虽不同，实则为一）是"无待"的，"彼且恶乎待"，他们还有什么要依待的呢？这是庄子要得到的结论。第二，那么"乘天地之正"，"御六气之辩"岂不是仍有所待吗？其实庄子这里所说的"乘天地之正""御六气之辩"并非说的"至人"要靠什么外在条件，而是说的一种心理活动，要求以内在的精神力量，超越外在条件的限制，以达到天地境界。因为顺应自然的规律，把握六气的变化只能由人的主观精神力量来实现。第三，为什么"至人"可以用自己内在的精神力量超越外在条件的限制？盖因"至人无己，神人无功，圣人无名"。所谓"无己"就是《齐物论》中说的"吾丧我"，这是说让真正的自我从功名利禄、是非善恶，直至自己的形骸的限制解脱出来，而达到"与天地精神独往来"的精神境界。所谓"无功"即言"无为"，与老子的"无为"大体相当，即破除一切人为的限制，消解世俗一切的束缚。所谓"无名"意谓无所追求，超世越俗，无莫与适，《刻意》篇中说："圣人之生也天行，其死也物化……去知与故，循天之理……虚无恬淡，乃合天德。"圣人当一切顺应自然。可见，"无己""无功""无名"均有"无待"义，即都是说"至人"等要达到逍遥游放的目的，就必须去掉一切外在的限制，靠自己的精神力量，"以游无穷"。所谓"游无穷"者，即游于"无何有之乡"也。

《齐物论》开头有一段南郭子綦与他的弟子颜成子游的一段对话：

> 南郭子綦，隐机而坐，仰天而嘘，答焉似丧其耦。颜成子游立侍乎前，曰："何居乎？形固可使如槁木，而心固可使如死灰乎？今之隐机者，非昔之隐机者也。"子綦曰："偃，不亦善乎，而问之也！今者吾丧我，汝知之乎，汝闻人籁而未闻地籁，汝闻地籁而未闻天籁夫！"

这段话涉及的问题很多，但与本题有关可以注意之点有二：第一，南郭子綦作为一位隐士，他达到了一种"答焉似丧其耦"的境界，即进入了一种超越对待的忘我境界，这种"形如枯木""心如死灰"的境界使他的弟子颜成子游大吃一惊而发问，而南郭子綦把这种境界叫作"吾丧我"的境界；第二，"吾丧我"的境界是一种什么样的境界呢？南郭子綦并未正面回答，而用"人籁""地籁""天籁"的不同来启发他的弟子的觉悟。关于"人籁""地籁""天籁"的不同此处不能详细讨论，但从南郭子綦对"天籁"的说明可以看出，他所强调的是由《齐物论》一章要求取消对人的主体的一切外在限制，可以看出庄子认为大小、美丑、是非等等都是人为的外在对待，是一种似是而非的意见，是自己把自我束缚在世俗之中的精神枷锁，必须超越这些相待，才能达到"天地与我并生，万物与我为一"的自由自在精神境界。《齐物论》最后一段讲了一个"庄周梦蝶"的故事，他说：

> 昔者庄周梦为蝴蝶，栩栩然蝴蝶也，自喻适志与！不知周也。俄然觉，则蘧蘧然周也。不知周之梦为蝴蝶与，蝴蝶之梦为周与？周与蝴蝶，则必有分矣，此之谓物化。

庄周与蝴蝶虽必有分，这只是形体上之分，故不必执着这个分别，如执着这种分别，那就不能外生死、齐是非，而陷于把自己和天地万物对立起来，这如何得以自由自在，使自己达到超越的精神自由的境界呢？要超越外在的一切，首先必须超越有限的自我限制，以达到"吾丧我"或"无我"的境界。

如何达到"吾丧我"或"无我"的境界？这就是《大宗师》中所说的要"坐忘"和《人间世》所说的"心斋"。所谓"心斋"就是要做到"徇耳目内通，而外于心知"，这样才可以达到超越内外限制的纯粹自由的精神境界。而无论"坐忘"还是"心斋"都是一人的主体的内在自觉活动，由此可见庄子哲学也是以"内在超越"为特征的。

先秦老庄思想对中国思想文化影响甚巨，它的这种以"内在超越"为特征的思维模式不仅影响了魏晋玄学（参见拙作《论魏晋玄学中的内在性与超越性问题》），而且在一定程度上影响了中国化的佛教禅宗（特别是庄子思想对禅宗影响更大），如禅宗否定一切对身心内外的束缚，当然和佛教本身的教义有关，但应该看到它也深深地打上了老庄"自然无为"思想的烙印（详下）。道教思想虽和先秦以来神仙家以及两汉儒家、阴阳五行等学说有关，但和道家的思想更有直接关系。道教的超世游仙思想深深影响着中国的士大夫。而道教的神仙思想则以"我命在我不在天"立论，其方法（功夫）则靠所谓内丹或外丹的修炼，就这点说它也不能不说与老庄"内在超越"思想无关。因此，我认为分析和研究老庄思想的"内在超越"问题对研究中国哲学与宗教十分重要。

论禅宗思想中的内在性与超越性　至隋唐佛教发展到顶点，宗派林立，而有天台、华严与禅宗均渐与中国文化相会合，成为中国化之佛教宗派。盖中国文化以儒道两家为基石，儒家之心性修养学说，道家自然无为之思想，对禅宗影响最大。为证明禅宗思想也是以"内在超越"为特征，我写了《论禅宗思想中之内在性与超越性》一文。

照禅宗看，成佛解脱的道理和路径本来在自己的本心之中，不必外求，而文字、坐禅、拜佛等均是外在的东西，如执着这些外在的东西就是"着相"。故《坛经》中说："本性自有般若之智，自用智慧观照，不假文字。"禅宗的大师们不仅认为文字不必要，甚至语言对得道成佛也是无益的。有人问文益禅师："如何是第一义？"文益回答："我向汝道，是第二义。"佛法是不可说的，说出的佛法已非佛法本身。那么用什么方法引导人们觉悟呢？照禅宗看，几乎没有什么方法能使人悟道，只能靠自己的觉悟。不过禅宗有时也有一些特殊方法，如棒喝之类，而这些办法只是没有办法的办法，它不过是一种破除执着的特殊方法。人们常因有所执着而迷失本性，必须对之大喝一声，当头一棒，使之幡然觉悟，自证佛道，故其目的也只是打断人的执着，解黏去缚，一任本心。义玄的老师在其《传法心要》中说："此灵觉性……不可以智慧解，不可以语言取，不可以景物会，不可以功用到，诸佛菩萨与一切蠢动众生同大涅槃，性即是心，心即是佛，佛即是法。"人所具有的这一灵觉性，既然不能用知识、语言、文字等等使之得到发挥，因此只能用一棒一喝打破执着，使之默然无对，而达到心境两忘的超越境界。

照禅宗看，成佛之道既然要打破一切执着，自然坐禅也非必要。有慧稜禅师二十余年坐破了七个蒲团，仍然未能见性，直到一日，偶然卷帘时，才恍然大悟，便作颂说："也大差，也大差，卷起帘来见天下，有人问我解何宗，拈起拂子劈头打。"慧稜坐禅二十余年，均为坐禅所束缚，故不得见性，一日偶然卷起窗帘见三千大千世界原来如此，而得识心见性，解黏去缚，靠自己豁然贯通而觉悟了。慧稜颂中"卷起帘来见天下"是他悟道的关键，因照禅宗看，悟道成佛不是故意做着，而是一切听任自然，在平常生活中见道，就像"云在青天水在瓶"那样，自自然然，平平常常。无门和尚有颂说："春有百花秋有月，夏有凉风冬有雪。若无闲事挂心头，便是人间好时节。"禅宗这种一切听其自然是基于"平常心是道心"，在平常心之外再没有什么"道心"，在平常生活之外再不需有什么特殊的生活，如有此觉悟，内在的平常心就是超越的"道心"。因此，得道成佛全靠自己觉悟，根本不需要外在的超越力量帮助。基于此，禅宗否定了拜佛，它认为每个人本来就是佛；哪里还另外有佛呢？《坛经》中说："佛是自性作，莫向心外求。自性迷，佛即众生；自性悟，众生即佛。"从禅宗的这些说法看，可知其基本思想可归结为两个基本命题："识心见性"和"见性成佛"。

在《坛经》中"心"和"性"没有太大区别，未如宋儒那样有所区别，都是指每个人内在的生命主体，它本来清净、空寂，是超越于现象界，但它可以呈现出种种心理的、物理的现象，如《坛经》中说："心量广大，犹如虚空……虚空能含日月星辰，大地山河，一切草木，恶人善人，恶法善法，天堂地狱，尽在空中，世人性空亦复如是。"善与恶、山河大地、天堂地狱、草木虫鱼等等都是因"心"之"思量"作用而从自性中变现出来的，都离不开空寂之自性，就像万事在虚空中一样。如果人的心性迷失了就不能见自性，只能是凡夫俗子；如果人的心性常清净，就是见自性，即是佛菩萨。《坛经》中说："我心自有佛，自佛是真佛；自若无佛心，向何处求佛。"可见，禅宗全以自己的心的觉悟与否作为"超凡入圣"之标准。那么人如何能"识心见性""见性成佛"呢？为此禅宗提出了一条直接简单的修行法门。《坛经》中说："我此法门，从上以来，顿渐皆立，无念为宗，无相为体，无住为本。"所谓"无相"，是说对一切现象不要去执着（离相），因为一般人往往执着现象以为实体，如以为坐禅可以成佛，那就是对坐禅有所执着，这是"取相着相"。"取相着相"障碍自性，如云雾覆盖明净的虚空一样。如能"于相离相"，则可顿见性体之本来清净，就像云雾扫除干净而现净明虚空。所谓"无住"，是说人的自性本来是念念不住的，前念、今念、后念是相续不断的，如果一旦停留在某一物上，那就不能是念念不住，而是念念即住了，这样"心"就被束缚住了，"心不住法即通流，住即被缚"。如能对一切事物念念不住，过而不留，如雁过长空，不留痕迹；放过电影，一无所有，这样就不会被束缚，"是以无住为本"。所谓"无念"，不是"百物不思，念尽除却"，不是对任何事物都不想，而是在接触事物时，心不受外境的任何影响，"不于境上生心"。如果能"于诸境上心不染"，这样就可以不受外境之干扰，虽处尘世，却可无杂无染，来去自由，自性常清净，自成佛道。以上所说"无相""无住""无念"实均一心之作用，迷与悟均在一念之间，故成佛之道当靠顿悟。由此可见，禅宗无论所追求之成佛境界或成佛之途径均表现其以"内在超越"为特征。

中国禅宗虽仍为佛教，但它属于中国之思想传统而有别于印度佛教，所以它也和中国的儒家和道家哲学一样是以"内在超越"为特征。禅宗之"心性学说"之所以深深影响宋明理学（特别是陆王心得）正在于其思想的内在超越性。如果说以"内在超越"为特征的儒家哲学所追求的是道德上的理想人格，超越自我而成"圣"，以"内在超越"为特征的道家哲学所追求的是个人的身心自由，超越自我而成"仙"（按：此处借用道教的"神仙"意，所谓"仙"即《庄子》书中之"至人""神人"），那么，以"内在超越"为特征的中国禅宗则是追求瞬息永恒的空灵境界，超越自我而成"佛"。

中国哲学的儒道释三家学说均以"内在超越"为特征，这种哲学的价值何在？照我看，这种哲学的价值正在于把"人"看成是具有超越自我和世俗限制能力的主体，它要求人们向内反求诸己以实现"超凡入圣"之理想，而不要求依靠任何外力。人具有"超凡入圣"的内在本质，故人自己应是自己的主宰，人的一切思想行为全靠自己的自觉性，而达到理想的人生境界。因此，中国哲学要肯定的是人的内在价值和实现其"超凡入圣"的能力，在儒家看来，这种品质和能力来自"良知""良能"，以提高道德修养，而达到"同天"的境界。在道家看，人的这种品质和能力来自"顺应自然"，无为无我，而达到精神自由的境界。在禅宗看，人的这种品质和能力来自"佛性"和

"顿悟"，而达到"涅槃"境界。这种重视人的内在价值的哲学对于治理今日社会一味追求金钱、权力、名位以及无止境的外欲无论如何是有其正面的积极意义的。金钱、权力、名位和物欲对人来说都是外在的东西，对这些无止境地攫取，必然引起人与人之间的争夺。目前世界的动荡不宁、战乱纷起无非都是由争权夺利引起的，这样发展下去对人类社会是不会带来幸福和安宁，相反必使人类社会日益陷入困境。如果我们更倡导人们应靠自身内在价值的提升，反求诸己，也许可以有助于克服目前世界的纷乱局面。当然，我这里只是说，以"内在超越"为特征的哲学可能会有助于解决目前人类社会存在的问题，可是，我也并不以为这是唯一可以解决人类社会存在问题的灵丹妙药，因为世界存在的问题是复杂的，它似乎得了多种病的并发症，可能要用多种方法来医治，也许中西医结合的综合治疗更为有利。

在我们讨论了以"内在超越"为特征的中国哲学对今日人类社会可能起的积极作用之后，我认为，我们也应该讨论一下这种哲学是否也存在它自身不能克服的问题。关于这个问题，我曾在那一组讨论中国哲学的内在性和超越性的文章中提到。在四百年前，有一位天主教的耶稣会士利玛窦来到中国，他在中国住了二十多年，对中国文化有相当的了解，并且也深深爱上中国文化，但他在《天主实义》中有一段话，似乎我们可以注意："吾窃贵邦儒者，病正在此常言明德之修，而不知人意易疲，不能自勉而修；又不知瞻仰天主，以祈慈父之佑，成德者所以鲜见。"这个看法或可以说看到了中国哲学存在问题的一面。利玛窦虽然批评的是儒家，但以"内在超越"为特征的道家和禅宗也应在其批评之列。盖中国哲学与西方哲学和宗教很不相同，古希腊哲学在柏拉图、亚里士多德那里大体上都是把世界二分为超越性的本体世界和现实世界，近代自笛卡儿以来也以世界为二分，因此西方哲学的主流多有一个外在于人的世界，至于基督教更是要有一个外在的超越性的上帝，这与中国哲学不把世界看作是外在于人的很不相同。利玛窦用另外一种眼光来批评中国哲学，也许不是没有道理，"不识庐山真面目，只缘身在此山中"。当然，我们也可以讨论这个看法是否正确，不过我个人认为，利玛窦的看法不是没有道理的。照利玛窦的看法，仅仅靠人自身的内在精神的发挥是很难使人人都达到完满的超越境界的，必须有一外在的超越力量来推动，因此应有对上帝的信仰或对某种超越力量的崇拜。照我看，个人的精神境界可以靠其内在的精神力量来实现，但整个社会并不能因此就成为合理的、健康的社会；要使一个社会较为合理和健康，还得有另一套东西来配合，这就是必须建立一套客观的行之有效的公正政治法律制度。以"外在超越"为特征的西方哲学和基督教应该说对建立客观有效的政治法律制度更适合。盖因西方哲学要求有一外在的客观准则，基督教把上帝视为一外在的至高无上的超越力量，并提出"在上帝面前人人平等"，因此在罗马帝国基督教最盛之时，也建立了一套对后来西方社会有重要影响的"在法律面前人人平等"的理论和制度。看来，中国哲学更加适合"人治"的要求，而西方哲学则更有利于建立"法治"。面对现代社会，我们是否应该在发展以"内在超越"为特征的哲学的同时，也引进或建立一套以"外在超越"为基础的哲学理论呢？我认为这是必须考虑的。对人类社会说，人们除了应要求以其内在精神来提升自己而达到"超凡入圣"的境界，同时也应承认有一种外在的超越力量可以帮助或推动人们达到"超凡入圣"的境界。这不仅因为以"外在超越"为特征的西方哲学和宗教曾对人类文明作出过积极的贡献，而且这种哲学和宗教对建立较为合理的政治法律制度有重要的意义。如果以"内在超越"为特征的中国哲学能充分吸收并融合以"外在超越"为特征的哲学和宗教以及与之相适应的政治法律制度，使中国哲学能在一更高的层次上自我完善，也许它会更加适合现代社会生活发展的要求。如果东西哲学能在更高的层次上构成包含着以"内在超越"为特征的中国哲学和以"外在超越"为特征的西方哲学，那么东西哲学不但可以以多种形式相会合，而且将使人类的哲学能在更高的水平上得到发展。

　　建立一包含"内在超越"和"外在超越"的中国哲学体系是否可能，这需要回答两个问题：一是中国哲学是否能较为充分地吸收西方哲学和某些西方宗教精神；另一是中国哲学本身是否有"外在超越"的资源。对于前一问题，我在讨论佛教传入中国的历史经验已经论述过，兹不赘述。关于后一问题，我认为在中国传统哲学也有若干"外在超越"的理论。本来在孔子思想中就有两个方面：一方面有"为仁由己""人能弘道，非道弘人"；另一方面也有"畏天命，畏大人，畏圣人之言"的说法。前者为孔子思想中"内在超越"的方面，后者为孔子思想中"外在超越"的方面（或者说它表现了孔子思想中某种"外在超越"的因素），而且这方面还有着更为古老的传统。但是，后来儒家发展了前一方面，而后一方面没有得到应有的发展。如果历史的发展不是如此，而是在孔子思想中的两个方面能得到平衡发展，而又能相互补充和结合，那么今日中国的文化也许会更加丰富。因此，现今我们是否能在充分吸收以"外在超越"为特征的西方文化，并在这基础上把中国文化（中国哲学）发展成为一包容"内在超越"与"外在超越"的思想体系呢？我认为，这不仅是可能而且是必要的。我们知道，在春秋末期比孔子稍晚的墨子，他的哲学也许可以说是一种以"外在超越"为特征的哲学体系。墨子哲学是由两个相互联系的方面组成：一是具有人文精神的"兼爱"思想；另一是具有宗教性的"天志"思想。这两方面看起来似乎有矛盾，但在墨子哲学体系中却认为"兼爱"是"天"的意志的最根本表现，所以"天志"应是墨子哲学的核心。墨子的"天志"思想认为"天"是有意志的，它的意志是衡量一切事物的最高和最后的标准，人应该上同于"天"，"天"具有赏善罚恶的力量，它是一外在于人的超越力量，也就是说它具有明显的外在超越性。墨子这种哲学思想较之儒家或道家思想具有较多的外在客观性。因此，墨子哲学发展到后期墨家就包含着比较多的科学和逻辑学、认识论的因素，同时它又对于建立较为客观的政治法律制度有利。可惜在我国战国以后墨家思想没有得到发展而逐渐衰亡了。如果我们对墨家哲学作认真的研究并加以发展，那么它是否也可以成为我们所希望建立的包含"内在超越"与"外在超越"的中国哲学的资源呢？我认为应该是可能的。总之，以"内在超越"为特征的中国哲学对人类社会无疑是具有特殊贡献的，这应为我们所肯定，但对它存在的问题和不足，也应该有所认识，以便我们在发挥它的优点的同时也能克服或补其不足，使中国哲学在今日世界中发挥更为积极的作用。

我在这里提出的建立一包含"内在超越"和"外在超越"的中国哲学只是一个设想，这种较之传统中国哲学包容性更广的哲学体系的建立绝不是一朝一夕可以完成的，很可能要经过若干次失败，在出现若干种不同形式的体系之后，才能形成比较圆满的中国哲学，这也许就是中国哲学的第三期发展吧！

（三）内圣外王之道

我在《论中国传统哲学中的真、善、美问题》《儒学能否现代

化》以及几篇讨论中国传统内在超越问题之论文中都谈到应给儒家学
说以定位，因为儒家学说不可能解决今日社会的所有问题，可是我们
应找到在对它作了现代诠释的条件下，它对今日社会在哪个或哪些方
面可以起重要作用。照我看，儒家学说中最有意义的部分就是"教人
如何做人"。因此，我并不认为儒家学说可以解决人类社会发展的一
切问题，如果那样要求反而会使儒家学说中对今日最有意义的部分被
埋没了。

在《论中国传统哲学中的真、善、美问题》中，我对儒家学说的
正面价值作了充分肯定的同时，也提到儒家学说存在若干问题，即
"空想的理想主义""实践的道德观念""求统一的思维方式"和
"直观的理性主义"等，并对之作了一些批评。但我后来在研究的过
程中，越来越感到"内圣外王之道"可能是中国传统哲学存在的最大
问题。1987年我写了一篇文章题为《论儒家的境界观》刊于是年《北
京社会科学》杂志中，后又收入《中国传统文化中的儒道释》，此后
我在其他论文中也讨论过这个问题。

在我阅读一些近现代重要思想家的著作时，他们大都认为"内圣
外王之道"是中国思想之精华所在，例如梁启超说："'内圣外王之
道'一语包举中国学术之全体，其旨归在于内足以资修养而外足以经
世。"（《庄子天下篇释义》）熊十力在《读经示要》中据《大学》
首章而对"内圣外王之道"也有一种解释。熊先生根据《大学》以
"修身"为本，以"格物""致知""正心""诚意"为"内圣"功
夫，"齐家""治国""平天下"为"外王"功夫，接着他说："君
子尊其身，而内外交修，格、致、正、诚，内修之目也。齐、治、
平，外修之目也。国家天下，皆吾一身，故齐、治、平皆修身之事。
小人不知其身之大而无外也，则私其七尺以为身，而内外交修之功，

皆所废而弗讲，圣学亡，人道熄矣。"梁启超和熊十力都认为"内圣"与"外王"是统一的，可以而且应该由"内圣"而"外王"，而有一完满的"内圣外王之道"的政治哲学理论。特别是熊十力据《大学》论格、致、正、诚、齐、治、平"一皆是以修身为本"，而得出"内圣"必可"外王"的理论。冯友兰写了一本书叫《新原道》，这本书又名《中国哲学之精神》，在此书《绪论》中说："在中国哲学中，无论哪一派哪一家，都自以为讲'内圣外王之道'。"最后的《结论》中又说："所以圣人，专凭其是圣人，最宜于作王。如果圣人最宜于作王，而哲学所讲底又是使人成为圣人之道，所以哲学所讲的就是'内圣外王之道'。"因此，在冯友兰"新理学"体系中，其《新世训》一书最后一章叫《应帝王》，其最后一句说："欲为完全底领袖者，必都需以圣王为其理想的标准。"这就是说，"圣人"最宜于做"帝王"。看来，梁启超、熊十力、冯友兰都试图揭示中国哲学之价值所在，而且我认为他们确实抓住了中国传统哲学之精神。但是"内圣外王之道"作为一种政治哲学理论是否正确，是否对今日社会仍有意义，这就是另一问题了。

　　无疑中国传统哲学中的儒、道、释（中国化的佛教禅宗）均讲"内圣外王之道"，都以此作为他们达到理想社会的根本办法。从现存史料上看，"内圣外王之道"最早见于《庄子·天下》篇，现录其文于后：

　　　　天下之治方术者多矣，皆以其有为不可加矣。古之所谓道术者，果恶乎在？曰："无乎不在。"曰："神何由降？明何由出？"曰："圣有所生，王有所成，皆原于一。"……其在于《诗》《书》《礼》《乐》者，邹鲁之士，搢绅先生，多能明

之……其数散于天下而设于中国者，百家之学时或称而道之。天
下大乱，贤圣不明，道德不一，天下多得一察焉以自好。譬如耳
目口鼻，皆有所明，不能相通。犹百家众技也，皆有所长，时有
所用。虽然，不该不偏，一曲之士也。判天地之美，析万物之
理，察古人之全，寡能备于天地之美，称神明之容。是故内圣外
王之道，暗而不明，郁而不发，天下之人各为其所欲焉以自为
方。悲夫，百家往而不反，必不合矣！后世之学者，不幸不见天
地之纯，古人之大体，道术将为天下裂。

照《庄子·天下》篇的看法，"内圣外王之道"本应是天下之治
道术者所共同追求的，但因百家纷争，道术不行，天下大乱，而使之
暗而不明，郁而不发，这是很不幸的事。由此可见，《天下》篇的作
者认为，古代之治道术者皆以"内圣外王之道"为鹄的。照我看，这
种"内圣外王"的思想大概也不是始于战国中晚期之《天下》篇。从
儒家说，孔子的思想中已包含"圣王"的观念，例如他把尧舜视为
"圣王"，他们所行的就是"内圣外王之道"，孔子说"大哉，尧
之为君也，巍巍乎唯天为大，唯尧则之"云云。孔子的弟子曾把孔
子比作尧舜，宰我说："夫子贤于尧舜。"在《墨子·公孟》篇中
有一段记载："公孟子谓墨子曰：昔者圣王之列也，上圣列为天子，
其次列为大夫。今孔子博于诗书，察于礼乐，详于万物，若使孔子当
圣王，则岂不以孔子为天子哉！"这就是说，像孔子那样具有圣人品
德的人，岂不是应该当帝王了吗？在《荀子·解蔽》中为"圣王"下
了一定义："圣也者，尽伦者也；王也者，尽制者也。两尽者，足为
天下极矣，故学者以圣王为师。"因此，荀子的弟子常歌颂他们的老
师"德若尧舜，世少知之"，"其知圣明，循道正行，是以为纲纪。

呜呼，贤哉！宜为帝王"。可见"内圣外王"之观念在先秦已相当流行了。从中国历史上看，所幸的是无论孔子和荀子都没有成为"帝王"，否则中国历史上就没有大思想家孔子和荀子了。

在我那篇《论儒家的境界观》中只讨论到儒家"内圣外王之道"之得失，而没有涉及道家和中国化的佛教禅宗，在这里我将对道家和禅宗关于"内圣外王之道"的问题作点介绍。

"内圣外王之道"首见于《庄子·天下》篇，并《庄子》之内篇在《应帝王》一篇，郭象之解题谓："夫无心而任乎自化者应为帝王。"就是说，能任自然无为者可以做帝王。此篇最后有个故事颇能说明庄子的思想："南海之帝为儵，北海之帝为忽，中央之帝为浑沌。儵与忽时相与遇于浑沌之地，浑沌待之甚善。儵与忽谋报浑沌之德，曰：'人皆有七窍以视听食息，此独无有，常试凿之。'日凿一窍，七日而浑沌死。"郭象注："为者败之。"盖庄子以顺自然无为者应为帝王，儵与忽不知，而使中央之帝死。故可知，按庄子之理想，本来"内圣"（即庄子所谓之至人、神人等）是应为"外王"的，如帝王能任自然无为，其所行即"内圣外王之道"。其实早于庄子之老子所主张的圣人"无为而无不为"，更能体现道家"内圣外王"之思想。我们知道，老子不仅有一小国寡民之理想社会的蓝图，而且他提出只有"圣人"才可以实现他所提倡的理想社会，《老子》第五十七章中说："故圣人云：我无为，而民自化；我好静，而民自正；我无事，而民自富；我无欲，而民自朴。"这就是老子为帝王设计的一套治理国家的方略，他企图用一种否定方法达到肯定的目的，这就是"无为而无不为"的"内圣外王之道"了。

魏晋玄学继承老庄思想，同样提倡"内圣外王之道"，王弼的《论语释疑》注"大哉，尧之为君"一条谓："圣人有则天之德，

所以称唯尧则之者，唯尧于时全则天之道也。荡荡，无形无名之称
也。……故则天成化，道同自然，不私其子而君其臣，凶者自罚，
善者自功，功成而不立其誉，罚加而不任其刑，百姓日用而不知其所
以然，夫又何可名也！"此尧帝俨然一道家圣王了。郭象《庄子序》
明确地说他注《庄子》的目的，是要"明内圣外王之道"。郭象《庄
子注》内七篇，如果说前三篇的重点在说明"上知造物者无物，下知
有物之自造"，那么后四篇的主旨则是围绕着"内圣外王之道"展
开。从后四篇的篇目注可以看出，在魏晋玄学中遇到的最大问题是如
何调和"名教"与"自然"之间的矛盾，如何能做到不废"名教"而
"任自然"。这就要在"名教"与"自然"之间找到两者可以沟通的
桥梁。照郭象看只要能做到"不离世间而无累于世"，"德充于内而
应物于外"，故"无心而顺有者应为帝王"。"无心"则"德合自
然"，"顺有"则可不废名教，理想的行"内圣外王之道"的社会，
并不要在超现实世界中实现；最高人格之"圣王"并不需要离世间，
而应是"游内以弘外"者。这就是郭象所发挥的"内圣外王之道"
了。而郭象这一思想实对宋明理学有着深刻影响。兹不赘述。

中国化的佛教实际上也讲"内圣外王之道"，契嵩本《坛经》有
一颂谓："……恩则孝养父母，义则上下相怜，让则尊卑和睦，忍则
众恶不喧……菩提只向心觅，何劳向外求玄，听说依此修行，天堂只
在眼前。"照禅宗看，你只修养自己的心性，现实世界就是你的"天
堂"。所以宗杲大慧禅师说："世间法即佛法，佛法即世间法。"佛
教的道理就是人世间一般人生活的道理，一般人世间生活的道理也就
是佛教的道理。这里可以注意的是，禅宗不再排斥"忠君""孝父"
了。大慧禅师说："予虽学佛者，然爱君忧国之心，与忠义士大夫
等。"又说："学不至，不是学；学至而用不得，不是学；学而不能

化物，不是学；学到彻头处，文亦在其中，武亦在其中，理亦在其中，忠义孝道乃至治身治人定国安邦之术，无不在其中。"慧寂回答灵祐问也说："仁义道中，与和尚提瓶挈水，亦是本分事。"这就是说，禅宗修到底，不仅不排斥"仁义""忠孝"等等，而且认为修道正是为了"治国"。那么是否说禅宗要人们去刻意追求"忠君""孝父"呢？那也不是的。照禅宗看，如果刻意追求什么，就必然为所追求者束缚而不得解脱，但是如果刻意否定什么，也将为所否定所束缚而不得解脱。因此，一切应顺应自然。就这方面看，禅宗是颇受老庄道家思想影响的。如果一切顺应自然，那么，"父慈子孝""君义臣忠"本来也是人之天性的流露，故既不必去刻意追求，也不必去刻意否定，所以大慧禅师说："父子天性一而已，若子丧而父不烦恼，不思量；如父丧而子不烦恼，不思量，还得也无？若硬止遏，哭时又不敢哭，思量时又不敢思量，是特欲逆天理，灭天性，扬声止响，泼油止火耳！"人不要刻意去做什么，想要哭的时候，又不敢哭；想要笑的时候，又不敢笑，这都是有所执着，不仅违背"天理"，也是违反"人性"。因此，禅宗认为，人生活在世俗之中，不应违背世俗的道理，可又不要为世俗的道理所牵累，既可不离世间，而又可超越世间，既可是"佛祖"，又可是"帝王"，此或为禅宗所追求之"内圣外王之道"也。

关于道家和中国化的佛教禅宗与"内圣外王之道"的关系，我想只简单地谈这些了。我在那篇《论儒家的境界观》中主要是批评儒家的"内圣外王之道"。因为相比较而言，儒家的"内圣外王之道"是一套相当系统的政治哲学理论，一直到今天它对中国社会都有很大影响。在上述那篇文章中，我提出应为儒学在今日的价值找个适当的定位。我认为，儒家的"内圣"之学无疑对今日社会具有特殊的价值；

而"内圣外王之道"则不能不说包含着某种严重的弊病。为此我引用了两段话以证明我的观点：一段是《论语》中所记载孔子对他的一生的描述；另一段是《大学》首章中之一段。

> 吾十有五而志于学，三十而立，四十而不惑，五十而知天命，六十而耳顺，七十而从心所欲不逾矩。

> 古之欲明明德于天下者，先修其身；欲修其身者，先正其心；欲正其心者，先诚其意；欲诚其意者，先致其知，致知格物。格物而后知至，知至而后意诚，意诚而后心正，心正而后身修，身修而后家齐，家齐而后国治，国治而后天下平。自天子以至庶人，一是皆以修身为本，其本乱而末治者否矣。

我认为这两段话有其不同的意义，前者为一种道德哲学或人生境界学说；后者为一套政治哲学或者说是社会政治理想。个人的人生境界只是关于个人的道德和学问的提高，而社会政治理想的实现则必须有一套合理的客观有效的制度。前者是如何成圣成贤，"超凡入圣"的问题，后者是企图把"圣人"造就成"圣王"，而由"圣王"来实现社会政治理想，这就是儒家的"内圣外王之道"。

但是，照我看，靠个人的道德学问的提升，求得一个个人的"孔颜乐处"或者可能；但是光靠着个人的道德学问的提高，把一切社会政治问题都寄托在"修身"上，是不可能使社会政治成为合理的客观有效的理想社会政治的。

孔子说的"十有五而志于学"一段可以说是总结他个人一生为学修身的过程，或者这是儒家的"超凡入圣"的人生途径。从"十有五而志于学"到"四十而不惑"是孔子追求成圣成贤的准备阶段，从"五十而知天命"到"七十而从心所欲不逾矩"是他成圣的深化过程。"知天命"可以说是对于"天命"（宇宙人生之必然）有一种了解，这或者属于知识的问题，或者说是一追求"真"的人生境界吧！"六十而耳顺"，照朱熹解释说："声通于心，无所违逆，知之之至，不思而得。"我们可以把"知之之至"解释为超于"知天命"的，它是一种"不思而得"的境界。这种"不思而得"的境界大概就是一种直观的审美的境界，超于经验的直觉意象，因此它是属于"美"的境界。我们知道孔子在音乐上有很高的修养，他"在齐闻韶，三月不知肉味"，这真是"不思而得"的极高审美境界了。孔子对他所达到的这种境界说："不图为乐之至于斯也。"想不到听"韶"乐竟能达到这样美妙的境地。"七十而从心所欲不逾矩"，朱熹注说："矩，法度之器，所以为方者也。随其心之所欲而自不过于法度，安而行之，不勉而中。"一切所作所为都是自自然然、自由自在，没有一点勉强而都完全合乎"天道"之要求。我看，这无疑是"至善"的境界了。孔子一生所追求的就是真、善、美合一的人生最高境界，这正如他所说的"知之者不如好之者，好之者不如乐之者"了。到了"乐之者"的境界就是完全实现了"超凡入圣"的"天人合一"境了。我们说儒家追求的人生境界或者"圣人"观还可以从孔子另外的话得到证明，《论语·宪问》中说："古之学者为己，今之学者为人。"荀子解释说："古之学者为己，今之学者为人，君子之学也，以美其身；小人之学也，为禽犊。"（《解蔽》，杨倞注：禽犊，馈献之物）《论语集注》："程子曰：为己欲得之于己也，为人欲见知于人也。""为人之学"只是为了摆摆样子，做给别人看；而"为己之学"才是真正为提高自我的道德学问而达到理想人生境界之路。"为己之学"全靠自己，它不受外界之影响，如颜回然。所以孔子说："为仁由己，而由人乎哉！"境界有高低，它全靠自己的努力，所以它是主观上的。孔子曾说："君子之道，我不能焉，仁者不忧，智者不惑，勇者不惧。"子贡说："夫子自道也。"孔子这里所谓的"仁""智""勇"都是可以由自己努力去追求的，所以它是一种人生境界，而且是一种极高的人生境界，圣人的境界。冯友兰在他的《新原人》中把人生的境界分为四种：即自然境界、功利境界、道德境界和天地境界。这种对人生境界的分法是否合理，姑且不论，但他对"境界"的解说颇为可取，冯先生说："人对于宇宙人生底觉解的程度，可有不同。因此宇宙人生，对于人底意义，亦有不同。人对于宇宙人生在某种程度上所有底觉解，因此宇宙人生对于人所有底某种不同底意义，即构成人所有底某种境界。""世界是同此世界，人生是同样底人生，但其对于各个人底意义，则可有不同。"这就是说，所谓"境界"就是人对宇宙人生的一种觉悟和了解，这当然是从人的主观上说的，它只关乎个人的道德学问的修养。中国哲学的大师们从他们主观上说往往都是在追求着一种极高的境界。孔孟是这样，老庄也是这样（例如老子的"同于道"，庄子的"天地与我为一"等等）；王弼、郭象是这样，程朱陆王也是这样。宋儒张载的《西铭》之所以受到历代学者重视和普遍赞誉，我认为它的价值主要是他这篇文章的开头和结尾几句："民，吾同胞；物，吾与也"，"存，吾顺事；没，吾宁也"。"民，吾同胞；物，吾与也"是他主观上的追求；"存，吾顺事；没，吾宁也"则表现了他个人的高尚人格。至于他的《西铭》中的那些"治世"理想不是脱离实际的空想，就是没有多少根据的论断。

个人的道德学问和社会的理想、政治的事务虽说不是完全无关系，但它们毕竟是两个问题。如果把"内圣外王之道"了解为，一个道德高尚、学识渊博的人，在适当的客观条件下更可以实现其历史使命和社会责任，并努力去实现其理想，这也许是有意义的。但是，从现代社会看也没有必要都去"学而优则仕"，有道德有学问的人也可以不问世事而一心"为学术而学术""为艺术而艺术"，不必都趋向中心，也可以走向边缘，而做"边缘人"。因此，"内圣"（道德学问）可以与"外王"（事功）结合，但也可以不结合，也就是说"内圣"不必"外王"，"内圣外王之道"只有非常有限的意义，它不应也不可能作为今日"中国哲学之精神"。

如果我们从传统的一般意义上来了解"内圣外王之道"在理论上的弊病，那就更为明显了。《大学》把修、齐、治、平归结为"一是皆以修身为本"，作为一种政治哲学理论那就十分有害了。因为"身"之修是由个人的努力可提高其道德学问的境界，而国之治、天下之太平，那就不仅仅靠个人的道德学问了。盖因国家、天下之事不是由什么个人的"修身"可解决的。如果企图靠个人的道德修养解决一切社会政治问题，那么无疑将走上泛道德主义的歧途。

人类社会是一个复杂的统一体，它至少要由三个方面共同运作才可以维持，即经济、政治和道德（当然还有其他方面，现暂不论）。在一个社会中，这三方面虽然有联系，但它们绝不是一回事，没有从属关系，故不能混同，要求用道德解决一切问题，包揽一切，那么不仅仅经济、政治等社会功能要受到破坏，而且道德自身也将不能起它应起的作用。由于中国传统哲学把"内圣外王之道"作为一追求目标，因此就造成了道德政治化和政治道德化。前者使道德屈从于政治，后者使道德美化了政治，从而不仅使道德沦丧，而且使政治败坏。在中国历史上造成了"道统"（学统）成为"治统"（政统）

的附庸，使圣学失去了应有的光彩，使道德失去了作为社会良心的地位。在中国历史上，从来没有出现过儒家所塑造的那样的"圣王"，所出现的大都是有了帝王之位而自居为"圣王"的"王圣"，或者为其臣下所吹捧起来的假"圣王"。我们难道没有看到，在中国古往今来的社会中，有不少占有最高统治地位的"帝王"，他们自以为是"圣王"，别人也吹捧他们为"圣王"，而使中国社会几乎沦于崩溃的边缘吗？同时，我们也可以看到，正是由于孔子或荀子没有成为"帝王"，这样才使中国历史上有他们这样伟大的"哲王"。照我看，帝王不宜也不可能当圣人，因此根本不可能有"圣王"。当了帝王，那么我们就没有"哲王"，从而也就没有哲学了。所以，道德教化与政治法律虽有某种联系，但它们毕竟是维系社会的两套，不能用一套代替另外一套。因此"王圣"（以有王位而自居为圣人，或别人推尊之为圣人）是不可取的，"圣王"也是做不到的，"内圣外王之道"作为一种政治哲学理论也就不是什么完满的理论，它不仅在中国历史上起过消极作用，而且它更加不能适应现代的社会政治生活发展的要求。

　　中国哲学理论体系中"普遍和谐观念"，可以说是中国传统哲学的宇宙人生论；"内在超越问题"可以说是它的境界修养论；"内圣外王之道"可以说是它的政治教化论。中国传统哲学的这套理论，无疑曾对人类文化作出过重要贡献，它作为一不间断延续了几千年的文化传统也必将对今后人类的文化作出其应有的贡献。如果要使它对人类文化继续起积极的作用，我认为，一方面我们应适应现代化的要求，来使中国传统文化在当今的全球意识下得到发展；另一方面，我们也应看到中国传统文化作为一哲学体系所存在的缺陷，并充分吸收其他国家、民族文化的长处，使中国文化更加完善。但是，我们也必须注意到，任何哲学体系都会存在一些它自身不能解决的问题，而且应视这为正常的现象。因此，我们不能希望有一种哲学体系一劳永逸地把所有宇宙人生的问题都解决。如果哪一哲学体系自认为它可以解决一切宇宙人生的问题，那么我想，这种哲学很可能一个问题也解决不了，它很可能是一种极为荒唐无意义的咒语。以上我对中国传统哲学的哲学思考，我也只是认为它是一条思考的路子，它绝不是唯一的路子，也不一定是较好的路子。不过如果我们能从多条路子来思考中国传统哲学的价值和存在的问题，总是一件有益的事。

（1995年）